SLOW TRAVEL

...

ACHTSAME AUSZEITEN IN EUROPA

KUNTH

In der französischen Normandie
schuf der impressionistische Maler
und Künstler Claude Monet mit seinem
Garten einen paradiesischen Flecken
Erde. Besucher werden bis heute von der
Blütenpracht und -vielfalt verzaubert.
Die berühmten Seerosen bilden nur
einen Teil davon.

Die sensationelle Passstraße Stilfser Joch fordert
durchaus die Fahrkünste heraus. Aber was könnte
eine bessere Achtsamkeitsübung sein, als jede
Serpentine langsam und mit Bedacht zu nehmen
sowie kleine Pausen an den breiteren Kehren
einzulegen, um die grandiose Aussicht zu genießen.

SLOW TRAVEL

Für die meisten von uns gilt: Die schönste Zeit des Jahres ist die Urlaubszeit! Auf Reisen kann jeder seinen Wünschen und Interessen nachgehen, eine Weile dem Alltagstrott entfliehen, Abstand zu kleinen oder großen Sorgen gewinnen, im besten Falle Lösungen dazu finden. Die Reiseziele können dabei so unterschiedlich sein, wie die Menschen selbst.

Für den einen muss es unbedingt ans Meer gehen, Strand und Sonne satt. Andere lieben sportliche Aktivitäten in den Bergen. Viele wollen jedes Mal was ganz Neues entdecken und unbekannte Länder bereisen, wieder andere haben ihren Lieblingsort vor vielen Jahren gefunden und kehren sehnsüchtig immer wieder dorthin zurück.

Egal, welcher Reisetyp in uns verborgen liegt, wir können alle diese Zeit intensiver nutzen, indem wir uns bewusst zurückbesinnen, achtsame Pausen einlegen und zwischendurch regelmäßig innehalten. Statt höher, schneller, weiter – das Motto lautet: tiefer, langsamer, achtsamer! Wie das geht? Ganz einfach, mit den fünf Sinnesübungen:

SEHEN – Mit den Augen erfassen wir unsere Umwelt sehr intensiv. Was wir sehen, ist oft der erste Sinneseindruck. Manche Bilder sind schnell wieder vergessen, aber manche bleiben uns ein Leben lang in Erinnerung. Stärken wir dieses Erinnerungsvermögen, indem wir uns Zeit nehmen, das Gesehene zu verarbeiten. An erlebnisreichen Tagen, können wir uns abends einen ruhigen Ort suchen und eine Weile nochmal alles Revue passieren lassen. An ohnehin ruhigeren Tagen, kann man sich zwischendurch ein Plätzchen suchen und den Blick auf der Landschaft oder der Stadtsilhouette verweilen lassen. Oder ein Tag am Meer, auf das Wasser gucken, den Wellen zuschauen – ist das langweilig? Niemals!

HÖREN – Im Gegensatz zu den Augen, können wir unsere Ohren kaum verschließen. Lärm quält uns oft im Großstadttrubel mit Baustellen und Verkehr. Aber was für eine Offenbarung erfahren wir beim seligen Lauschen.

Vögelgezwitscher, rauschende Baumwipfel, der Ruf der Wildnis in großen Wäldern – die Natur beschenkt uns mit wohltuenden Geräuschen. Aber auch Stille wie im Kloster, lässt unser Gehör für eine Zeit ausruhen.

RIECHEN – Der herbe Duft von Lavendel, die schwere Süße in der Luft zur Mandelblüte, würzige Heilkräuter – mit tiefen Atemzügen wird unser Körper von neuer Energie durchströmt. Gönnen wir uns Atempausen!

SCHMECKEN – Geschmäcker sind verschieden, manch einer erliegt gerne süßen Verführungen, andere schlemmen am liebsten herzhaft. Aber auch hier gilt es wieder, in der Ruhe liegt die Kraft. Nicht umsonst sagen wir: Den Moment auskosten.

SPÜREN – Alles was wir über die Haut aufnehmen, erzeugt direkte Gefühle. Kuschlige Wegbegleiter wie Alpakas sind beliebt geworden für geruhsame Wanderungen. Ein genussvolles Bad in heißen Quellen entspannt müde Beine und schmerzende Rücken. Aber auch das Flair einer charmanten Stadt, der Bummel über Flohmärkte ist ein spürbares Erlebnis, das unsere Sinne belebt. Bleiben wir neugierig, indem wir am Marktstand exotische Früchte probieren oder auf Schatzsuche gehen, am Strand Muscheln sammeln oder gar Fossilien und Edelmetalle.

Dieses Buch ist eine Einladung, die jeder annehmen kann – zum Reisen und Innehalten. Inspirierende Ideen für Trips kreuz und quer durch Europa mit achtsamen Pausen.

Die Hauptthemen sind ausführlich mit Einleitungstext und anregenden Bildern dargestellt, inklusive welche Sehenswürdigkeiten vor Ort man sich dabei auch nicht entgehen lassen sollte. Auf den folgenden Noch-mehr-Seiten werden dann jeweils weitere themenverwandte Vorschläge aufgeführt, die in anderen Teilen Europas auf den Reisefreudigen warten.

Vergnügliches Ausprobieren und nicht vergessen: Achtsam bleiben!

»Morgenstund' hat Gold im Mund.« Frühaufsteher kommen leichter in den Genuss dieses Sprichwortes. So wie hier am Mirador del Morro de Agando, einem fabelhaften Aussichtspunkt auf La Gomera. Den Sonnenaufgang in den Bergen zu erleben, ist eine erhabene Erfahrung.

INHALT

SEHEN

Seite
15

Seite
41

Seite
109

HÖREN

SPECIAL

Seite
151

RIECHEN

SPECIAL

SCHMECKEN

SPECIAL

 SPÜREN

SPECIAL

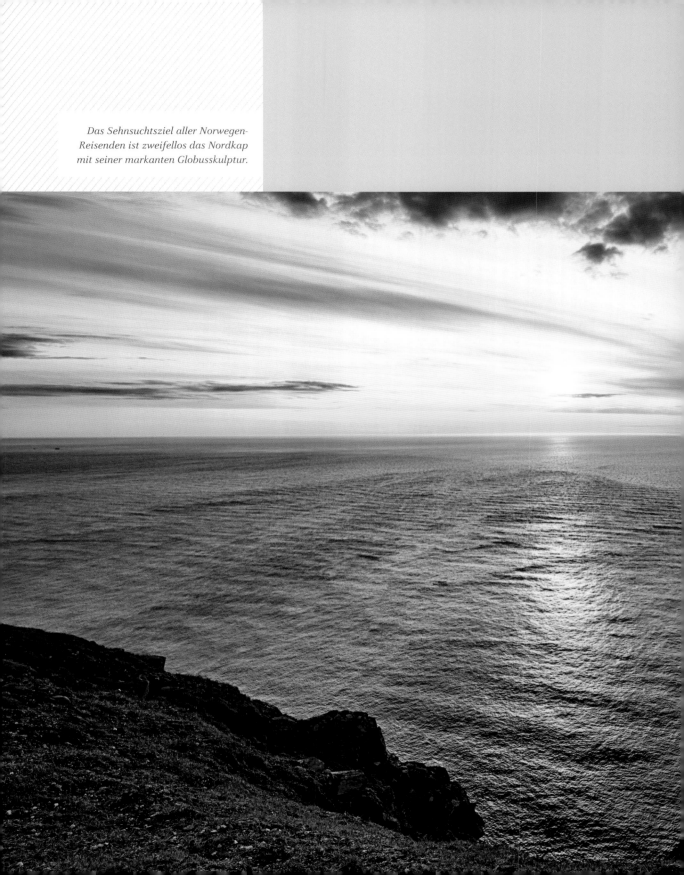

Das Sehnsuchtsziel aller Norwegen-Reisenden ist zweifellos das Nordkap mit seiner markanten Globusskulptur.

SEHEN

Auf den ersten Blick sehen wir alle Dinge, die förmlich ins Auge springen, weil sie auffällig, ungewöhnlich, besonders sind. Und dann lohnt es sich stets, nach weiteren, feinen Details zu suchen.

NORWEGEN

DEN HIMMELSLICHTERN FOLGEN

Polarlichter zählen zu den faszinierendsten Naturschauspielen der Welt. Die band- oder schleierartigen Strukturen in blaugrünen und rötlichen Farben regen seit jeher die Fantasie der Menschen an – auch wenn man inzwischen längst weiß, was den Himmel zum Leuchten bringt. Einmal die Polarlichter selbst erleben – das ist für viele Menschen ein großer Traum. Dieses einzigartige Schauspiel mit eigenen Augen zu sehen, verspricht Glück pur!

Oben und links:
Wie ein magischer
Gleitschirm spannen
sich die Nordlichter
über den Himmel auf,
dann kann man sie als
nächtliches Spektakel
auf der norwegischen
Insel Bleiksøya oder
auf den Lofoten
bestaunen.

Rechts: In den
nördlichen Regionen
Norwegens lassen sich
nicht nur Polarlichter
bestaunen, sondern
vielerorts auch das
kulturelle Erbe der
Sámi.

● REISE-INFOS

Wo? Zauberhafte Inseln in Nordnorwegen
Wie? Flug nach Oslo und Fähre nach Svolvær, die größte Lofoteninsel
Info: www.visitnorway.de

POLARLICHTER AUF DEN LOFOTEN

Polarlichter entstehen, wenn elektrisch geladene Teilchen (Sonnenwind) von der Sonne in Richtung Erde abgestoßen werden. Am schützenden Erdmagnetfeld prallen sie in großer Höhe ab. An den Magnetpolen laufen die Linien des Magnetfelds jedoch auf die Erde zu. Entlang dieser Linien gelangen die Teilchen zur Erdatmosphäre, wo sie auf Gasatome treffen, die sie zum Leuchten anregen.
Je nach Höhe und unterschiedlichen Bestandteilen der Atmosphäre leuchtet das Licht intensiv rot, grün oder blau – oder in den daraus entstehenden Mischfarben Purpur, Violett, Weiß und Gelb.

Nirgends auf der Welt sind Polarlichter zahlreicher als in Norwegen. Zu den besten Regionen, um in den Genuss dieses einzigartigen Naturschauspiels zu kommen, zählen die Lofoten – weit genug von der Stadt entfernt, um Lichtverschmutzung zu vermeiden. Die Gegend liegt im Herzen des »Nordlichtovals«

Vorhang auf! Und der Nachthimmel über Norwegen
zeigt seine schönsten Naturschauspiele. Selig können
sich Reisende schätzen, die neben Grün- und Gelb-
tönen auch feurige Rottöne zu sehen bekommen.

und bietet daher eine hohe Sichtungswahrscheinlichkeit. Die beste Zeit liegt zwischen November und Februar, denn im Sommer herrscht in ganz Skandinavien die Mitternachtssonne. Die unbeschreibliche Schönheit der am Horizont glimmenden Lichter, die sich zu einer sagenhaften Lichtsymphonie steigern und in den verschiedensten Farben am Himmel tanzen, sorgt für Gänsehautfeeling und unvergleichliche Fotomotive. Aber auch tagsüber bieten die Inseln mit ihrer Mischung aus Bergen und Meer einen grandiosen Anblick. Kein Wunder, dass sich hier auch zahlreiche Künstler von der Natur inspirieren lassen.

● SVOLVÆR

Svolvær, der an der Südküste von Austvågøy gelegene Hauptort der Insel, beherbergt den größten Fischereihafen des ganzen Archipels. Hier hatte König Øystein I. Magnusson um 1120 die erste Kapelle und die ersten beheizbaren Rorbuer (wörtlich »Ruderhütte«) für auswärtige Lofotfischer errichten lassen – die erste königliche Ortsgründung in Nordnorwegen, die der Krone einträgliche Steuern aus dem lukrativen Fischfang im Vestfjord sicherte. Heute geht es im 4000-Einwohner-Ort besonders in den Sommermonaten sehr geschäf-

tig zu, die lebendige Atmosphäre von Hafen-, Klein- und Künstlerstadt lockt viele Touristen und Tagesausflügler an. Die eindrucksvolle Lage von Svolvær hat der berühmteste Sohn der Stadt, der Maler Gunnar Berg (1863–1893), in zahlreichen seiner – vor allem winterlichen – Werke festgehalten. Eine Büste und das bis heute erhaltene Atelier erinnern in Svolvær an ihn.

● HENNINGSVÆR

Das Fischerdorf Henningsvær im äußersten Süden der Insel Austvågøy gilt als »Venedig der Lofoten« und verfügt mit der Galerie »Lofotens Hus« über das bedeutendste Museum klassischer Malerei auf den Lofoten. Es beherbergt die größte Sammlung nordnorwegischer Landschaftsmalerei des 17. bis 20. Jahrhunderts: Gunnar Bergs »Trollfjordschlacht« und andere Meisterwerke sind hier ebenso zu bewundern wie die Werke des Neoromantikers Karl Erik Harr.
Die Häuser wurden auf der geschützten Vestfjordseite der Insel auf Schären errichtet und diese durch Molen miteinander verbunden. Bis in die 1950er-Jahre war Henningsvær das größte Fischerdorf der Lofoten. Mit dem Rückgang der Fangmengen sank die Einwohner-

Unten: Zahlreiche felsige Inselchen sammeln sich um den beliebten Hafenort Henningsvær.

Rechts: Auch die Pfarrkirche auf Gimsøya wird zeitweilig von den mythisch anmutenden Polarlichtern in Szene gesetzt.

In Pastellfarben legt sich die Abenddämmerung über Austvågøya und die typischen Rorbuer – die roten Fischerhütten – bei Kabelvåg.

zahl, neben der Fischerei trat nach der Straßenanbindung 1963 der Fremdenverkehr in den Vordergrund.

● KABELVÅG

Kabelvåg auf der Insel Austvågøy ist das historische Zentrum der Lofotfischerei. Auch ließ hier König Øystein I. Magnusson bereits 1103 die erste Kapelle errichten. Die königliche Ortsgründung in Nordnorwegen spiegelte die wirtschaftliche Bedeutung der natürlichen Ressourcen aus dem Vestfjord. Øystein sicherte der Krone durch Steuern einen Großteil der Einnahmen aus dem Fischfang.

Die weitgehende Rechtlosigkeit der Fischer, die auch als Rorbuer-Vermieter, Fischexporteure und Ladeninhaber fungierten und durch das Lofotgesetz von 1816 das Eigentumsrecht am Meer zugesprochen erhielten, blieb über die Jahrhunderte bestehen, bis das Lofotgesetz von 1857 die Fischereiaufsicht zur öffentlichen Angelegenheit machte. Mit der Zeit wurde es jedoch eng in Kabelvåg und viele wanderten ins heute größere Svolvær ab. Besucher erfreuen sich heute unter anderem an den Meeresbewohnern im Aquarium Lofotakvariet.

● GIMSØYA

Die Insel an der Außenseite der Lofoten bietet Golfspielern die verlockende Möglichkeit, in traumhafter Landschaft den Abschlag unter der Mitternachtssonne zu trainieren. Kulturinteressierte können lieber einem historischen Platz einen Besuch abstatten: In Hov befindet sich eine der ältesten Siedlungen der Lofoten mit Grabhügeln und Bootsanlegestellen aus Stein- und Eisenzeit. Gimsøy unterscheidet sich topografisch stark von ihren Nachbarinseln, denn die Landschaft hier ist verhältnismäßig flach und weit, bedeckt von arktischer Tundra. Die vielen Torfmoore der Region versorgten die Lofoten lange Zeit mit Brennstoff. Seit zwei Jahrzehnten steht die Insel unter Naturschutz. Auf bequeme und trotzdem sanfte Weise lässt sich die einzigartige Flora und Fauna erforschen: Auf dem Rücken von Islandpferden geht es nachhaltig und mit erhöhter Sicht auf Erkundungstour.

NOCH MEHR SEHEN!

Ausblicken, um in den Nachthimmel zu schauen. Das ist offensichtlich auch gesund: »Es herrscht die weit verbreitete Überzeugung, dass die Beobachtung des Nachthimmels positive (und manchmal transformative) Gefühle auslöst«, stellt die Psychotherapeutin Ada Blair fest, die die Auswirkungen des Sternenbeobachtens aufs Gemüt der Bewohner untersucht hatte. Darüber wird dann auch beim Plausch geredet. Während in London mal wieder über den Dauerregen gewettert wird, heißt es auf Sark: »Hast du letzte Nacht die Milchstraße über den Weiden gesehen? War das nicht wundervoll?«

SCHWEDEN
⬡ WEISSE NÄCHTE IN NORD-SCHWEDEN

Es ist, als wäre die Dämmerung im Dauermodus. Dann hüllt sich der Horizont in ein nicht endendes Rot oder Hellblau, und die Landschaft in pastellfarbene Töne. Die »Weißen Nächte« zählen zu den eindrücklichsten Sommererlebnissen Schwedens. Je nördlicher, desto schöner.

Eine Faustregel lautet: Je weiter nördlich man sich aufhält, desto länger scheint die Sonne. Für Lappland heißt das, es wird etwa von Ende Mai bis Mitte Juli nicht richtig dunkel. Dass man das Schlafzimmer verdunkeln muss und man selbst um Mitternacht ohne künstliches Licht lesen kann, ist das eine. Das andere ist, dass die Nordschweden geradezu aufblühen und schon mal nachts in den See hüpfen oder sich mit Nachbarn treffen. Sie machen im wahrsten Sinn des Wortes die Nacht zum Tag und bieten das nur zu gern auch ihren Gästen an. So ist es möglich, zu Zeiten an Wanderungen oder Walsafaris teilzunehmen, zu denen man normalerweise längst schlummern würde. Golfplätze haben geöffnet, man bricht erst am Abend zu einer Paddeltour oder zum Angeln auf. Am besten genießt man das Phänomen auf einem der Aussichtsgipfel.

GROSSBRITANNIEN
⬡ DARK-SKY-INSEL SARK IN GUERNSEY, KANALINSELN

Gerade so 5,5 Quadratkilometer ist die Kanalinsel klein. Kein Auto, keine Straßenlaterne stören das gemächliche Leben der gut 500 Insulaner. Beste Voraussetzungen, um ein paar Tage zu entschleunigen. Und in den funkelnden Nachthimmel zu schauen: Sark ist Europas erste Sternengemeinde.

»Wenn man an einen Ort wie Sark fährt, ist die Milchstraße fester Bestandteil des Nachthimmels. Sie erfüllt mich immer mit einem Gefühl des Staunens. Jeder dieser Punkte ist eine Sonne, und es gibt 100 Milliarden davon«, so Stephen Owens, der den Bewerbungsantrag damals für Sark formuliert hatte. Und mit dieser Begeisterung ist der Glasgower Astronom nicht allein. Die Insel ist heute ein beliebtes Ziel für Astro-Fans, zu denen auch die Einheimischen zählen. Mit Stirnlampe bestückt, schlendern sie nicht selten zu den schönsten

So faszinierend das nächtliche Firmament ist, so unvorstellbar sind für die meisten Beobachter die Entfernungen der Himmelskörper.

DEUTSCHLAND
○ STERNENPARK RHÖN

Als »Land der weiten Fernen« ist die Rhön wegen ihrer waldreichen Niederungen und sanften Kuppen bekannt. Dank dünner Besiedlung bleibt auch der Himmelsblick vor Lichtverschmutzung verschont. Perfekte Bedingungen für einen Sternenpark.

Die Rhön ist aber nicht nur das »Land der weiten Fernen«, sondern auch des offenen Himmels, denn dank ihrer Hügellandschaft eröffnet sich von den Anhöhen ein herrlicher Panoramablick auch in die Höhe. Ungestört von Lichtstreuungen zeigt sich daher in klaren Nächten vor allem in den Kerngebieten des Biosphärenreservats, der Hohen Geba im Nordosten, der Langen Rhön in der Mitte und der Schwarzen Berge im Süden, eine gewaltige Sternenschau. Sieben ausgewiesene »Himmelschauplätze« unterstützen die Astro-Fans dabei, etwa durch Polarsternfinder und Fernrohraufsetzer. Informationstafeln geben zudem viele Hinweise. Und vielleicht trifft man auch auf sie: die äußerst seltene Mopsfledermaus, wie sie an den Waldrändern entlang der

Eine halbe Stunde nach Mitternacht und doch taghell – über Schwedens Arctic Circle üben die Sommernächte eine große Faszination aus.

Baumkronen jagt. Auch sie profitiert von dem Biosphärenreservat, das seit 2014 zudem Heimstatt des Sternenpark Rhön ist. Dabei sind ihr Orion, Skorpion und Großer Bär vermutlich schnuppe. Sie interessiert sich eher für Falter, Motten und andere Nachtschwärmer.

SCHWEDEN
○ POLARLICHTER IM SCHWEDISCHEN LAPPLAND

Ein Hauch von Arktis weht durch Lappland, und in einem Moor ist die Markierung des Polarkreises zu sehen. Das ist eine Landschaft für Outdoor-Fans, die auch Einsamkeit mögen, denn mit durchschnittlich zwei Einwohnern pro Quadratkilometer trifft man außerhalb der Orte nur selten jemanden.

Der Sommer lockt Wanderer und Mountainbiker, im Winter stehen Skilaufen und Schneeschuhwandern auf dem Programm. Aber auch Eislaufen auf zugefrorenen Seen, Touren mit dem Schneemobil und Eisklettern sorgen für Abwechslung in der Wildnis Lapplands. Und bei klarem Wetter tanzen die Polarlichter am Himmel!

LANDSCHAFTSBILDER AUF SCHIFFSREISEN SAMMELN

Fjorde, Mitternachtssonne, ewiges Eis: Die Tour der Hurtigruten von der Weltkulturerbestadt Bergen längs der zerklüfteten norwegischen Westküste, durch die Lofoteninselgruppe und am Nordkap vorbei nach Kirkenes an der Barentssee zählt zu den schönsten Schiffsreisen der Erde. Zu einer gelungenen Kreuzfahrt gehören aber nicht nur die Einzigartigkeit der Natur, sondern auch das Bordleben, die Organisation und die Aktivitäten während der Reise.

● REISE-INFOS
Wo? Durch Fjorde entlang Norwegens Küste
Wie? Flug bis Bergen oder Start ab Hamburg
Info: www.hurtigruten.com

HURTIGRUTEN
Die Fahrt auf der Hurtigruten-Linie von Bergen bis über das Nordkap hinaus folgt dem Küstenverlauf, wobei die Schiffe auch die spektakulären Fjorde ansteuern. Sehenswerte Hafenstädte stehen auf dem Besichtigungsprogramm. Die eigentliche Attraktion dieser Schiffsreise ist jedoch die Natur: einsame, wilde Küstenlandschaften, mächtige Gletscher und tosende Wasserfälle. Jeden Abend um 20.30 Uhr sticht eines der Hurtigruten-Schiffe in Bergen in See und durchfährt den Hjeltefjord, durch den einst schon die Wikinger zu den Shetlandinseln aufbrachen.

Sechseinhalb Tage dauert die im Sommer 2920 Kilometer lange Fahrt ins nordnorwegische Kirkenes an der Grenze zu Russland. Die Häfen, die während der Nordfahrt im Dunkeln liegen, werden während der Südfahrt bei Tage angesteuert, damit die Passagiere bei Hin- und Rückfahrt keine der spektakulären Küstenlandschaften verpassen. In kleinen Orten legen die Schiffe für die Zeit des Be- und Entladens an, in größeren Städten reicht die Liegezeit zum Teil für mehrstündige Ausflüge an Land. Im Sommer fahren die Schiffe auf der nordgehenden Route in den Geirangerfjord und auf der südgehenden in den Trollfjord. Diese beiden legendären Fjorde werden im Winter ausgespart.

HÄFEN UND TOURENMÖGLICHKEITEN
Eine Fahrt mit den Hurtigruten-Schiffen beginnt immer in Bergen, wo jeden Tag ein anderes Schiff der Linie ablegt. Man kann aber auch Teilstrecken buchen und so in jedem beliebigen Hafen zu- oder aussteigen. Klassische Touren sind die zwölftägigen Reisen von Bergen nach Kirkenes und zurück oder die siebentägige nordgehende Reise von Bergen bis Kirkenes sowie die sechstägige südgehende Reise von Kirkenes nach Bergen. Ein weiterer beliebter Einschiffungs- und Ausstiegshafen ist Trondheim. Seit Kurzem fahren besonders für die deutschen Gäste auch vermehrt Hurtigruten-Schiffe von Hamburg ab, diese sind dann aber nicht Teil des regulären Postschiffplans, sondern reine Charter-Kreuzfahrten.

Links: Die Hauptdarstellerin der Hurtigruten ist die abwechslungsreiche Westküste Norwegens, die sich auch im Winter einmalig schön zeigt, wie hier bei Ålesund.

Rechts: Besonders im Winter hat eine Hurtigruten-Tour einen ganz besonderen Reiz, obwohl die Tage kurz sind. Stundenlanges Dämmerlicht, eine in Schnee getauchte Landschaft, heimelig erleuchtete Ortschaften und das berühmte Nordlicht tragen zu dieser Faszination bei.

Fjorde prägen die Küstenlinie Norwegens, besondere Berühmtheit erlangte der Geirangerfjord mit den Wasserfällen »Seven Sisters«. An Bord wird beim Passieren zur Besichtigung an Deck gerufen.

ACHTSAME PAUSE

TROLLE // Norwegen ist reich an Märchen und Mythen, Fabeln und Fantasien. So erzählt man von Trollen, die in den nordischen Berglandschaften hausen – dort, wo knorrige Bäume lange Schatten werfen und einsame Waldseen im Mondschein glänzen. Die düsteren Naturwesen mit zauseligem Schopf und strahlenden Augen treiben des Nachts allerlei Schabernack mit Wanderern. Nach alten Legenden gelten Trolle als Zauberwesen. Sie können nicht nur beiderlei Geschlecht annehmen, sondern auch sowohl Riesen- als auch Zwergengestalt haben.

● BERGEN

Bergen ist das bedeutendste Wirtschafts- und Kulturzentrum Westnorwegens und mit 250 000 Einwohnern die zweitgrößte Stadt des Landes nach Oslo. Die durch einen Inselgürtel vor der offenen See geschützte Hafen- und Universitätsstadt war bis zur Eröffnung der Bergenbahn 1909 von London aus rascher erreichbar als von Oslo: Über Schiffsrouten stand Bergen in jahrhundertelangem wirtschaftlichem und kulturellem Austausch insbesondere mit England und Deutschland. Der alte Hansehafen Bryggen am Naturhafen Vågen steht als Weltkulturerbe unter dem Schutz der UNESCO. Die Geburtsstadt des Komponisten Edvard Grieg zieht auch als Festspielort Zehntausende von Besuchern an, die Ende Mai, Anfang Juni Opern und klassischen Konzerten in der Grieghalle lauschen oder Ballett- und Theateraufführungen im Nationaltheater »Den Nationale Scene« ansehen.

● GEIRANGERFJORD

Der Geirangerfjord in der Region Sunnmøre steht als eine der schönsten Landschaften der Erde als Weltnaturerbe unter dem Schutz der UNESCO. Während der innerste Arm des Storfjords im Winter vereist ist, unternehmen die

Die malerischen Speicherhäuser stehen auf Pfählen in der Nidelva und sind ein beliebtes Fotomotiv in Trondheim. Sie beherbergen heute Cafés und Restaurants, kleine Läden und teure Wohnungen.

Hurtigruten-Schiffe im Sommer auf der nordgehenden Route von Ålesund aus den Abstecher durch den 15 Kilometer langen Fjord, an dessen Ende das 250-Seelen-Dorf Geiranger liegt. Vom Schiff aus zu sehen sind die berühmten Wasserfälle, ein Aussichtspunkt ist der Preikestolen ihnen gegenüber, nicht zu verwechseln mit der gleichnamigen Kanzel am Lysefjord. Die Passstraße Ørnevegen (Adlerweg) von Geiranger nach Eidsdal ist mit neun Haarnadelkurven und zahlreichen Aussichtsstellen eine der schönsten Bergstraßen Skandinaviens. An der Serpentine »Ørnesvingen« bietet sie einen atemberaubenden Blick auf den Geirangerfjord.

● ÅLESUND UND JUGENDSTIL

Ihr vom Jugendstil geprägtes Bild macht die Kleinstadt sehr attraktiv. Doch das ist es nicht allein: Ålesund erstreckt sich über mehrere Inseln, die über Brücken miteinander verbunden sind. Dass es sich mit einem relativ modernen Gesicht zeigen kann, liegt in einem großen Feuer begründet: 1904 brannte die Innenstadt fast komplett nieder. Der Norwegen sehr wohlgesonnene deutsche Kaiser Wilhelm II. ordnete Katastrophenhilfe an – und die Kleinstadt erstrahlte bald schöner denn je.

Allerdings durften die Häuser von da an nur noch aus Stein erbaut werden. Mit 428 Einwohnern pro Quadratkilometer weist die Stadt eine für norwegische Verhältnisse ungewöhnlich hohe Bevölkerungsdichte auf. Die Verleihung der Stadtrechte erfolgte erst im Jahr 1848, als sich die Einwohnerzahl aufgrund des Ausbaus zum größten Fischereihafen Norwegens rasch erhöhte.

Die mit dem Wiederaufbau beauftragten Architekten nutzten die Gelegenheit und schufen innerhalb von wenigen Jahren eine Idealstadt, die den damaligen Vorstellungen von Urbanität vollkommen entsprach. Hilfe für den Wiederaufbau kam aus aller Herren Länder, an die Unterstützung aus Deutschland erinnern der Straßenname »Keiser Wilhelms Gate« und ein Gedenkstein für Wihelm II. Zahlreiche weitere berühmte Statuen und Denkmäler machen den Spaziergang durch die Stadt zu einem Lauf durch die Geschichte.

● TRONDHEIM

Die Geburtsstunde Trondheims schlug im Jahr 997, als König Olav I. Tryggvason hier sein Langboot festmachte und an dem gelegentlichen Handelsplatz eine Stadt gründete – mit dem Namen »Niðaróss«, nach der Lage an der

Aus der Ferne gleicht es einem Zelt, soll aber vielmehr zusammengeschobene Eisschollen darstellen, wie sie sich in harten Wintern an manchen Küsten auftürmen, oder die zackigen Berggipfel der nahen Insel Håja.

● NORDKAP

Das Nordkap (im Norwegischen »Nordkapp«) auf der Insel Magerøya ist das Sehnsuchtsziel aller Mittsommernachtsreisenden: Auf dem Felsplateau ist die Mitternachtssonne vom 14. Mai bis zum 30. Juli sichtbar. Viele Reisende kommen per Schiff, und auch auf dem Landweg ist das Nordkap gut zu erreichen – über den 6875 Meter langen unterseeischen Nordkaptunnel und den 4443 Meter langen Honningsvågtunnel.

Einen außergewöhnlichen Blick auf das Kap bietet das Felstor Kirkeporten beim Fischerdorf Skarsvåg. Eigentlich ist die schmale Halbinsel Knivskjellodden Europas nördlichster Ausläufer, sie liegt 1,38 Kilometer weiter im Norden. Allerdings ist sie vergleichsweise flach und nicht so spektakulär wie das Nordkap-Felsplateau, das 307 Meter hoch aus dem Meer ragt. Deshalb hielt der britische Seefahrer Richard Chancellor um 1553 dieses für den nördlichsten Punkt.

● KIRKENES

Die Hafenstadt Kirkenes in der Gemeinde Sør-Varanger an den Grenzen zu Russland und Finnland ist als Endpunkt der E6 und der Hurtigruten ein symbolträchtiger Ort. Sie steht zugleich für den Auf- und Untergang einer blühenden Erzindustrie (1906–1996), war mit 320 Luftangriffen während des Zweiten Weltkriegs eine der meistbombardierten Städte Europas, dann Frontstadt im Kalten Krieg mit direkter Grenze zwischen NATO und Warschauer Pakt, 1996 »Arbeitslosenhauptstadt« der Provinz Finnmark nach dem Ende der Erzära. Nun positioniert sie sich neu als Dienstleistungszentrum und wartet auf die Unterstützung durch »Europa der Regionen«. Abwanderung, Bevölkerungsrückgang und die für norwegische Verhältnisse hohe Erwerbslosigkeit beschäftigten die Einwohner.

Das legendäre Nordkap gehört zu den absoluten Highlights der Hurtigruten-Tour. Beim weiten Blick vom Felsplateau überkommt den Reisenden ein Glücksgefühl – Zeit zum Innehalten.

Mündung des Nidelva. Auf einer Halbinsel gelegen, ließ sich der Ort gut verteidigen, wuchs rasch zum florierenden Handelsplatz der Region und war als Königssitz lange Hauptstadt Norwegens. Das Grab des heiligen Olav II., heute steht hier der Nidarosdom, machte den jungen Ort außerdem bald zum wichtigen Wallfahrtsort und Bischofssitz. Der Handel blieb über die Jahrhunderte aber der bestimmende Faktor der Stadt – der heutige Name Trondheim bezeichnete ursprünglich den Handelsplatz. Nach einem verheerenden Brand 1681 wurde die Stadt am Meer schnell wieder aufgebaut, mit neuen, breiten Straßen rund um den Markt, den »Torget«.

● TROMSØ

Das bekannte Wahrzeichen Tromsøs ist auf dem Festland errichtet und von der Tromsøya aus über die Tromsø-Brücke zu erreichen: die 1965 errichtete »Eismeerkathedrale«. Formell ist sie zwar nur eine einfache evangelisch-lutherische Kirche, dennoch wurde sie schnell zur Touristenattraktion. Tatsächlich eine Kathedrale ist übrigens das zweite Gotteshaus der Stadt, die klassisch aussehende Tromsø-Domkirche von 1861 – und obendrein die einzige norwegische Kathedrale in Holzbauweise. Besucherliebling bleibt aber das spitzgiebelige weiße Bauwerk des norwegischen Architekten Jan Inge Hovig, das mit seiner planerisch markanten Konstruktion besticht.

NOCH MEHR SEHEN!

DEUTSCHLAND, ÖSTERREICH, UNGARN

○ KLASSIKER AUF DER DONAU

Beschwingt von den weltbekannten Klängen des Komponisten Johann Strauss (Sohn) führt die Fahrt auf dem zweitlängsten und zweitgrößten europäischen Fluss durch Österreich, die Slowakei und Ungarn. Klassisch ist dabei nicht nur die Musikbegleitung, sondern auch die Route: Die beliebte Strecke von der Drei-Flüsse-Stadt Passau bis zu Ungarns Metropole Budapest gehört zu den bei Flusskreuzfahrten am meisten befahrenen.

Unterwegs jagt ein Highlight das nächste, denn mit Wien, Bratislava oder Esztergom liegen in diesem Abschnitt nicht nur traditionsreiche Städte am Flussufer, sondern auch bedeutende Bauwerke wie das berühmte Benediktinerstift Melk.

IRLAND

○ FLUSSKREUZFAHRT AUF DEM RIVER SHANNON

Mit rund 370 Kilometern ist der Shannon der längste und wasserreichste Fluss nicht nur der irischen, sondern der gesamten Britischen Inseln. Seine Quelle, der Shannon Pot, wirkt unscheinbar, dabei entspringt der Fluss in einem weitverzweigten, unterirdischen Höhlensystem im Karstgestein der Cuilcagh Mountains. Es speist den Shannon bis zu seiner Mündung in den Atlantik und ist der Legende nach auch die Heimat seiner Namenspatronin, der keltischen Flussgöttin Sionna.

Bevor die Eisenbahn gebaut wurde, war der Shannon Hauptverkehrsweg durch Irlands Mitte. Viele mittelalterliche Burgen an seinen Ufern erzählen aus dieser Zeit und erfreuen heute die vielen Freizeitkapitäne, die den Fluss per (Haus)Boot bereisen. Knapp 250 schiffbare Kilometer stehen dafür zur Verfügung.

FRANKREICH

○ DIE MALERISCHE SEINE BEREISEN

Was wäre Frankreich ohne die Seine? Als einer der längsten französischen Flüsse mit 775 Kilometern Fließstrecke schlängelt sie sich von ihrer Quelle im Burgund über die Region Île-de-France bis zur ihrer Mündung in den Ärmelkanal bei Le Havre (Normandie) an zahlreichen malerischen Ortschaften und faszinierenden Naturlandschaften vorbei. Sie passiert so ehrwürdige Städte wie Troyes, Rouen und natürlich die schillernde Hauptstadt Paris.

Die alte Mühle von Vernon passiert man bei einer entschleunigenden Fahrt auf der Seine durch Frankreich.

GRATIS OPEN-AIR-KUNST BESTAUNEN

Litauens zweitgrößte Stadt gilt vielen als kulturelles Zentrum des Landes. Mehrere Universitäten, zahlreiche Museen, Galerien, Festivals und ein reiches architektonisches Erbe prägen ihren Charakter. Und in jüngster Zeit verändern großflächige Murals das Gesicht der Stadt. Wer an Street-Art und Murals denkt, hat meist die Hotspots Berlin und London im Sinn, dabei haben manche stillen Städte in dieser Kunstgattung ganz Erstaunliches zu bieten. Zu solchen großartigen Kleinoden gehört Kaunas in Litauen.

● REISE-INFOS
Wo? Im südlichen Zentrum von Litauen
Wie? Mit dem Zug und Bus oder per Flug nach Kaunas oder über Vilnius.
Info: www.visit.kaunas.lt/de

STREET-ART UND MURALS IN KAUNAS
Ein wenig Nostalgie kommt beim Anblick der vielen bunten Wandgemälde in Kaunas auf. Ein Teil der Straßenkunst entstand zu einer Zeit, als die Stadt der Sowjetunion unterstand. Was im damals grau erscheinenden Ort höchst illegal war und als Protest gegen das Regime an den Wänden angebracht wurde, ist heute als Street-Art, als eigene künstlerische Ausdrucksform, anerkannt und wird von der Stadt gefördert. Im Tourismusamt erhält man einen Street-Art-Führer.

● KAUNAS ALTSTADT
Am historischen Rathausplatz stehen außer dem Alten Rathaus, das wegen seiner hohen, weißen Gestalt umgangssprachlich »Weißer Schwan« genannt wird, auch die im Jahr 1410 begonnene Peter-und-Paul-Kathedrale und die barocke Jesuitenkirche.

● BURG VON KAUNAS
Bereits 1361 schriftlich erwähnt, gilt die Feste am Zusammenfluss von Memel und Neris als die älteste Mauerburg Litauens. Zwei Wallreihen umgaben sie ursprünglich. Ritter des Deutschordens eroberten und zerstörten die Anlage dennoch mehrfach. Stets wurde sie von den Litauern aber wiedererrichtet. Ab 1912 sollte ein umfassender Ausbau der Festung beginnen, es wurde aber, bedingt durch den Ausbruch des Ersten Weltkriegs, nur Fort IX fertiggestellt. Hochwasser taten ein Übriges. Von dem einst prächtigen Festungsensemble kündet daher heute nur noch der restaurierte Turm. Sein Inneres birgt eine kleine Abteilung des Stadtmuseums mit dem Modell der historischen Burg sowie einer Videodokumentation ihrer wechselvollen Geschichte. Die Wehranlage ist in der warmen Jahreszeit häufig die Kulisse für Konzerte und Festivals.

Links: Das 440 Quadratmeter große Mural »The Wise Old Man« auf der Fassade einer ehemaligen Schuhfabrik zählt zu den Symbolen der Stadt.

Rechts: Freche Street Art machte Kaunas ehemalige sowjetische Tristesse bunter. Heute prägt sie das lebendige Stadtbild.

Die mittelalterliche Burg von Kaunas liegt unweit der Altstadt. Sie beherbergt heute das sehenswerte Stadtmuseum und vor den Toren lockt ein kleiner Park zum Entspannen.

● ST.-MICHAEL-KIRCHE

Vom Zarenhaus finanziert und den Heiligen Peter und Paul geweiht, diente das 1895 vollendete Bauwerk anfangs als orthodoxe Militärkathedrale – daher sein byzantinischer Stil, der jedoch von den beiden maßgeblichen russischen Architekten Lymarenko und Grimm um korinthische Säulen erweitert wurde. Die Kirche am heutigen Unabhängigkeitsplatz, am Ende der fast zwei Kilometer langen Fußgängerzone Laisves Aleja, ist Teil der unter Alexander II. errichteten Festungsanlage von Kaunas. Sie bietet Platz für bis zu 2000 Gläubige. Ihre 50 Meter hohe Kuppel ist mit gut 16 Meter Durchmesser die größte Litauens. Außergewöhnlich ist auch der gläserne Altar.

● APOTHEKENMUSEUM

Altertümliche Tinkturen, kuriose Arzneien und Apparate zur Herstellung von Tabletten – all das zeigt das Apothekenmuseum auf drei Etagen. Es empfiehlt sich, einer Führung durch diese größte pharmaziehistorische Sammlung des Baltikums anzuschließen. Neben allerlei Wissenswertem rund ums Genesen erfahren Besucher auch, was es bedeutet haben muss, in der ehemaligen Sowjetunion als Apotheker tätig gewesen zu sein.

● TEUFELSMUSEUM

Eine einzigartige Sammlung verschiedenster Teufels-, Dämonen- und Hexenfiguren aus ganz Litauen vereinigte der Sammler Antanas Žmuidzinavičius im Teufelsmuseum in Kaunas. Besonders makaber ist die Darstellung der beiden Teufel Hitler und Stalin, die auf einem mit menschlichen Knochen übersäten Spielplatz einen Totentanz aufführen.

ACHTSAME PAUSE

HISTORISCHE STANDSEILBAHN //

Die 1935 eröffnete Standseilbahn in Kaunas ist eine der ältesten Standseilbahnen Europas. In nur wenigen Minuten gelangt man mit ihr vom Ufer des Nemunas auf den Aleksotas-Hügel, wo eine Aussichtsplattform mit fantastischer Fernsicht wartet. Der historische Aufzug wurde bereits im Jahr 1997 in die Liste der Kulturdenkmäler aufgenommen.

Beim Schlendern durch die Fußgängerzone von Kaunas, kann man mal verträumt seine Gedanken spielen lassen, inspiriert von den hübsch renovierten Hausfassaden und dem nostalgischen Flair.

● **PETER-UND-PAUL-KATHEDRALE**

Die Peter-und-Paul-Kathedrale ist Litauens größter gotischer Sakralbau. Sie stammt aus dem Jahr 1408 und konnte sich trotz diverser Umbauten ihren gotischen Charakter bewahren. Mag die dreischiffige Basilika aus Backstein mit ihrem 41 Meter hohen Glockenturm von außen auch recht schlicht erscheinen, so überrascht die Kirche doch mit ihrem prächtigen Interieur.

Es spiegelt den Wohlstand der Handelsstadt während der Barockzeit wider. Als besonders facettenreich erweist sich der Hauptaltar aus dem Jahr 1775 mit seinen Kreuzigungsszenen und den diversen monumentalen Skulpturen, die den Altar umgeben.

Dem ältesten Gemälde in der Kathedrale, einer Pietà aus dem 17. Jahrhundert, werden Wunderkräfte nachgesagt. Ein Grabstein in der Südfassade erinnert an den Priester und Nationaldichter Maironis (1862–1932), der litauische Legenden und Landschaften in seinen Werken zum Thema machte.

● **NATIONALES MIKALOJUS-KONSTANTINAS KUNSTMUSEUM**

Mikalojus Konstantinas Čiurlionis (1875–1911) ist der wohl berühmteste Maler und Komponist Litauens. Er wurde zwar nur 36 Jahre alt, hinterließ aber eine Vielzahl an Werken.

Die Sammlung des Museumskomplexes beläuft sich auf rund 355 000 Objekte, darunter Werke Čiurlionis', aber auch Kunstgegenstände vom 15. bis 20. Jahrhundert, Münzen und speziell litauische Kunst. Es ist ein inspirierender Ort, der seine Zeit einfordert.

NOCH MEHR SEHEN!

FRANKREICH
⬡ TROMPE-L'ŒILS VON LYON

Seit 1978 wertet die Künstlergruppe Cité Création Häuser auf, indem sie ihre Fassaden mit Fresken oder Trompe-l'Œil bemalt. Mittlerweile gibt es so viele dieser kunstvoll gestalteten Gebäudewände, dass es schier unmöglich ist, alle innerhalb eines Tages oder Wochenendes zu bestaunen. Um die beeindruckendsten Werke auf sich wirken zu lassen, geht man am besten an das Ufer der Saône, wo das berühmte »Fresque des Lyonnais« zu sehen ist, oder in das Viertel Croix-Rousse, das mit der größten Wandmalerei Europas aufwartet.

DEUTSCHLAND
⬡ LEGENDÄRE EASTSIDE GALLERY IN BERLIN

Der 9. November ist der Jahrestag des Falls der Berliner Mauer, die bis 1989 Ost- und Westdeutschland trennte. Bester Anlass, der Freude über das Ende der Teilung zu gedenken. Zu den eindrucksvollsten Überresten der Mauer zählt die East Side Gallery in Berlin-Friedrichshain. Auf dem längsten erhaltenen Teilstück der Mauer haben 1990 118 Künstler aus 21 Ländern die größte Open-Air-Galerie der Welt erschaffen. Die 106 Wandbilder spiegeln die Stimmung, die nach dem Mauerfall herrschte, wider. Einige der bekanntesten Kunstwerke wie »Der Bruderkuss« von Dimitrji Vrubel sind weltberühmt. Emotion pur

NIEDERLANDE
⬡ GRONINGEN UNTER DEN BRÜCKEN

Wie die meisten Städte der Niederlande ist auch Groningen untrennbar mit dem Wasser verbunden, nicht zuletzt durch die zahlreichen Flussläufe in der Stadt. Damit einher gehen auch einige Brücken, die alle Einwohner trockenen Fußes die Seite wechseln lassen. Kein seltener Anblick dabei sind Brücken, die hochgefahren werden können, um auch die Schifffahrt noch passieren lassen zu können. Doch bei drei Brücken in Groningen sollte man genauer hinsehen: Denn wenn sich die Oosterbrug, die Herebrug und jene am Groninger Museum öffnen, offenbaren sich an ihrer Unterseite einzigartige Werke der Künstler Peter de Kan, Rommert Boonstra und Wim Delvoye.

GROSSBRITANNIEN
⬡ COOLE STREET-ART IN LONDON

Graffiti ist eine Kunstform, die als Vandalismus bezeichnet wird, geschaffen von jungen Leuten, die im Schutz der Dunkelheit mit Spraydosen Flächen mit ihren Tags, Bildern oder politischen Sprüchen besprühen, die möglichst schnell wieder von offizieller Seite entfernt werden. Bis Banksy kam.

Banksy schuf Bilder und Zeichnungen, die nicht nur subversiv waren, sondern auch verblüfften, sei es vom Standort her, sei es von der kritischen Aussage. Die Medien wurden aufmerksam und mithin die Kunstszene. Banksy wurde zur Sensation, der seine Identität aber noch geheim hält und er hat längst Nachfolger gefunden. Straßenkünstler wie

Unten: Viele Graffiti bleiben der Nachwelt oft nur als Foto erhalten. Banksys Werke sind mittlerweile berühmt, wenn auch nicht immer am originalen Ort erhalten.

Rechts: Eine eigene »Comic Strip Route« führt zu den bunten Sehenswürdigkeiten Brüssels, beginnend an der Ecke von Rue du Marché au Charbon und Rue des Teinturiers, wo Brousaille 1991 die erste Wand verschönerte.

Adam Neate, D*face, Pure Evil hinterlassen ebenso witzige, auf jeden Fall kunstvolle Werke in den Straßen Londons. Besonders die Gegend um Shoreditch und Spitalfields in East London entwickelt sich zu einer Art Open-Air-Galerie.

ESTLAND
○ GEHEIMTIPP STREET-ART IN TARTU
Der bunten Straßenkunst von Tartu kann man während des Straßenkunstfestivals Stencibility seinen ganz eigenen Schliff verpassen, denn jeder darf mitmachen und die Wände der Stadt mitgestalten.

GROSSBRITANNIEN
○ NOCH MEHR COOLE STREET-ART IN BRISTOL
Bristol könnte als eine der Hauptstädte der Street-Art gelten. Hier wurde 1974 der inzwischen weltweit bekannte Street-Art-Künstler Banksy geboren und lebte bereits als Jugendlicher sein Talent an vielen Ecken der Stadt aus. Viele seiner Wandgemälde sind noch heute in der Stadt zu bewundern. Man findet sie vor allem im Zentrum oder in Stadtvierteln wie Stokes Croft oder Easton. Im Stadtteil Bedminster findet jedes Jahr das große Upfest statt.

BELGIEN
○ AUF DEN SPUREN DER COMICS
Wer hat nicht eine Phase im Leben durchgemacht, wo die einzig erträgliche Literatur Comics waren? In Comic-Sprache denken und die Ereignisse im eigenen Leben in Comicszenen verwandeln. Brüssel ist nicht nur das Herz der EU, es ist auch DIE europäische Stadt der Comics:

Mit einem Comic-Rundgang, der fast durch die ganze Stadt führt, mit Comics in Restaurants statt schnöden Zeitschriften, mit dem Comic Strip Festival. Kein Wunder, denn niemand Geringeres als Hergé (1907 bis 1983), der Erfinder eines ganz eigenen Comic-Zeichenstils und der Schöpfer von »Tim und Struppi«, stammt aus Brüssel. Auch der Vater der Schlümpfe, Peyo (1928–1992), erschuf die berühmten blauen Zwerge in Brüssel.

BULGARIEN
○ GRAFFITI-TOUR IN SOFIA
Street-Art in Sofia? Ja – sogar durchaus weit verbreitet in der Stadt. Hotspot für interessante Street-Art ist die ul. Tsar Ivan Shishman. Hier findet man vor allem kreativ bemalte Stromkästen, mit deren Verschönerung junge Street-Art-Künstler von der Stadt beauftragt werden.

IM REICH DER VOGEL-PARADIESE

Für eine Safari braucht man gar nicht weit reisen: Vor unserer Haustür kann man seltene Tierbeobachtungen machen und Spannendes entdecken! Die Nordseeküste etwa ist ideal, um heimische Vögel und Zugvögel zu sichten. Eines der Highlights der Insel Helgoland ist der Lummenfelsen, das kleinste Naturschutzgebiet Deutschlands. Es liegt in der Deutschen Bucht. In der ca. 50 Meter hohen Felswand brüten im Frühjahr Tausende von Seevögeln.

● **REISE-INFOS**

Wo? Ruheoase inmitten der Nordsee
Wie? Fähre ab Cuxhaven, Brunsbüttel, Büsum oder Hamburg
Info: www.helgoland.de

BIRDWATCHING AUF HELGOLAND

Trutzig ragt die rote Insel aus dem Meer. Doch in Wahrheit besteht Deutschlands Vorposten in der Nordsee aus weichem Gestein. Und so haben Wind und Wellen Helgoland über die Jahrhunderte ein einzigartiges Aussehen gegeben. Die exponierte Lage, 60 Kilometer von der deutschen Küste entfernt, beschert Helgoland ein einzigartiges, mildes Klima mit einer reinen Luft, die Allergiker aufatmen lässt. Die Helgoländer Pflanzenwelt zeichnet sich durch ihre Vielfalt an Salzwiesengewächsen aus sowie den gelb blühenden, essbaren Helgoländer Klippenkohl.

Das wahre Insel-Feeling erlebt jedoch nur der, der mehrere Tage bleibt und abends nach der Abfahrt der Tagestouristen die große Stille auf sich wirken lässt, die dieser Felsen im Meer ausstrahlt.

LANGE ANNA

Markantes Symbol ist das Wahrzeichen der Insel, die »Lange Anna«, eine fast 50 Meter hohe Felsnadel aus Buntsandstein, die vor den steilen Klippen aus dem Meer ragt. Bis 1860 war sie noch über einen Bogen mit der Insel verbunden, der jedoch während einer Sturmflut einstürzte. Auch die Badeinsel Düne wurde erst 1721 von der Hauptinsel getrennt.

LUMMENFELSEN

Am spektakulärsten geht es im Juni zu. Denn dann stürzen sich Tausende junge Trottellummen in die Tiefe, um ihr Leben künftig auf dem Meer fortzusetzen. Außerdem ziehen hier auch Dreizehenmöwen, Eissturmvögel, Basstölpel und der Tordalk ihre Jungen groß. Nirgendwo sonst in Deutschland gibt es eine derart hohe Brutvogeldichte.

Wie die Elternvögel sich und ihren Nachwuchs geschickt auf den schmalen Felsvorsprüngen balancieren, ist vom Klippenrandweg gut einsehbar. Über 370 weitere Arten machen auf ihren Zügen hier Rast. Die steilen Wände des »Oberland« bieten zahlreichen Seevogelarten die einzige Brutmöglichkeit in Mitteleuropas Wer lieber am Strand liegt, für den ist die Nebeninsel Düne mit ihrem weißen Sand das Richtige.

Links: »Ankommen und runterkommen« lautet die Reisedevise für Helgoland. Neben vier Reedereien steuern auch Flugzeuge das rote Eiland mit der Langen Anna an.

Rechts: Basstölpel sind durch ihre blaugrauen Schnäbel gekennzeichnet. Sie brüten in riesigen Kolonien in nördlichen Gefilden, unter anderem auf Helgoland.

● DAS SCHLESWIG-HOLSTEINISCHE WATTENMEER

Mal strahlt diese Landschaft große Ruhe aus, dann wieder wird sie von den tobenden Elementen regelrecht durchgepeitscht. Während eben noch die endlos scheinende Weite beeindruckte, fasziniert oft schon wenig später das unmittelbare Erleben von Wind und Wetter. Deutschlands größter Nationalpark misst über 4400 Quadratkilometer und reicht von der Elbmündung bis zur dänischen Grenze.

Im Mittelalter war ein großer Teil noch festes Land. Doch immer wieder rissen Sturmfluten Teile davon mit sich und ließen schließlich eigenwillig geformte Reste zurück: die nordfriesischen Inseln und die Halligen sowie viele kleine Sandbänke. Zweimal täglich gibt das Meer seine Beute wieder frei und legt einen Lebensraum bloß, der auf den ersten Blick unwirtlich erscheinen mag, aber eines der lebendigsten und auch sensibelsten Ökosysteme überhaupt ist.

● MINSENER OOG

Östlich von Wangerooge liegt die kleine und unbewohnte Vogelinsel Minsener Oog. Hier finden zahlreiche Vogelarten wie etwa Silbermöwe, Heringsmöwe oder Rauchschwalbe optimale Bedingungen. Nach dem Zweiten Weltkrieg war vor allem das Wasser- und Schifffahrtsamt Wilhelmshaven auf der Insel tätig, aber auch der Leuchtturm ist mittlerweile automatisiert.

Heute lebt auf der Insel nur während der Brutzeit im Sommer ein Vogelwart. Seit 1959 steht sie unter Naturschutz. Sommers gibt es Wattwanderungen von Schilling auf dem Festland zur Insel. Die lohnenswerte Wanderung dauert rund eine Stunde pro Strecke und sollte keinesfalls ohne Führung unternommen werden.

● ZUGVOGELTAGE

Millionen verschiedener Vögel machen zweimal im Jahr Station im Niedersächsischen Wattenmeer. Im Frühjahr befinden sie sich auf dem Weg in ihre Brutgebiete, im Herbst fliegen sie zum Überwintern ins Warme. Schon seit fünf Jahren wird die Herbstreise der Tiere zum Anlass genommen, um sich ihnen eine Woche lang zu widmen. An der Küste und auf sieben Inseln werden im Oktober über 150 Veranstaltungen zu diesem Thema angeboten.

● RINGELGANS-TAGE AUF DEN HALLIGEN

Jedes Jahr von Mitte April bis Mai lassen sich gewaltige Schwärme von Ringelgänsen auf den Halligen nieder. Rund 50 000 der braunbäuchigen Gänse rasten auf ihrem Weg an die Eismeerküste, wo sie brüten. Seit dem Jahr 1998 gibt es zu diesem Anlass die sogenannten Ringelganstage mit attraktiven Pauschalangeboten, um das Naturschauspiel beobachten zu können. Die Verleihung der »Goldenen Ringelgansfeder« an Menschen, die sich zum Schutz der Vögel einsetzen, bildet den feierlichen Auftakt der Festtage.

ACHTSAME PAUSE

IM DÜNENBUNGALOW// Wie wäre es mal mit einer Inselübernachtung? Am besten in einem der kleinen bunten Bungalows mitten in der Helgoländer Düne. Die entzückenden Häuschen im Herzen der Natur sind heiß begehrt, eine rechtzeitige Buchung ist deshalb ratsam. Sobald die Boote der Tagestouristen die Insel verlassen haben, lässt sich Helgolands einzigartige Flora und Fauna bei einer Inselwanderung genießen. Auf dem Weg trifft man auf vielfältige Lebensräume, zahlreiche Vogelarten und seltene Pflanzen.

// www.helgoland.de

Früh aufstehen wird in Naturschutzgebieten hoch belohnt, wie hier mit dem Anblick eines Schwarms Weißwangengänse an der Nordsee.

● RANTUM-BECKEN AUF SYLT

Vogelfreunde auf Sylt zieht es in das Rantumer Becken südlich des Hindenburgdamms. 1936 haben es die Nationalsozialisten ausheben lassen, um einen Wasserflughafen anzulegen. Später leitete man die Abwässer von Westerland in das nutzlos erscheinende Becken. Doch schon bald zeigte sich, dass die flache Wasserfläche zu einem Paradies für Seevögel wurde. So wurde das Becken 1962 renaturiert. Mit der Zeit entwickelten sich verschiedene Süß- und Salzwasserlebensräume wie offene Wasserflächen, Schlickflächen, Verlandungszonen, Schilf und Salzwiesen, die für die unterschiedlichsten Vogelarten wertvolle Brut- und Rastplätze sind. Auf dem etwa neun Kilometer langen Deich rund um das Becken ist ein herrlicher Wanderpfad angelegt, von dem aus man die Seevögel in aller Ruhe beobachten kann. Zum Brüten ziehen sich viele Vögel aber auf kleine Inseln inmitten der flachen Gewässerflächen zurück und sollten dort nicht gestört werden, auch wenn das Becken bei Ebbe begehbar ist.

● KRANICHWOCHEN FISCHLAND-DARSS-ZINGST

Mit der Ruhe ist es vorbei in der vorpommerischen Boddenlandschaft, wenn jeden Herbst Zehntausende von Kranichen einfallen, auf den abgeernteten Feldern nach Nahrung suchen und abends in schier endlosen Ketten zu ihren Schlafplätzen am Bodden zurückkehren.

Und mit ihnen kommen die Vogelliebhaber. Die Reedereien bieten Fahrten zu den Schlafplätzen an und das NABU-Informationszentrum startet eine Kranichwoche mit vielfältigen Angeboten. Aber auch den Rest des Jahres über ist es mit Exkursionen und Ausstellungen für Vogelliebhaber da.

● TEUFELSMOOR

Etwa 400 Quadratkilometer Hoch- und Niedermoor, dunkle Wälder, kuschelige Niederungen, darin ein Sandhügel, nämlich der Weyerberg beim im Wortsinn malerischen Worpswede: Das Teufelsmoor gehörte einst zu den größten Mooren Nordwestdeutschlands, seine Torflagen erreichten bis zu elf Meter Tiefe. Es ist eine Landschaft mit geheimnisvoller Schönheit. Zur Zeit der Besiedlung im 17. und 18. Jahrhundert achtete aber wohl niemand auf Ästhetik. Arbeitsame Menschen stachen Torf und legten ein Kanalsystem an, um das Teufelsmoor trockenzulegen.

Bis in die 1980er-Jahre hinein wurde das Moorgebiet entwässert, erst danach setzte ein Umdenken ein: Nach und nach werden nun Flächen wieder bewässert und andere stillgelegt zur Regeneration. Auf dem Weg zu ihren Überwinterungsplätzen rasten jedes Jahr im Herbst unzählige Kraniche im Teufelsmoor. Es ist ein unvergessliches Erlebnis, die großen Vögel bei ihrem allabendlichen Einflug zu ihren Schlafplätzen zu beobachten. Am besten genießt man es mit einem fachkundigen Führer.

NOCH MEHR SEHEN!

SPANIEN
○ NATURPARK UND BIOSPHÄREN-RESERVAT PARC NATURAL DE S'ALBUFERA AUF MENORCA

In der landschaftlichen Idylle des nordöstlichen Menorcas liegt das Naturschutzgebiet Parc natural de s'Albufera des Grau. Der etwa 1947 Hektar umfassende Naturpark besteht aus Feuchtgebieten, Landflächen und einer von drei Sturzbächen mit Süßwasser gespeisten Lagune, die durch einen Dünengürtel vom Mittelmeer getrennt ist.

Das Ende 1993 zum UNESCO-Biosphärenreservat erklärte Gebiet ist der ideale Ort für Tierbeobachtungen. Mehr als 100 Vogelarten finden sich hier sowie über 200 verschiedene Pflanzenarten wie Schilfrohr, Binsen und Rohrkolben. Zu den hier vorkommenden Vogelarten gehören unter anderem Zwergtaucher, Stelzenläufer und Schilfrohrsänger, als Zugvögel überwintern hier zum Beispiel Graureiher, Kormorane und Löffelenten. Ein Besucherzentrum informiert über Flora und Fauna des Parks. Wanderwege führen durch herrliche Wälder und Seenlandschaften zu den Sanddünen hinter der Playa del Grau nahe dem angrenzenden Fischerdorf Es Grau, wo man in einem Strandrestaurant ausruhen kann.

SPANIEN
○ VOGELFLUGHAFEN DOÑAÑA

Der Nationalpark Doñana an der Costa de la Luz in Andalusien ist Spaniens wichtigstes Feuchtgebiet. Vor allem die »Marismas« (zeitweise überschwemmte Gebiete) und die Wanderdünen des Parks dienen vielen Vögeln als Brut- und Rastplatz sowie als Winterquartier. Auch eine Flamingopopulation nutzt die seichten Lagunen. Die beeindruckenden Vogelwanderungen, die sich im Frühling und Herbst beobachten lassen, rauben Naturliebhabern den Atem.

Bis heute ist der Vogelflug eines der erstaunlichsten Phänomene der Tierwelt – eine Meisterleistung an Organisation, Orientierung und Krafteinteilung, die Millionen Zugvögel Jahr für Jahr vollbringen. Ihr wichtigster »Großflughafen« im westlichen Europa ist der Doñana-Nationalpark im Mündungsdelta des Guadalquivir, des größten Flusses in Andalusien. Heimlicher König unter den 400 in Doñana gezählten Vogelarten ist der Iberienadler, ein endemischer Artverwandter des Kaiseradlers. Von der selten gewordenen Marmelente, deren Gefieder wie brauner Marmor strukturiert ist, und der Weißkopfruderente finden sich nur noch ein paar Dutzend Paare im Park.

Das warme Klima im andalusischen Nationalpark Doñana wissen auch die kunterbunten Bienenfresser zu schätzen.

Der »Lundi«, wie er in Island genannt wird, ist der Nationalvogel. Von den weltweit rund sieben Millionen Paaren leben allein vier Millionen auf Island, und dort vorwiegend an den Westfjorden.

ISLAND
○ POSSIERLICHE PAPAGEITAUCHER

Neben Trollen und Elfen ist er das Maskottchen der Insel: Der Papageitaucher gehört wohl zu den beliebtesten Vogelarten Islands. Die Látrabjarg-Halbinsel in Islands Westfjorden bildet den westlichsten Punkt Europas. Auf dem Weg zum Látrabjarg passiert man die sanft geschwungenen Buchten Breiðavík und Látravík mit einsamen Sandstränden und türkisfarbenem Meer vor einer gewaltigen Bergkulisse. Irgendwann endet die Straße, und ein kleiner Pfad führt auf die Klippe, die an ihrer höchsten Stelle atemberaubende 400 Meter erreicht.

Senkrecht brechen die Felsen auf mehreren Kilometern Länge ab. Bei gutem Wetter ist sogar der über 80 Kilometer entfernte Snæfellsjökull zu sehen. Der größte Vogelfelsen im Nordatlantik beherbergt auf seinen Felsvorsprüngen Hunderttausende Seevögel, die während der Brutzeit einen ohrenbetäubenden Lärm produzieren. Die Stars sind aber die Papageitaucher, die ihre Bruthöhlen an der oberen Abbruchkante graben.

FRANKREICH
○ DEM FLUG DER GEIER FOLGEN IN DEN FRANZÖSISCHEN CEVENNEN

Als eine Art »Wasserschloss, das den Ebenen Leben verleiht«, beschrieb der Historiker Jules Michelet enthusiastisch die Cevennen. Der Artenreichtum der Bergregion ist einzigartig. Seit den 1980er-Jahren sind auch wieder Geier heimisch.

Mit Erfolg wurden einige Tierarten angesiedelt, die bereits aus der Region verschwunden waren: Wölfe, Luchse, Biber und Fischotter sind seit Jahren wieder verbreitet. Und auch Geier kreisen wieder über den Felsen und Schluchten. In den 1940er-Jahren ausgerottet, wurden 1981 über der Jonte-Schlucht erstmals fünf Gänsegeierpaare ausgesetzt. Heute gibt es Hunderte davon. 1992 kamen die ersten Mönchsgeier hinzu, mittlerweile sind es über 100. Seit 2012 gibt es zudem wieder Bartgeier, und auch Schmutzgeier werden regelmäßig gesichtet.

RUMÄNIEN
○ PELIKANE BEWUNDERN IM DONAUDELTA

Aus der Vogelperspektive wirkt das Donaudelta wie ein grün-blaues Labyrinth aus Strömen, Seen und Kanälen. Es bietet einer gewaltigen Artenvielfalt eine Heimat, darunter über 310 Vogelspezies. Zwei davon sind besonders prominent.

Unter anderem ist hier die größte Krauskopf- und Rosapelikankolonie Europas beheimatet. Man weiß gar nicht, welches der unglaublichen Talente der Pelikane man mehr bewundern soll. Sind es ihre phänomenalen Flugfähigkeiten? Obwohl sie mit bis zu 15 Kilogramm zu den Schwergewichten unter den flugfähigen Vögeln gehören, können sie 24 Stunden lang ohne Pause in 3000 Meter Höhe über 500 Kilometer weit reisen. Oder ist es ihre raffinierte Jagdtechnik? Im Team fliegen die Pelikane in Hufeisenformation und treiben die Fische in flaches Wasser hinein, um dann ihren gewaltigen Hautsack am Unterschnabel wie einen Kescher zu benutzen und ihre Beute herauszufischen. Oder ist es doch ihr riesiger Appetit, der sie Tag für Tag ein Zehntel ihres Körpergewichts fressen lässt?

Für diese Wasservögel ist es wichtig, dass die Flüsse und Seen nicht sehr tief sind, um leicht an die Fischbestände heranzukommen. Ihren Nachwuchs ernähren sie dann direkt aus dem Schnabel, wo verspeister Fisch vorverdaut wieder zur Verfügung gestellt wird.

ÖSTERREICH
LUSTWANDELN IN MUSEEN

Kopfsteinpflaster und enge Gässchen, Heurige und Tanzbälle, prunkvolle Schlösser und imposante Museumsbauten: In der österreichischen Hauptstadt »an der schönen, blauen Donau« treffen Biedermeier-Idylle und imperiale Pracht aufeinander. Vor allem lockt Österreichs Hauptstadt aber mit einer Vielzahl spannender und einzigartiger Museen. An den Werken, mit denen die vielen Dichter und Denker, Musiker und Maler von hier aus die Welt eroberten, kommt man keinesfalls vorbei.

● **REISE-INFOS**

Wo? Österreichs Hauptstadt mit Herz und Schmäh
Wie? Alle Wege führen nach Wien
Info: www.wien.info

MUSEEN IN WIEN

Für die vielfältigen, kulturell hochwertigen Museen von Wien sollte man sich ausreichend Zeit lassen. Am Ende des Tages geht es nicht um die Menge der gesehenen Ausstellungen, sondern vor allem um die Intensität der gesammelten Eindrücke und deren inspirierendes Nachwirken.

● **KUNSTHISTORISCHES MUSEUM**

Besucherattraktion ist die Gemäldegalerie mit Meisterwerken aus fünf Jahrhunderten, u. a. von Martin Schongauer, Cranach und Dürer, Brueghel, Rubens und Rembrandt, Tintoretto, Tizian oder Velázquez.

● **MUSEUM FÜR ANGEWANDTE KUNST**

Nördlich des Stadtparks, am Stubenring, erhebt sich ein weiteres Juwel von einem Wiener Museum – das Museum für angewandte Kunst, kurz MAK genannt. Der Komplex, dem in der Folge auch eine Hochschule angefügt wurde, ist ein Werk Heinrich Ferstels. Der Architekt fühlte sich der italienischen Renaissance verpflichtet und ließ die Fassade des streng gegliederten Rohziegelbaus mit Majolikamedaillons und Sgraffitomalerei farbenreich verzieren.

Bei seiner Eröffnung im Jahr 1871 war das MAK ein Pionier unter den Kunstgewerbe-

Das Kunsthistorische Museum beherbergt nicht nur Kunstwerke aus sieben Jahrtausenden, vom Alten Ägypten bis zum Ende des 18. Jahrhunderts, sondern ist auch selbst ein Kunstwerk: Das unter anderem von Ernst und Gustav Klimt ausgemalte Treppenhaus dominiert eine marmorne Theseusgruppe von Antonio Canova.

museen Kontinentaleuropas. Es hatte größten Einfluss auf das ästhetische Bewusstsein und die industrielle Entwicklung in der gesamten Monarchie. Seine Sammlung umfasst die Bereiche Glas, Keramik, Metall, Möbel, Porzellan, Textilien, Orientteppiche und Ostasiatika; diese wird durch hochkarätige Sonderschauen ergänzt.

● **ALBERTINA: PRUNKRÄUME UND MUSEUM**

Das nach seinem Erbauer Herzog Albert von Sachsen-Teschen benannte Palais Albertina ist dank der darin aufbewahrten Grafiksammlung weltberühmt und neuerdings auch als Schau-

ACHTSAME PAUSE

SETTIMO CIELO // Im siebten Himmel fühlt man sich bei dieser Aussicht tatsächlich: Das gehobene italienische Restaurant befindet sich nämlich genau gegenüber vom Stephansdom. Ein Besuch bietet sich auch abends an, auf einen guten Drink über den Dächern der Stadt. **// settimocielo.at**

Mit seinen erotischen Frauenakten sorgte
Gustav Klimt im Lauf seiner Karriere regelmäßig
für Furore. Seine berühmtesten Werke sind
heute Ikonen der Kunstgeschichte.
Dazu zählt auch »Der Kuss« (1907/08).

platz hochkarätiger Kunstausstellungen in aller Munde. Im Zuge seiner immens aufwendigen, um 2006/2007 nach langen Jahren abgeschlossenen Generalsanierung wurden auch die insgesamt 21 auf zwei Etagen verteilten Prunkgemächer neu gestaltet. Der Besuch verspricht eine Zeitreise in die Welt des Klassizismus und vermittelt ein authentisches Bild vom hochherrschaftlichen Wohnstil, in dem seine Bewohner einst schwelgten.

● NATURHISTORISCHES MUSEUM

Die 39 Säle bergen eine der größten naturwissenschaftlichen Sammlungen Europas mit Mineralien und Meteoriten, Fossilien, Skeletten sowie zeitgenössischen Tier- und Pflanzenarten. Höhepunkte sind u. a. die steinzeitliche Statuette der »Venus von Willendorf« und das rund 13 000-bändige »Wiener Herbarium« mit Belegpflanzen aus der ganzen Welt.

● MUSEUMSQUARTIER

An der Nahtstelle von 7. und 1. Bezirk wurde 2001 das MuseumsQuartier (MQ) eröffnet. Es vereint die Barockstrukturen der ehemals kaiserlichen Stallungen mit postmoderner Architektur und zählt zu den zehn größten Kulturzentren der Welt. Nach 38 Monaten und viel hitzigen Debatten hatte die Stadt ein rund 60 000 Quadratmeter großes urbanes Gesamtkunstwerk geschaffen, das nun pro Jahr über drei Millionen Besucher anlockt.

LEOPOLD MUSEUM UND KUNSTHALLE
Markenzeichen des MuseumQuartiers sind die beiden kühn zwischen die Barocktrakte gesetzten Riesenkuben. Der vom zentralen Eingang aus betrachtet linke beherbergt das Leopold Museum. Hinter dessen mit Muschelkalkstein verkleideter Fassade hat eine weltweit einmalige Kollektion ihre Heimat gefunden: 40 Jahre lang hatte ihr Namenspatron, der 2010 verstorbene Wiener Augenarzt Rudolf Leopold, mit frenetischer Sammelleidenschaft über 5000 Werke von Malern der heimischen klassischen Moderne zusammengetragen, die er Ende der 1990er-Jahre zwecks dauerhafter Zurschaustellung in diesem Haus dem Staat veräußerte. Im zentralen Trakt des MQ ist die Kunsthalle untergebracht. Sie versteht sich als Werkstatt und Labor mit den programmatischen Schwerpunkten Fotografie, Video, Filminstallationen und Retrospektiven.

Oben: Das Hundertwasser-Krawina-Haus dient als Wohnanlage in der Kegelgasse. Es trägt unverkennbar die charakteristischen Stilelemente Hundertwassers.

Links: Auf rund 5400 Quadratmetern Fläche wird ein Querschnitt der Leopold'schen Sammlung gezeigt, darunter Hauptwerke von Klimt, Kokoschka, Gerstl, Boeckl, Faistauer und Kubin und Egon Schiele.

MUSEUM MODERNER KUNST (MUMOK)

Vis-à-vis dem Leopold Museum, im Westteil des Haupthofes, erhebt sich das Museum Moderner Kunst, kurz mumok genannt. Seine Bestände basieren maßgeblich auf einer vor Jahrzehnten von dem rheinischen Schokoladefabrikanten Peter Ludwig zusammengetragenen Sammlung. Der Werkkatalog der Sammlung umfasst Arbeiten der internationalen Künstlerprominenz zur klassischen Moderne– von Picasso, Max Ernst und Magritte über Warhol bis zu Twombly, Pollock, Baselitz und Richter.

● HUNDERTWASSER-HAUS

In einer unscheinbaren Gasse im 3. Bezirk steht jenes Haus, das in der Liste der meistbesuchten Attraktionen gleich nach dem Stephansdom und Schönbrunn rangiert. Sein Schöpfer, Friedensreich Hundertwasser, stellte dabei optisch alles Gewohnte auf den Kopf: Er durchsetzte Mauern und Kanten mit krummen Linien und Buckeln, schuf schiefe Böden, ließ Balkone und Dächer mit Bäumen bepflanzen und dekorierte die Fassade mit grellbunten Tropfen, Kringeln und Kachelmosaiken.

● SCHLOSS SCHÖNBRUNN

Die Ikone des imperialen, barocken Wien schlechthin ist das im Villenbezirk Hietzing gelegene Schloss Schönbrunn. Als feudale Schöpfung des frühen 18. Jahrhunderts spiegelt es die Lust am architektonischen Überschwang wider, die nach dem Triumph über die Türken die aristokratischen Bauherren beflügelte. Bis 1918 war Schönbrunn die Sommerresidenz der Habsburger. Heute besichtigen in der Hochsaison bis zu 11 000 Schaulustige täglich die prunkvollen Kaiserappartements, die historischen Kutschen in der Wagenburg, das Palmenhaus wie auch den Tiergarten.

● STEPHANSDOM

Wiens wichtigstes Gotteshaus und das weithin sichtbare Wahrzeichen der Stadt wird von den Einheimischen gern »Steffl« genannt: ein Wunderwerk der Steinmetzkunst mit einer gut 750 Jahre zurückreichenden Geschichte.

● ZENTRALFRIEDHOF

Wiens legendärer Zentralfriedhof liegt im südöstlichsten Bezirk Simmering und ist weit mehr als eine zentrale Begräbnisstätte. Er wurde 1874 eröffnet und umfasst auf 2,4 Quadratkilometer Fläche mehr als 330 000 Gräber, darunter zahlreiche Künstler und Prominente des Landes wie etwa Beethoven, Schubert, Falco und Udo Jürgens. Die verwunschenen und üppigen Grünanlagen dienen gleichermaßen als Wiens grüne Lunge und Parkanlage, in der es sich herrlich flanieren und über das Leben und die Vergänglichkeit nachdenken lässt.

Österreichs größtes Museum für moderne und zeitgenössische Kunst ist das MUMOK, dessen großzügiges Raumkonzept ermöglicht Kunsterlebnisse aus ungewohnten Perspektiven.

EINEN KAFFEE
UNTER PALMEN

DAS PALMENHAUS

Nicht weit von der Staatsoper entfernt befindet sich das Palmenhaus. Es liegt am Rand des Burggartens auf der Rückseite der kaiserlichen Hofburg. Früher war das 128 Meter lange Glashaus die Orangerie der Kaiserfamilie. Nachdem es um die Jahrhundertwende abgerissen und Anfang des 20. Jahrhunderts nach den Entwürfen des österreichischen Architekten Friedrich Ohmann (1858–1927) wieederaufgebaut wurde, kamen Einflüsse des Jugendstils hinzu.

Von 1919 bis 1938 diente das Palmenhaus als Ausstellungsort für Künstler. Heute ist im linken Teil das Schmetterlingshaus untergebracht, der rechte Flügel wird weiterhin als Gewächshaus genutzt, und mittig im erhöhten Teil des Gebäudes befindet sich eine Brasserie. Hier kann man bei einem Aperitif draußen in der Sonne sitzen oder auch drinnen im lichtdurchfluteten Glashaus. Es gibt sowohl Kaffee und Kuchen als auch herzhafte Gerichte und leckere Vorspeisen. Durch die vielen Grünpflanzen entsteht eine sehr exotische Atmosphäre, die man sich nicht entgehen lassen sollte.

NOCH MEHR SEHEN!

NIEDERLANDE
○ KUNSTMUSEUM GRONINGEN

Wenn doch alle Museen solche Geldgeber hätten! Und die Verantwortlichen den Mut, Neues zu wagen! In Groningen kam Ende der 1980er-Jahre beides zusammen. »Die Grenzen zwischen Kitsch, Design, bildender Kunst und Architektur müssen ein für allemal verschwinden«, hatte der damalige Museumsdirektor Frans Haks gefordert, gegen die Meinung vieler in der Stadt. Mit der Vergabe des Auftrags an den italienischen Architekten Alessandro Mendini (1931–2019) ließ sich seiner Forderung Gestalt verleihen, zumal dieser drei weitere unkonventionelle Architektenbüros ins Boot holte. Herausgekommen ist ein noch immer beeindruckendes Gebäudeensemble, das auf einer Insel zwischen Bahnhof und Innenstadt liegt. Innen wird von archäologischen Funden, asiatischem Porzellan bis hin zu zeitgenössischen Installationen allem Möglichen Raum gegeben.

ITALIEN
○ MUSEO NAZIONALE SCIENZA E TECNOLOGIA LEONARDO DA VINCI

Mailand hat eines der wichtigsten naturwissenschaftlichen Museen der Welt zu bieten, nämlich das Nationalmuseum für Naturwissenschaft und Technologie, das mit vielen interaktiven Ausstellungen begeistert. Die für Bücherfans hochinteressante Bibliothek konzentriert sich mit rund 50 000 Büchern und Magazinen vorwiegend aus der Zeit zwischen 1850 und 1950 auf die Geschichte der Wissenschaft, Technologie und Industrie. Viele davon stiftete der Ingenieur und Museumsgründer Guido Ucelli persönlich. Auch Renaissance-Ausgaben klassischer Autoren wie Ptolemäus, Galenos oder Archimedes sowie technische Abhandlungen des 17./18. Jahrhunderts etwa von Newton oder Laplace sind darunter. Die Museumsbibliothek ist nach vorheriger Anmeldung zugänglich.

Die Kombination aus Titanplatten, die wie Fischschuppen geformt sind, und vorhangähnlichen Glaswänden verleiht den Kunstwerken im Inneren des Guggenheim-Museums in Bilbao optimale Lichtverhältnisse und Leichtigkeit.

Das Dach des Teatre Museu schmückte Dalí mit riesigen Eiern, sein häufig verwendetes Lieblingssymbol für Hoffnung und Liebe.

ÖSTERREICH
○ IM ARS ELECTRONICA CENTER IN LINZ STAUNEN

Neben dem nördlichen Kopf der Nibelungenbrücke im Stadtteil Urfahr liegt das »Museum der Zukunft«, auch Ars Electronica Center (AEC) genannt. Es wurde 1996 mit dem erklärten Ziel gegründet, künftige Technologien bereits heute für ein Laienpublikum erfahrbar zu machen, und war von Anbeginn ein Riesenerfolg. Denn es gelang, mit einer Melange aus Medienkunst und interaktiven Installationen ein breites Publikum zu begeistern. Mit Blick auf das Jahr 2009, in dem Linz europäische Kulturhauptstadt war, wurde das AEC aufwendig um- und ausgebaut. Seither beherbergt der gläserne Kubus neben Ausstellungshallen, Testräumen und einem Medienarchiv auch das Forschungslabor Futurelab.

DEUTSCHLAND
○ KÜNSTLERKOLONIE IN WORPSWEDE

Worpswede war das Versprechen eines Traumes – des Traumes einer Verschmelzung von Kunst und Alltag, von Bauernleben und Malerexistenz. 1889 wagte es eine Gruppe von Künstlern, diesen Traum wahr werden zu lassen. Sie zogen in das Dorf Worpswede am Rand des Teufelsmoors und gründeten eine Künstlerkolonie, um eine bessere Welt mit einer besseren Kunst zu erschaffen. Paula Becker war dabei, die später Otto Modersohn heiratete, Clara Westhoff, Heinrich Vogeler, Fritz Mackensen, Fritz Overbeck. Sie lebten in Bauernhäusern, malten die Wolkenberge am Himmel, porträtierten Birken, Schafe, Kanäle, Kähne, ließen sich vom melancholischen Licht der Moore verzaubern, suchten nach der Mystik des Ursprünglichen und fanden sie trotz allem Enthusiasmus nicht dauerhaft.

Der Traum war kein Lebensprojekt, sondern löste sich nach ein paar Jahren auf, und die Maler zerstreuten sich erneut in alle Himmelsrichtungen. Doch das Glücksversprechen Worpswedes überdauerte sie. Bis heute pilgern Menschen zum Teufelsmoor.

SPANIEN
○ GUGGENHEIM-MUSEUM IN BILBAO

Bis vor wenigen Jahren war Bilbao eine zwar große, aber auch ziemlich trostlose Industrie- und Hafenstadt an der spanischen Biskayaküste. Durch ein geradezu einzigartiges Stadtsanierungsprogramm wurde es zu einer der großen Kunst- und Architekturstädte der Welt. Berühmte Architekten aus aller Herren Länder arbeiteten an einer neuen Stadtstruktur. Höhepunkt war 1997 die Eröffnung des Guggenheim-Museums für moderne Kunst, das der amerikanische Architekt Frank O. Gehry in vier Jahren erbaute.

Durch Form und Material entstand ein spektakulärer, weithin sichtbarer Bau, der gegen den Hintergrund der Stadt wie eine überdimensionale Skulptur wirkt. Das Museum zieht mit ständig wechselnden Ausstellungen von Gemälden, Videoinstallationen und Skulpturen der bedeutendsten Künstler der Gegenwart wie Roy Lichtenstein, Robert Rauschenberg, Jeff Koons, Jackson Pollock, Anselm Kiefer oder auch Andy Warhol jährlich Hunderttausende von Besuchern an.

○ TEATRE-MUSEU DALÍ IN FIGUERES

An der Plaça Gala-Salvador Dalí in Figueres, steht das größte surrealistische Objekt der Welt: das 1974 gegründete Dalí-Theater-Museum. Heute beherbergt die Fundació Gala-Salvador Dalí verschiedene Sammlungen sowie mehrere Tausend Objekte aus allen Schaffensperioden seines Lebens: Zeichnungen, Malereien, Objekte, Skulpturen, Installationen, Fotografien und vieles mehr.

SCHWEIZ

VOM ZUGREISEN UND STAUNEN

Klangvolle Ortsnamen, Erinnerungen an goldene Reisejahre der Reichen und Schönen, 91 Tunnel, 291 Brücken, Panoramafenster, Schweizer Schneegipfel – ein Traum! 1930 hörten 70 geladene Gäste in Zermatt den Startschuss für die erste Fahrt der Schmalspurbahn. Elf Stunden später waren sie in St. Moritz angekommen.

Oben: Atemberaubende Aussichten auf die idyllische Landschaft bietet der Panoramawagen des Glacier Express, hier passiert der Zug den Stellisee mit dem legendären Matterhorn.

Links: Im Engadin führt die Reise mit der Rhätischen Bahn – eine der drei Bahngesellschaften des Glacier Express – auch über den kühnen Landwasserviadukt bei Filisur.

● **REISE-INFOS**

Wo? Panoramablicke durch die Kantone Wallis, Uri und Graubünden
Wie? Mit der Bahn nach Zermatt
Info: www.glacierexpress.ch

GLACIER EXPRESS

Wegen der Streckenführung über den Furka-Scheiteltunnel (2162 m üNN) konnte der Verkehr witterungsbedingt nur in den vier Sommermonaten stattfinden. Das änderte sich erst 1981, als der 15,38 km lange Furka-Basistunnel (1538 m üNN) fertig war. Allerdings war damit der Namenspate des Glacier Express, der Rhone-Gletscher (Glacier du Rhône) vom Zugfenster aus nicht mehr zu erblicken

Doch was geblieben ist von der Aussicht, aus dem »langsamsten Schnellzug der Welt«, wie der Express liebevoll genannt wird, das reicht vollauf. Bergwiesen mit gemächlichem Fleckvieh, steile Felswände, die blaugrauen Gipfel,

tiefe Schluchten wie jene des Rheins und wildschäumende Bäche sind Sommerszenarien rund um das markante Matterhorn.

● **ZERMATT**

Das berühmte Walliser Bergdorf mit dem Matterhorn im Hintergrund ist eine Ikone des Schweizer Alpinismus. Seine Erschließung betrieben ab Mitte des 19. Jahrhunderts vorwiegend Engländer. Wagemutige Bergsteiger von den Britischen Inseln waren es auch, die 1865 – von Einheimischen geführt – die gewaltige Vierkantpyramide als Erste erstiegen. Im Ort selbst zeugen noch etliche alte Häuser von den Pioniertagen. Speziell sehenswert ist das Alpine Museum und das 150 Jahre alte Hotel Monte Rosa. Unvergesslich ist die Fahrt mit der Gornergratbahn, der höchsten Zahnradbahn des Kontinents. Sie klettert auf einer Strecke von knapp zehn Kilometern in 40 Minuten bis auf 3089 Meter. Im Anschluss

schwebt man per Kabinenbahn weitere fast 400 Meter dem Himmel entgegen. Von der Bergstation aus genießt man ein 29 Viertausender umfassendes 360-Grad-Panorama.

● MATTERHORN

Was wurde über diesen Berg nicht schon alles geschrieben! Mit Superlativen wurde er überhäuft, seine unvergleichliche Gestalt gepriesen; als »Gipfel der Werbung« hat man ihn bezeichnet, weil er für (fast) alles herhalten musste. Das 4478 Meter hohe Matterhorn zierte nicht nur Schweizer Joghurtbecher und belgische Bierflaschen – es fand sich auch auf Weinetiketten, auf einer Zigarettenschachtel aus Jamaika und sogar auf einem Tournee-

ACHTSAME PAUSE

ÜBRIGENS // Ist die 1. Klasse nicht gut genug? Der Wagen der »Excellence Class« wird die meiste Zeit angehängt und bietet elitäre Lounges mit Fensterplatz als Bestuhlung inklusive Gourmet-Menüs, Champagner und Getränke aus der exklusiven Bar sowie persönliche Conciergebetreuung.

plakat der Rolling Stones (1976). Ein Berg als Mythos! Das Matterhorn verdankt seine ikonische Form der eiszeitlichen Erosion, zwei verschiedene Gesteinsschichten legten sich schräg aufeinander.

● DAVOS

Davos im Landwassertal kann mit Superlativen aufwarten: Der Nobel-Skiort ist auf 1560 Metern die höchste Stadt der Alpen und ein Höhenkurort mit Tradition. Einst berühmt für seine Lungensanatorien, wurde Davos von Thomas Mann in seinem Roman »Der Zauberberg« (1924) verewigt. Auch Max Frisch lässt einige Passagen in seiner Erzählung »Stiller« in dem Luftkurort spielen. Umgeben liegt der Ort von der schönen Landschaft mit Sertigtal und Davosersee. Dichte Föhren- und Lärchenwälder ziehen sich an den Bergflanken empor, im Frühling verwandeln sich die Wiesen in ein Meer aus weißen Krokussen und hinten im Tal donnert ein Wasserfall in die Tiefe.

● RHEINSCHLUCHT

An seiner Nordgrenze berührt der Naturpark-Beverin eine geologische Besonderheit der Alpen – den Flimser Bergsturz. Hier rutschte vor 9500 Jahren, nach dem Ende der Eiszeit, eine gewaltige Masse von rund zehn Kubikkilometer Kalkstein zu Tal und blockierte das Tal des Vorderrheins, der zunächst aufgestaut wurde und sich dann durch die Schuttmassen seinen Weg graben musste. Daher die Hänge mit den steilen Abbrüchen, daher die wilden Schlingen des Flusses.

● ST. MORITZ

»Alles schon mal dagewesen«, könnte man mit Blick auf die Belle Époque sagen, als sich St. Moritz vom Bauerndorf zum Kurort für die europäische High Society wandelte. Damals legte man den Grundstein für Luxushotels, die bis heute Weltruhm genießen – etwa Kulm Hotel, Badrutt's Palace und Suvretta House. Direktor Badrutt soll im Jahr 1856 mit englischen Gästen erfolgreich gewettet haben, dass es dort im Winter ebenso sonnig sei wie im Sommer.

Dieser schluchtartige Abschnitt des Vorderrheins heißt Ruinaulta, auch Rheinschlucht genannt. Noch prominenter gilt er unter dem Beinamen »Gran Canyon der Schweiz«.

NOCH MEHR SEHEN!

SCHWEDEN, NORWEGEN
⭘ MIT DEM POLARKREIS-EXPRESS

Die bullige Diesellock des Typs NSB Di 4, die den Zug nach Bodø ziehen wird, gibt uns einen Vorgeschmack auf die Reise: Offensichtlich erwarten den Reisefreudigen Hindernisse, die diese schon alte, aber kräftige Zugmaschine einfach von den Gleisen fegen wird. Wir denken dabei an Schnee, schließlich geht's hoch nach Norden und über den Polarkreis. Die Bahn stoppt. Nicht wegen dieser geografischen Linie, sondern weil plötzlich Rentiere vor ihr herlaufen, wie ein Mitpassagier, ein Same, den Reisenden erklärt. In Bodø am Vestfjord hat uns die Zivilisation wieder. Und das Nordlicht flackert psychedelisch über den Nachthimmel.

MEHRERE LÄNDER
⭘ MIT DEM LEGENDÄREN VENICE SIMPLON ORIENT EXPRESS

Er gilt als König der Züge, und das nicht nur, weil viele Könige mit ihm gereist sind. Seit der Orient-Express 1883 seine Jungfernfahrt unternahm, hat sich allerdings vieles geändert. Der Vorgängerzug des Venice Simplon startete als Simplon-Orient-Express nach dem Ersten Weltkrieg in Paris und erreichte bis 1962 über die Schweiz (Simplontunnel) Mailand, Venedig und Belgrad schließlich Istanbul. Agatha Christie siedelte ihren berühmten Kriminalroman »Mord im Orient Express« in einem dieser Züge (in Gegenrichtung) an und machte ihn damit unsterblich. Inzwischen verkehren verschiedene »Orient«-Nachfolger auf den unterschiedlichsten Strecken.

ÖSTERREICH
⭘ MINI ORIENT EXPRESS ÜBER DEN ARLBERG

Wie ein relativ kurzer Streckenabschnitt verkehrstechnische Bedeutung erlangen kann, zeigt das Beispiel Semmeringbahn. Auch dass die technische Entwicklung in der zweiten Hälfte des 19. Jhs. reif war, bislang unmöglich geglaubte Steigungen zu bewältigen, machte die Strecke über den Semmering vor. Die Initialzündung zur schon lange diskutierten Arlbergbahn aber brachte der Deutsch-Französische Krieg 1870/71 mit seinem Handelsembargo. Vorarlberg war plötzlich auf drei Seiten von Ausfuhrverboten betroffen. Und auf der vierten stand der Arlberg dem Warentransport im Wege.

Wie bei einer aufregenden Achterbahnfahrt wechseln sich Brücken und Tunnel ab auf der norwegischen Nordlandsbanen, die nach Bodø führt.

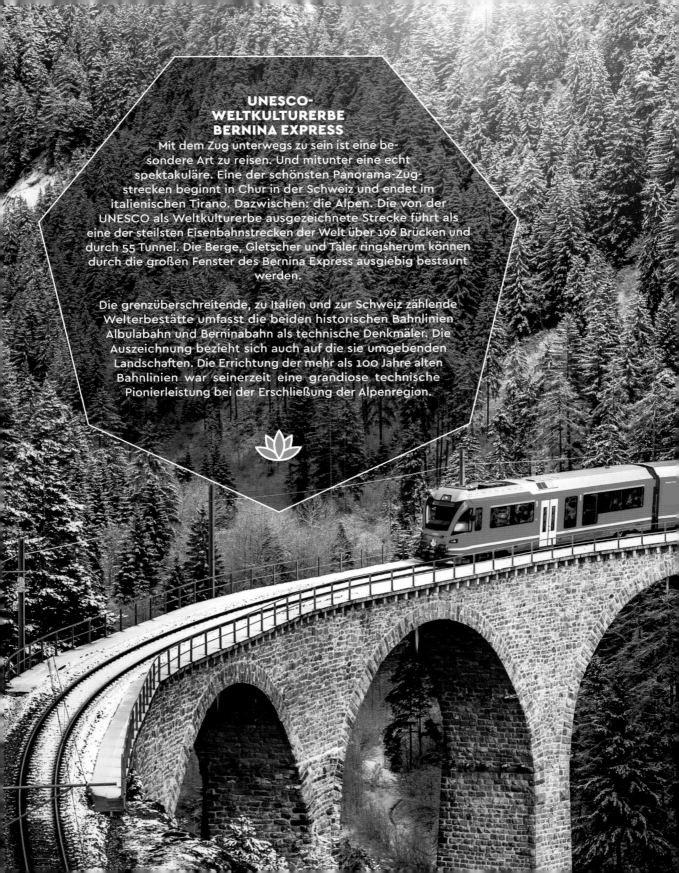

UNESCO-WELTKULTURERBE BERNINA EXPRESS

Mit dem Zug unterwegs zu sein ist eine besondere Art zu reisen. Und mitunter eine echt spektakuläre. Eine der schönsten Panorama-Zugstrecken beginnt in Chur in der Schweiz und endet im italienischen Tirano. Dazwischen: die Alpen. Die von der UNESCO als Weltkulturerbe ausgezeichnete Strecke führt als eine der steilsten Eisenbahnstrecken der Welt über 196 Brücken und durch 55 Tunnel. Die Berge, Gletscher und Täler ringsherum können durch die großen Fenster des Bernina Express ausgiebig bestaunt werden.

Die grenzüberschreitende, zu Italien und zur Schweiz zählende Welterbestätte umfasst die beiden historischen Bahnlinien Albulabahn und Berninabahn als technische Denkmäler. Die Auszeichnung bezieht sich auch auf die sie umgebenden Landschaften. Die Errichtung der mehr als 100 Jahre alten Bahnlinien war seinerzeit eine grandiose technische Pionierleistung bei der Erschließung der Alpenregion.

AUSGEZEICHNETES
PANORAMA

ACHTSAM SEHEN UND FÜR AUGEN-
BLICKE INNEHALTEN

Niemand kann den Lauf des Lebens aufhalten, geschweige denn die Uhren langsamer ticken lassen. Doch die uns gegebene Zeit können wir durch unser Bewusstsein intensiver nutzen, um unser Leben erfüllender wahrzunehmen. Das wird nicht an jedem Tag möglich sein und auch nicht von heute auf morgen funktionieren. Doch wir können die kurzen oder weiteren Reisen nutzen, mit kleinen Übungen die Sinne zu schärfen.

In Museen oder bei einem Städtetrip strömen jede Menge neue Bilder auf uns ein, wir möchten nichts verpassen und eilen immer weiter. Aber die Menge ist nicht allein ausschlaggebend. Halten wir einen Moment inne, fokussieren ein Bild, ein Gemälde oder das Detail eines Kirchenportals. Gönnen wir uns den Luxus hier zu verweilen, zu schauen und den Blick darauf ruhen zu lassen.

FRANKREICH

VON LICHTSPIELEN VERZAUBERN LASSEN

Champagner und Macarons – das sind in Lyon die Hauptakteure an Silvester. Aber auch ein paar Wochen vorher schon ist hier Feiern angesagt, denn Jahr für Jahr findet in der ersten Dezemberwoche das größte Fest der Stadt statt: die Fête des Lumières. Dabei werden zahlreiche historische Bauten mit bunten Lichtern angestrahlt, sodass wahre Kunstwerke auf ihren Mauern und Fassaden entstehen. Zu jährlich wechselnden Themen kreieren Künstler weitere Lichtinstallationen, die man überall auf den Straßen, in Bäumen und an Häusern bewundern kann.

Oben: Jedes Jahr am 8. Dezember steigt das Lichterfest von Lyon, bei dem viele Gebäude und Plätze – wie hier an der Place de la République – magisch illuminiert werden.

Links: Auch der Place Bellecour mit seinem beliebten Riesenrad wird jährlich von Licht-Künstlern in Szene gesetzt.

● REISE-INFOS

Wo? Geschichtsträchtige Stadt am Zusammenfluss von Rhône und Saône
Wie? www.france.fr/de
Info: www.de.lyon-france.com

FÊTE DES LUMIÈRES IN LYON

Jedes Jahr genießen über vier Millionen Menschen das einmalige Lichterfest von Lyon mit seinen zahlreichen optisch-akustischen Lichtinstallationen.

Wenn Brücken zu digital beleuchteten Lichterschiffen werden, Häuserfassaden in surrealistischem Glanz erstrahlen und Innenhöfe und Plätze sich zu verzauberten Lichtermeeren verwandeln, vergisst man für vier Tage rund um den 8. Dezember die Kälte des Winters und kommt aus dem Staunen nicht mehr heraus. Höhepunkte sind die beleuchtete Basilika Notre-Dame de Fourvière und die Lichtershow an der Place des Terreaux.

● VIEUX LYON

Die malerische Altstadt von Lyon entstand im Mittelalter und der Renaissance zwischen dem Fuß des Berges Fourvière und der Saône. Vieux Lyon ist seit 1998 kulturelles Welterbe der UNESCO und gilt vor allem aufgrund der eindrucksvollen Kirchen und prächtigen Herrenhäuser als eines der größten erhaltenen Renaissanceviertel Europas. Man kann durch alte verwinkelte Gassen vorbei an farbenfrohen Häusern und Hinterhöfen schlendern, in kleinen Läden shoppen oder die gastronomische Hauptstadt Frankreichs kulinarisch erleben. Die Altstadt gliedert sich in die Teile Saint-Georges, Saint-Jean und Saint-Paul, wobei deren unterschiedliche historische Bedeutung noch immer sichtbar ist. Während Saint-Georges die Hochburg der Seidenerzeugung war, galt Saint-Jean als kirchliches und Saint-Paul als das Wirtschaftszentrum.

● NOTRE-DAME DE FOURVIÈRE

Keine andere Kirche der Stadt liefert so viele Insignien für die Marienverehrung wie Notre-Dame de Fourvière: Zwar befand sich schon im 11. Jahrhundert eine Marienbasilika auf dem Hügel, doch ihr wahrer Mythos begann erst im Jahr 1643. Damals wütete die Pest überall, und auch Lyon fürchtete sich vor dem Ausbruch der Seuche innerhalb der Stadtmauern. Eine Gruppe gläubiger Frauen betete auf dem

Im Jahr 2016 nutzte der Installationskünstler Yann Nguema die Kathedrale St.-Jean- Baptiste unter dem Titel »Evolutions« eindrucksvoll als Projektiosnfläche für sein Laserprojekt.

Und so sieht die Kathedrale St-Jean-Baptiste im Inneren und ohne Kunstaktion aus. Hier wurde Johannes XXII. zum Papst gewählt und später Richelieu als Kardinal eingesetzt.

Gipfel des Berges Fourvière zur Jungfrau Maria, ihre Stadt möge von der Pest verschont bleiben – das »Pestwunder« traf tatsächlich ein. Aus Dankbarkeit errichteten die Lyoneser eine Kirche, ganz im verspielten Stil des französischen Eklektizismus. Angelehnt an romanische und byzantinische Elemente, finden sich im Innern der Kirche viele Säulen und Rundbögen. Zum 200. Jubiläum des »Pestwunders« wurde die Basilika mit einer goldenen Marienstatue gekrönt.

● PLACE DES TERREAUX UND HÔTEL DE VILLE

An der Place des Terreaux mit ihren 69 Brunnen steht das Rathaus (Hôtel de Ville) mit der von Jules Hardouin-Mansart neu gestalteten Fassade und das sehenswerte Musée des Beaux-Arts. Der Platz und das Rathaus wurden zwischen 1645 und 1651 von Simon Maupin gebaut. Nach einem Brand 1674 wurde die Fassade, die auf den Platz zeigt, in ihrer jetzigen Form errichtet.

● CATHÉDRALE ST.-JEAN-BAPTISTE

Ein ganz und gar weltliches Instrument gehört im Inneren der Kirche Saint-Jean zu den wichtigsten Sehenswürdigkeiten: 9,35 Meter hoch ist die astronomische Uhr, die mindestens aus dem 14. Jahrhundert stammt und zu den ältesten Europas gehört. Sie zeigt die Position der Sonne, des Mondes und den Lauf der Gestirne an und beeindruckt Fachleute mit ihrer Genauigkeit – und das, obwohl sie in einer Zeit erbaut wurde, in der die Menschen noch glaubten, die Sonne drehe sich um die Erde. Außerdem beeindruckt der wichtigste Sakralbau der Stadt aber auch mit seinen architektonischen Besonderheiten, wozu vor allem Spuren des Flamboyant gehören, der Spätgotik.

Das Gotteshaus spielte eine große Rolle in der Kirchenhistorie, Johannes XXII. wurde hier zum Papst gewählt und später Richelieu hier als Kardinal eingesetzt.

● PLACE BELLECOUR

Das Herz der Halbinsel und das Zentrum von Lyon bildet die Place Bellecour. Der riesige Platz, auf dem sich nur Fußgänger befinden dürfen, bietet im sonst so eng bebauten Lyon viel Raum zum Flanieren oder auch für Konzerte oder Ausstellungen.

Während die Mitte der Place Bellecour von einem Reiterstandbild von Louis XIV markiert wird, findet man im Südosten des Platzes

Die Basilika Notre-Dame de Fourvière und der Tour Métallique prägen den Stadtberg von Lyon, der schon seit der Antike als Gebetshügel diente.

Statuen von dem Kleinen Prinzen und seinem in Lyon geborenen Autor Antoine de Saint-Exupéry.

● ST.-MARTIN-D'AINAY

Etwas südlich von der Place Bellecour steht die Kirche St.-Martin-d'Ainay, das älteste Gotteshaus Lyons. Es wurde im 12. Jahrhundert im Stil der Romanik errichtet und geht auf eine Basilika aus dem 9. Jahrhundert zurück.

● TOUR MÉTALLIQUE

Der 86 Meter hohe Turm ist dem Eiffelturm nachempfunden und gilt als eines von Lyons Wahrzeichen. Bis Mitte des 20. Jahrhunderts fungierte er als Aussichtsturm, heute ist er ein nicht zugänglicher Sendeturm.

● RÖMISCHES THEATER

Das römische Theater auf dem Berg Fourvière besteht aus dem 108 Meter Durchmesser großen Haupttheater, das insgesamt 10 000 Zuschauern Platz bietet, und dem kleineren Odeon, das bei einem Durchmesser von 73 Metern etwa 3000 Besucher fasst. Bei seiner Erbauung im ersten nachchristlichen Jahrhundert galt das Ensemble als kulturelles Zentrum der Stadt.

Heute finden hier Open-Air-Konzerte und Theater statt. Auf dem Gelände befindet sich außerdem das gallisch-römische Museum, in dem unzählige Fundstücke aus der römisch geprägten Historie der Gegend bestaunt werden können.

ACHTSAME PAUSE

GEHEIMGÄNGE LES TRABOULES //
Les Traboules sind ein Netz aus versteckten Gängen und Abkürzungen, die Gassen und Gebäude miteinander verbinden. Das Labyrinth der Geheimgänge führt durch wunderschöne Kreuzgewölbe, blumenbepflanzte Innenhöfe und malerische Treppenhäuser. Besonders viele davon findet man auf dem Berg Croix-Rousse und in der Altstadt Vieux Lyon. Unbedingt sehenswert ist die Traboule Tour Rose in einem Turm, in dem Heinrich IV. im Jahr 1600 einige Tage nächtigte. In der Rue du Bœuf Nr. 27 muss sogar eine Sprechanlage gedrückt werden, um überhaupt eingelassen zu werden. Insgesamt soll es um die 500 dieser geheimen Wege geben, genau weiß das aber niemand, denn hinter jeder Tür könnte sich ein Gang verbergen.

NOCH MEHR SEHEN!

NIEDERLANDE
◯ **MAASTRICHTS MAGISCHE LICHTROUTE**

In der Weihnachtszeit taucht ganz Maastricht in ein funkelndes Meer aus Lichtern. Bei einem Spaziergang durch die Stadt kann man sich ganz entspannt darauf einlassen und in Weihnachtsstimmung versetzen lassen. Man muss dabei aber keineswegs ohne Plan und Ziel durch die Straßen irren, denn jeden Winter gibt es einen offiziellen Wegweiser: Die »Magische Lichtroute« führt durch die schönsten Gassen, vorbei an den gemütlichsten Weihnachtsmärkten und natürlich immer unter den romantischsten Lichtern entlang.

SCHWEDEN
◯ **LUCIAFEST IN STOCKHOLM**

Während die Tage auf der Nordhalbkugel kaum noch dämmern, gibt Lucia Hoffnung auf hellere Zeiten. Das feiert man in Schweden am 13. Dezember. Luciadagen, Luciafest, heißt der Tag. Doch wer war eigentlich Lucia? Der Legende nach war sie eine wohlhabende Jungfrau und gläubige Katholikin, die in Syrakus auf Sizilien lebte. Ihre Geschichte wurde im Lauf der Jahre mit vielen Wundern angereichert, die sie begangen haben soll.

Heute ist es für Schwedinnen eine große Ehre, wenn sie in der Prozession die Lucia verkörpern dürfen – zudem erfreuen sie sich, dafür keine echten Wachskerzen mehr auf dem Kopf tragen zu müssen.

SCHOTTLAND
◯ **ABERDEEN CHRISTMAS LIGHTS**

Eine ganz besonders schöne Tradition findet Jahr für Jahr mit der Christmas Lights Switch On Parade in Aberdeen statt. Mit märchenhaften Kostümen, stimmungsvoller Musik und begleitet vom Applaus der zahlreichen Zuschauer zieht die Parade durch die Union Street. Dabei wird nach und nach die Weihnachtsbeleuchtung gemeinsam angezündet, bis die gesamte Straße in vorweihnachtlicher Stimmung schwelgt und die Lichter das winterliche Dunkel vertreiben.

ITALIEN
◯ **BRIXEN IN COLORS**

Seit jüngster Zeit begeistert jährlich in den Wintermonaten Dezember bis Anfang Januar in der Hofburg diese spektakuläre Licht- und Musikshow die Besucher. Die Künstler wollen damit ein Zeichen des Friedens setzen, die Atmosphäre und die Kulisse sind einzigartig.

Wenn es dunkel wird über Brixen, beginnt in der Hofburg im Winter der Zauber der Lichtspiele, jeden Abend finden zwei Aufführungen statt.

AN LAND WILDE TIERE BEOBACHTEN

Weiße Wildpferde und schwarze Kampfstiere, rosarote Flamingos und regenbogenfarbige Frösche, flache Seen in glitzerndem Blaugrau und ein himmelhoher Horizont in den flimmernden Hitzefarben des mediterranen Südens: Die Camargue ist Frankreichs Urbild wilder Romantik. Als wild und zart besaitet wird die Camargue gern beschrieben, jene endlose Ebene zwischen Marseille und Montpellier, wo Mittelmeer und Rhône aufeinander treffen.

● REISE-INFOS

Wo? Arles, Basse-Provence, Südfrankreich
Wie? Über Arles per Auto oder TGV gut erschlossen
Info: www.arlestourisme.com

CAMARGUE

Im Norden dieses größten Feuchtgebietes Frankreichs durchzieht ein dichtes Netz aus Wasserkanälen die Ebene, um die Reisfelder zu speisen. In den südöstlich gelegenen Regionen breiten sich Salinen zur Salzgewinnung aus, während im Süden ein einzigartiges Naturparadies mit Sümpfen und Teichen, Dünen und Graslandschaften liegt.
Seit 1977 ist ein 1930 Quadratkilometer großes Gebiet UNESCO-Biosphärenreservat, um rund um das Rhône-Delta die vielfältige Flora und Fauna zu schützen. Über 350 Vogelarten sind hier zu finden, darunter Wasser- und Sumpfvögel auf Zwischenstation.

● ROSA DURCH KREBSE

Stars sind die rund 40 000 Flamingos, die in Großgruppen die Sümpfe und Lagunen besiedeln. Besonders fotogen bevölkern sie den Strandsee Étang de Vaccarès. Die Camargue ist die einzige Region Frankreichs, in der diese Vögel nisten. Das rosafarbene Gefieder der Flamingos ist eine Folge ihrer bevorzugten Speisen: Krebse und Algen. Beide enthalten Carotinoide, fettlösliche Pigmente, die für die Farben vieler Gemüsearten verantwortlich sind (etwa der Karotten). Dieses Pigment führt zur

Rosafärbung der Flamingofedern. Wie intensiv die Färbung ausfällt, hängt vom Nährstoffangebot ab.

● WEISSE WILDPFERDE

Und was wären die üppigen Graswiesen des Deltas ohne die grau bis schneeweißen Camargue-Pferde, die vor Jahrtausenden schon in den prähistorischen Höhlenmalereien von Solutré verewigt wurden?
Äußere Kennzeichen sind ihr gedrungener Körperbau, der eckige Kopf und die dichte Mähne. Erst ab dem fünften Lebensjahr bekommen die Tiere ihr weißes Fell. Werden die Wildpferde schon als Jungtiere an Sattel und Zaumzeug gewöhnt, sind sie ausdauernde Reittiere, die den Hirten bei der Überwachung der Rinderherden gute Dienste leisten und Besuchern zu romantischen und einmaligen Ausflügen verhelfen.

Links: Die Pferde der Camargue sind eine halbwilde Rasse, die sich schon in den Höhlenmalereien von Solutré findet.

Rechts: Salzige Seen sind ihre Heimat – Flamingos lieben es alkalisch.

Der Hafenort Cassis besitzt eine charmante Atmosphäre, besonders wenn die Sonne hinter den Bergen versinkt und mit goldenen Strahlen den Tag beendet.

● SAINTES-MARIES-DE-LA-MER

Saintes-Maries-de-la-Mer ist der am meisten besuchte Ort der Camargue. Trutzig wie eine kleine Burg liegt die Kirche am Hafen, befestigt von starken Mauern. Im Inneren birgt sie eine der wichtigsten Heiligenfiguren der Sinti und Roma: Die Schwarze Sara wird jedes Jahr in einem berühmten Fest verehrt. Wer in der Stadt bleibt, der findet viele kleine Cafés und Restaurants, in denen er sich nach Spaziergängen durch das Rhônedelta deftig stärken kann. Übrigens ist auch diese Stadt von van Gogh verewigt worden, sein Fischerboote-Gemälde entstand am Strand der Stadt.

● ARLES

In Arles wird man unweigerlich an Vincent van Gogh erinnert: das »Gelbe Haus«, die Kopfsteinpflasterstraßen und Gärten. In über 300 Bildern hat der Maler 1888/89 Stadt und Umgebung porträtiert. Wo er seine Staffelei damals aufstellte, verrät heute der markierte Van-Gogh-Weg durch das Rhône-Städtchen. Zu seinen Motiven gehörte auch die römische Arena. Bereits im 1. Jahrhundert v. Chr. hatten die Römer dort in der Nähe einer einstigen griechischen Siedlung die Kolonie Arelate gegründet – Reste des antiken Theaters, des Forums samt Kryptoportikus sowie des Konstantin-Palasts sind noch heute erhalten.

● MONTPELLIER

In der Kapitale des Département Hérault befindet sich u. a. der älteste botanische Garten Frankreichs. Der Mittelpunkt der Stadt ist die Place de la Comédie mit einem Opernhaus aus dem 19. Jahrhundert. Zu den wichtigsten Sehenswürdigkeiten zählen die Patrizierhäuser aus dem 17. Jahrhundert.

● AIGUES-MORTES

Die Stadt beeindruckt mit ihren noch völlig intakten Befestigungsmauern. Der »Ort der toten Wasser« wurde von König Louis XI im 13. Jahrhundert zur Festigung seiner Macht am Mittelmeer errichtet. Ein Teil der Stadtmauer ist begehbar, den schönsten Blick über die Camargue bietet die Tour de Constance.

● MARSEILLE

Die zweitgrößte Stadt Frankreichs und wichtigste Hafenstadt kann auf eine 2500 Jahre alte Geschichte zurückblicken. Den ersten großen Aufschwung erlebte Marseille im 12. Jahrhundert, als sich die Kreuzritter von hier aus nach Jerusalem einschifften. In den folgenden Jahrhunderten war Marseille der wichtigste Hafen am Mittelmeer. Das Herz der Stadt schlägt bis heute am Hafen, in dessen Verlängerung die Canebière als Hauptachse die Stadt erschließt. Die Einfahrt zum Alten Hafen flankieren auf der Nordseite das Fort St.-Jean, auf der Südseite das Fort St.-Nicolas. Vom Plateau de la Croix hat man den besten Blick über die Stadt.

● CASSIS

Es wirkt wie die kleine, verträumte Schwester des schnell gewachsenen Saint-Tropez. Farbenfrohe Häuser liegen direkt am schönen Hafenbecken und es gibt eine Promenade, auf der immer irgendetwas los ist: Tatsächlich schätzen viele Besucher die Atmosphäre von Cassis, weil sie es an das frühe Saint-Tropez erinnert. Eine Atmosphäre, die schon die britische Schriftstellerin Virginia Woolf begeisterte. Im Hafenviertel von Cassis lässt es sich gemütlich an den vielen Cafés und Restaurants entlangschlendern, es geht unaufgeregt und lässig zu. Die Felsen, die den Ort wie ein Schutzwall umschließen, strahlen Wärme auch in den Wintermonaten ab. Schließlich ist Cassis einer der Orte mit den meisten Sonnenstunden des Landes.

● PARC NATIONAL DES CALANQUES

Direkt neben der Hafenstadt Marseille liegt der beinahe exotisch wirkende Nationalpark Calanques. Das türkisblaue Wasser des Mittelmeers brandet hier an hohe, üppig von grünen Pflanzen bewachsene Felsen. Neben knapp 90 Quadratkilometern an Land umfasst der Naturpark auch etwa 430 Quadratkilometer Meeresfläche. Die schroffen Kalksteinfelsen, schaffen eine einzigartige Flora und Fauna. Neben seltenen Blumen und Kräutern leben hier auch geschützte Tierarten wie Korallen, Fledermäuse und sogar Delfine.

Die wildromantische Steilküste der Calanques: Westlich von Cassis steigen die weißen Kalkwände senkrecht aus dem klaren Wasser. Bootsfahrten zu den Wänden werden ab Cassis angeboten.

NOCH MEHR SEHEN!

DEUTSCHLAND
○ LUCHS-ERLEBNISPFAD IM SCHWARZWALD

In Deutschland sind sie wieder in vielen Gebieten angesiedelt, vom Harz bis zum Bayerischen Wald. Und eben auch im Schwarzwald, wo sie allerdings noch eine Rarität sind. Ein spezieller Luchspfad auf der Bühler Höhe im Stadtwald Baden-Baden lädt zur Erkundung der raren Raubkatzen ein. Mit besonders viel Glück entdeckt man auf der drei- bis vierstündigen Tour ein Wildtier. Die Wanderinnen und Wanderer lernen jede Menge über die nacht- und dämmerungsaktiven Vierbeiner. Die beliebtesten Attraktionen der 24 Erkundungsstationen sind Fernrohre mit Blick auf mögliche Beutetiere, ein Schleichparcours und eine Hörstation mit Tierstimmen. Viel Wissen wird vermittelt, wie über den Speiseplan eines ausgewachsenen Tieres, das pro Tag durchschnittlich ein bis 2,5 Kilogramm Frischfleisch verschlingt. Dazu zählen Rehe und Gämsen genauso wie Feldhasen, junge Wildschweine und Füchse. Auch Dachse, Marder und Vögel sind vor Luchsen nicht sicher.

GROSSBRITANNIEN
○ BERBERAFFEN IN GIBRALTAR

Wer war zuerst da? Die Menschen oder die Affen? Vermutlich die Menschen, zumindest im Falle von Gibraltar. Höhlenfunde an dem abschussrampenartigen Felsen legen nahe, dass hier vor 28 000 Jahren schon Neandertaler auf die Meerenge blickten. Und die Berberaffen? Sie kamen irgendwann mit den Mauren, die zwischen dem 8. Jahrhundert und 1492 in »al-Andalus« das Sagen hatten.

Die Berberaffen sind eine Makakenart, die ihre ursprüngliche Heimat im Atlasgebirge hat. Sie bevorzugen Eichen-, Tannen- oder Zedernwälder und kommen dank ihrer Kletterkünste auch in steinigem Terrain zurecht. Das kann man gut am 426 Meter hohen »Affenfelsen« beobachten, wo über 300 Tierchen in Gruppen durch die Gegend pirschen und geschickt Touristen die Taschen leer räumen. Denn als Allesfresser lieben sie Eiscreme genauso wie Früchte.

SCHWEDEN
⬡ POLARFUCHSSAFARI IM HELAGSFJÄLL

In Schweden sind Polarfüchse vor allem im bergreichen Nordwesten verbreitet, insbesondere in den Provinzen Jämtland, Västerbotten und Norrbotten. Einer der Hotspots ist das Helags-Gebirge in Härjedalen, das zu Jämtland gehört. Und dort bietet die auf 1000 Meter gelegene STF Helags Mountain Station zwischen Juli und Mitte September zweimal wöchentlich Polarfuchs-Safaris an. Maximal acht Gäste dürfen dann zusammen mit einem Naturführer in genügend Distanz vor einem Fuchsbau auf der Lauer liegen. Ob sie das Tier zu Gesicht bekommen, ist natürlich nicht garantiert. Aber schon die einsame Bergwelt ist wunderschön.

Im späten Frühjahr wirft die Luchsin zwei bis vier Junge, die sie in Felshöhlen oder unter den Wurzeln eines umgestürzten Baumes großzieht.

Die scheuen Polarfüchse sind nur im Winter schneeweiß, in den Sommermonaten färbt sich ihr Fell grau bis braun, was ihnen eine bessere Tarnung in der vegetationsreichen Natur bietet.

POLEN
○ WISENTE IM NATIONALPARK BIAŁOWIEŻA

Obwohl sie heute als »Könige der Wälder« gelten, bevorzugten sie ursprünglich andere natürliche Lebensräume: Wisente (Europäische Bisons) hielten sich einst in lichten Wäldern und Heiden auf, wo sie feste Reviere bezogen. Aufgrund der intensiven Nachstellungen durch Jäger haben sie sich heute in dichte Wälder zurückgezogen.

Ein Wisent misst bis zu drei Meter Kopf-Rumpf-Länge und wiegt bis zu 900 Kilogramm; Kühe sind erheblich kleiner und leichter, ein Kalb kann aber schon bei der Geburt 20 Kilogramm auf die Waage bringen. Der Wisent ist nach dem Aussterben des Waldwildpferdes das größte frei lebende Landsäugetier Europas. Um die enge genetische Situation der weltweit 3000 Tiere zu verbessern, verteilen Naturschützer gelegentlich Zuchttiere auf andere Gebiete.An den heißesten Sommertagen äsen die Tiere meist bei Nacht, grasen auf Lichtungen, rupfen Kräuter und – am liebsten – Knospen von Erlen.

FINNLAND
○ AUF DER BÄRENRUNDE IM NATIONALPARK OULANKA

Wer Finnland liebt, ist auf der Bärenrunde genau richtig. Auf Finnisch heißt sie Karhunkierros und liegt inmitten des Nationalparks Oulanka. Bereits im Jahr 1897 sollte sie geschützt werden. Damals aber verhinderten ungeklärte Besitzverhältnisse und später der Ausbruch des Zweiten Weltkriegs das Vorhaben. Erst 1956 wurde der Park gegründet und später auf die heutigen 290 Quadratkilometer erweitert. Die Bärenrunde ist eine ideale Möglichkeit, die von Wasser, Mooren und Wäldern geprägte Landschaft intensiv kennenzulernen. Die täglichen Gehzeiten auf dem Trail, der vier bis sechs Tage dauert, sind relativ gering. Entweder mit dem Zelt und der (sehr realistischen) Hoffnung, in einer der Hütten einen Schlafplatz zu bekommen, oder mit Tagesausflügen von Ruka aus. Dann allerdings fehlt dieses intensive Erlebnis, tagelang im Einklang mit der Natur unterwegs zu sein, abends das eigene Essen zuzubereiten und den nächtlichen Geräuschen der Wildnis zu lauschen.

KROATIEN

ROMANTISCHE BOOTS-AUSFLÜGE

Langsam gleitet das kleine Boot durch die Höhle, es ist beinahe ein Schweben. Denn das Wasser darunter erstrahlt in leuchtendem Blau, so hell, dass es ein bisschen wirkt wie arktisches Eis. Faszinierend und berauschend zugleich, denn die scheinbar endlose Tiefe des Meeres liegt unter dem Boot wie ein magischer Tunnel.

● REISE-INFOS

Wo? Inselperlen Biševo und Ravnik bei Vis
Wie? www.hvarkroatien.de
Info: www.kroati.de

BLAUE UND GRÜNE GROTTEN

Die Blaue Grotte gehört zu Biševo, der winzigen Nachbarinsel von Vis. Täglich starten Ausflugsschiffe von Vis zur Fahrt in die Grotte und die beste Tageszeit ist vormittags. Damit man schon drin ist, wenn die Sonne ihren höchsten Stand erreicht und die Strahlen durch eine Felsenöffnung dringen, die dann das Meer in einem blauen Farbspiel leuchten lassen.
Auch eine Grüne Grotte gibt es. Sie liegt auf der Nachbarinsel Ravnik und betört durch ihre grünen Lichtspiele.
Schwimmen darf man nur in der Grünen Grotte, ein Erlebnis für alle Sinne! In der Blauen Grotte muss der Reisende sich vom Bootssitz aus am Farbspiel vergnügen.

● INSEL HVAR

Lilafarbene Blüten, so weit das Auge reicht, dazu ein herb-süßlicher Duft: Lavendel. Im Juni werden die Felder geerntet, manchmal dürfen Feriengäste sogar dabei helfen. Dann werden die Blüten getrocknet und in kleinen Säckchen überall auf Hvar verkauft. .
Doch wer denkt, dass er damit den Höhepunkt der Insel schon kennt, hat noch keinen Blick in die vielen Gärten mit Zypressen, Oleander, Orangen- und Zitronenbäumen geworfen. Feigenbäume runden das toskanische Flair der viertgrößten Adriainsel ab.
Auch mit durchschnittlich 2718 Sonnenstunden im Jahr liegt Hvar in der Gunst der Sonnenanbeter und Sommerliebhaberinnen ziemlich weit vorn. Da das Gebirge der Nachbarinsel Brač das Eiland vor der Bora, dem böigen Fallwind, schützt, herrscht fast überall mildes Klima. Subtropische Vegetation verleiht dem Eiland den besonderen Charme.

Oben: Die Insel Hvar hat trotz ihrer Beliebtheit nichts von ihrem Robinson-Crusoe-Charme eingebüßt, es gibt immer noch stille und entlegene Buchten.

Links: In den Sommermonaten ist das Wasser in der Blauen Grotte sehr ruhig, also ideal für eine Bootsfahrt durch dieses zauberhafte Reich.

● HVAR-STADT

Auch wenn es um eine Stadt geht – den ersten Blick auf Hvar und seinen Hafen sollten Besucher vom Meer aus genießen. Palmen säumen die Uferpromenade am Hafen, oberhalb des Ortes ragen gleich zwei Festungen in den Himmel: Die erste ist die Burg Španjol, die »Spanische Festung«. Wie sie zu diesem Namen kam, weiß wohl niemand genau. Noch über ihr ist die Festung »Napoleon« errichtet, die während der französischen Herrschaft von 1806 bis 1812 erbaut worden ist. Der Ort hat ein autofreies Zentrum und ist mit seinen vielen Treppen in den Gassen, Familienwappen an den Häusern und Fassaden mit venezianisch-gotischen Fenstern ein beliebtes Touristenziel. Am Hafen steht eine venezianische Loggia aus dem 16. Jahrhundert, die heute der prachtvolle Vorbau eines Hotels ist.

THEATER VON HVAR

Wer das Theater in Hvar besucht, betritt kein gewöhnliches Gebäude, sondern das älteste Volkstheater Europas: Unter venezianischer Herrschaft erblühte die Stadt Hvar; viele Dichter und Dramatiker lebten und schrieben hier. So errichtete man im Jahr 1612 dieses Theater – anstelle des ehemaligen Arsenals, in dem man zuvor Schifffahrtsutensilien gelagert hatte. Das Äußere des Gebäudes blieb in seiner Originalform erhalten, das Innenleben stammt aus dem 19. Jahrhundert.

● STARI GRAD

Diese Bucht verspricht Geborgenheit und Schutz: Immer schmaler wird sie zum Ende hin, an ihren Seiten erstrecken sich terrassierte grüne Hänge. Ein Anblick, dem auch die Griechen einst verfielen. Doch sie hatten nicht mit dem Widerstand der Einheimischen gerechnet – und eroberten erst nach schweren Gefechten und Schlachten auf See das heutige Stari Grad. Die Römer machten später alles dem Erdboden gleich, die Venezianer bauten den Ort dann wieder auf. Heute ist er ruhiger als Hvar-Stadt, aber ebenso schick.

● VRBOSKA

Die Stadt an der Nordküste der Insel Hvar besitzt ein eigenwilliges Gotteshaus, das wie ein steinernes Schiff mit Glockenturm wirkt: Zuerst stand die Kirche, dann baute man eine Festung um sie herum – gegen die türkischen Piraten. Die so entstandene Wehrkirche ist wegen ihrer eigentümlichen Architektur einmalig im Mittelmeerraum. Malerisch breitet sich die Altstadt entlang eines schmalen, tief ins Land greifenden Meeresarms aus, den mehrere Brücken überqueren. »Klein-Venedig« nennen die Einheimischen deshalb liebevoll das Städtchen. Heute ist Vrboska Sitz mehrerer Winzer, die auf den umliegenden fruchtbaren Hängen feinen Wein wie den spritzigen weißen Bogdanjuša anbauen. Schöne Strände wie Soline liegen etwas außerhalb der Stadt.

● JELSA

Ein typisch dalmatinischer Hafenort: Pastellfarbene Häuser reihen sich entlang des Hafen-
beckens aneinander, der schlanke Kirchturm
der Kirche Sv. Marija spiegelt sich im Wasser,
bewaldete Hänge rahmen die Stadt schützend
ein. Im Gegensatz zu Vrboska beginnt Jelsas
Geschichte bereits in der Antike: Illyrer siedelten hier, und griechische Einwanderer, die
die Insel Hvar zur neuen Heimat erwählt hatten, errichteten um das 4. Jahrhundert v. Chr.
auf dem Hügel südlich der Bucht einen Beob-
achtungsposten, den später die Römer über-
nahmen.

Die Siedlung unten am Meer ist seit dem
14. Jahrhundert beurkundet. Auch hier mussten sich die Bewohner Piratenattacken erweh-
ren, weshalb sie ihre Kirche Sv. Marija mit einer zinnenbewehrten Mauer befestigten. Im
Dorfkern an der Kirche Sv. Ivan aus dem
17. Jahrhundert lockt ein schöner Renaissance-
Platz mit einigen Cafés. Eine sehr ungewöhnliche archäologische Stätte verbirgt sich im Tal
Starigradsko polje im Hinterland von Jelsa.
»polje« heißt Feld, und auf diesem Feld beziehungsweise dieser Ebene betrieben bereits die
ersten griechischen Siedler Landwirtschaft.
Die Struktur dieser antiken Felder und einige
Grenzmarken haben überdauert und werden
von den Bauern bis heute genutzt.

● STRÄNDE

PRAPATNA-BUCHT

Auf der Südseite der Insel liegt diese kleine
Bucht inmitten unberührter Natur, das Wasser
ist äußerst klar, sodass man den steinigen Boden gut sieht.

DUBOVICA

Der Fußweg vom Parkplatz aus ist zwar recht
steil, doch die Mühen lohnen sich, wenn man
den schönen Strand mit Restaurant, Cocktailbar und mietbaren Liegestühlen dann erst einmal erreicht hat.

*Etwa acht Kilometer
östlich von Hvar-Stadt
liegt der traumhafte
Dubovica-Strand, der
neben glasklarem
Wasser auch mit einer
sehr guten Cocktailbar
punkten kann.*

NOCH MEHR SEHEN!

ITALIEN
⬡ GROTTENTOUR AUF CAPRI UNTERNEHMEN

In der Grotta dei Santi sehen die Steine aus, als seien es Heiligenbildnisse. Deswegen trägt die Höhle auch den Namen. Sie ist nur eine der vielen Höhlen, die sich jenseits der Blauen Grotte an Capris Küste auftun und mit speziellen Effekten locken. Am besten ist es, sich ein Boot zu mieten und eine Grottentour zu unternehmen. Mit etwas Glück ist dann auch schon Abend und die Tagesgäste und vielen Boote an der Blauen Grotte verschwunden, sodass man vielleicht sogar dort schwimmen kann.

⬡ BOOTSAUSFLUG AN ISCHIAS KÜSTE ENTLANG

Steilwände, Grotten, bizarre Felsformationen – die Küstenlinie der Insel ist außerordentlich vielfältig. Deswegen lohnt es sich, ein Boot zu mieten – und am besten gleich den Bootsführer dazu – und einen Ausflug zu den schönsten Buchten zu unternehmen, denn diese locken mit feinem Sand und ihrer Unberührtheit.

Mietstationen finden sich in allen Häfen der Insel. Besonders schön ist es, wenn man sich dazu noch ein Picknick einpackt.

KROATIEN
⬡ EINSAME BUCHTEN AUF RAB ERKUNDEN

Keiner mag es gern, wenn einen Sonnenschirme beinahe erschlagen oder Sandburgen einem den Weg zum Wasser versperren. Und glücklicherweise ist es auf Rab auch gar nicht nötig, sich auf überfüllten Stränden aufzuhalten. Die Insel bietet zahlreiche einsame Buchten, die nur darauf warten, entdeckt zu werden. Am besten kann man das mit einem gemieteten Boot, mit dem man gemütlich die Küste entlangfährt und sich eben dort niederlässt, wo es einem gefällt.

TÜRKEI
⬡ FISCHERBOOT FAHREN VOR KEKOVA

Natürlich bieten professionelle Bootsunternehmen Touren zur Insel Kekova an, mit Glasfenster zum Meeresboden und allem Komfort.

Das Eiland Kekova ist unbewohnt und daher nur mit dem Boot zu erreichen. Gegenüber lockt ein weiterer verwunschener Ort, die Insel Kalköy mit der antiken versunkenen Stadt Simena.

Mächtig und beeindruckend ist die Felsformation Los Órganos vor Gomera. Man schätzt das Gestein auf 20 Millionen Jahre, die markante Formation ist nur vom Boot aus zu erkunden.

Wesentlich näher zu Land und Leuten lässt sich allerdings gelangen, wenn ein einfacher Fischer gefragt wird, ob er nicht ausnahmsweise Gäste transportieren möchte während seiner täglichen Fahrt. Es riecht dann zwar so, wie es in einem kleinen Fischerboot eben riecht und man teilt sich den Platz mit Fischernetzen und sonstigem Zubehör, aber authentischer an einer türkischen Küste entlangschippern lässt sich kaum.

SPANIEN
○ BOOTSAUSFLUG ZUR FELSEN-ORGEL LA GOMERA

Von Valle Gran Rey aus kann man per Boot ein eindrucksvolles Naturkunstwerk besuchen: Los Órganos, ein aus Lavagestein bestehendes Felsmassiv, das sich, riesigen Orgelpfeifen ähnelnd, etwa 80 Meter aus dem Meer erhebt.

DEUTSCHLAND
○ GEHEIMNISVOLLER KÖNIGSSEE

Tief eingeschnitten im Gebirge zu Füßen des sagenumwobenen Watzmanns liegt der Königssee. Sein tiefblaues Wasser und die steil an seinem Ufer stehenden 1500 Meter hohen Felswände lassen einen an einen norwegischen Fjord denken. Das Wasser eines Gletschers formte ihn in der Eiszeit.

Das tiefe Gewässer verhindert es, dass der See zufriert. Das passiert höchstens alle zehn Jahre einmal. Dann kann man den Königssee auf einer festgelegten Route auch zu Fuß überqueren. Mit dem Auto sollte man es nicht probieren. 1964 versuchte man es mit einem VW Käfer. Der brach ein und versank spurlos. Erst 30 Jahre später entdeckte man den Wagen in 120 Meter Tiefe.

NIEDERLANDE
○ GRACHTENFAHRT IN UTRECHT

Im Sommer sammelt sich die ganze Stadt am Wasser und am liebsten auf dem Wasser. Das Tolle ist, dass man dafür die Sightseeingtour nicht unterbrechen muss, denn Utrecht kann man hervorragend auch vom Wasser aus betrachten. Bleibt nur noch die Frage: entspannt im Rundfahrt-Motorboot zurücklehnen, während man Anekdoten zur Stadt lauscht, oder doch lieber selbst aktiv werden und die Grachten mit dem Tretboot oder einem Kajak unsicher machen?

GEHEIMTIPPS FÜR GRANDIOSE STADTANSICHTEN

Mailand ist das wichtigste Wirtschaftszentrum Oberitaliens mit einer jahrhundertealten Tradition und Geschichte, die ihren Ausdruck in prächtigen Kirchen und Palästen findet. Der Mailänder Dom, die drittgrößte Kirche der Welt, mit all ihren kleinen Winkeltürmchen sollte sich niemand entgehen lassen, der nach Mailand reist. Der Dom ist ein Meisterwerk der italienischen Gotik. Nicht weniger als 3400 Statuen zieren seine Dachterrasse aus weißem Candoglia-Marmor.

VOM DACH DER KATHEDRALE AUF MAILAND BLICKEN

Außerdem umzäunen 135 Marmorspitztürme das Kathedralendach und 96 fantasievolle Wasserspeier und andere Fabelwesen aus Stein bilden die Wächter des Monuments.

Was für eine vergnügliche Idee war es, diesen Dachgarten für die Öffentlichkeit zugänglich zu machen! An der Nordseite führen das ganze Jahr über eine Treppe und ein Fahrstuhl nach oben. Der Ausblick reicht über die ganze Stadt bis zu den Alpen und weit in die Lombardische Ebene hinein.

● **REISE-INFOS**

Wo? Metropole der Lombardei
Wie? per Zug, www.mailand.org
Info: www.duomomilano.it/en

Links: Auf einem Kirchendach spazieren gehen? In Mailand ist das sogar ein Muss. Per Treppen oder Aufzug erreicht man diese fantastische Terrasse des Doms.

Rechts: Als einer der schönsten Plätze der Welt darf die Mailänder Piazza del Duomo gelten, die ihr heutiges Aussehen dem Architekten Giuseppe Mengoni (1829–1877) verdankt.

● TEATRO ALLA SCALA

Für musikbegeisterte Besucher ist das Opernhaus Teatro alla Scala Pflicht, immerhin fanden hier Uraufführungen der Opern von Größen wie Rossini, Bellini, Verdi, Donizetti oder Puccini statt.

ACHTSAME PAUSE

CAFÉ-KLASSIKER // Manche Cafés in Mailand sind wie Denkmale. Wer die Seele der Stadt erforschen will, kommt um ihren Besuch nicht herum. Etwa im 1867 gegründeten **Savini in der Galleria Vittorio Emanuele II**. Hier versammelten sich Schriftsteller wie Hemingway und Gabriele d'Annunzio ebenso wie Künstler, Komponisten, Schauspieler und andere Persönlichkeiten des Zeitgeschehens. Schon 1817 wurde das **Caffè Pasticceria Cova** von napoleonischen Soldaten als Literaturcafé gegründet. Später von Giuseppe Verdi favorisiert, saßen hier Rebellen und die gehobene Gesellschaft friedlich beieinander. Die **Bar Jamaica im Künstlerviertel Brera** begann 1911 als Weinhandlung. Erst 1940 machte ein Journalist der Zeitung »Il Corriere de la Sera« sie zur Künstlerkneipe, in der Generationen von Malern und Schriftstellern verkehrten. Wie ein kleines Museum mutet die **Bar Magenta** von 1907 an. Von Beginn an verkehrte hier eine bunt gemischte Gästeschar aus Studenten, Künstlern und Geschäftsleuten.

● SANTA MARIA DELLE GRAZIE

Santa Maria delle Grazie gehört zu den Mailand-Klassikern. Die Kirche, eine Stiftung des Grafen Gaspare da Vimercate, entstand von 1463 bis 1490 als dominikanische Klosterkirche. Im einstigen Refektorium malte Leonardo da Vinci im Auftrag von Ludovico il Moro von 1495 bis 1497 sein weltberühmtes, neun Meter breites und 4,50 Meter hohes Gemälde »Das letzte Abendmahl«.

● PIAZZA MERCANTI

Die Piazza Mercanti galt im Mittelalter als Herz von Mailand. Hier tummelten sich täglich Mailands Händler und Handwerker, heutzutage kann man noch imposante Gebäude und zahlreiche Skulpturen bewundern.

Durch das Stadtzentrum von Mailand zu flanieren gleicht einem Parcours für die Sinne. An der Piazza del Duomo fällt der Blick zuerst auf den prächtigen Dom, aber unter den Arkaden gilt es Bücherschätze einer Buchhandlung zu entdecken.

● CIMITERO MONUMENTALE

Ein berühmter Zeitzeuge der Vergangenheit Mailands ist der Monumentalfriedhof Cimitero Monumentale. Auf 250 000 Quadratmetern sind hier atemberaubende Skulpturen und Kunstwerke sowie berühmte Gräber zu besichtigen, allen voran die letzte Ruhestätte von Alessandro Manzoni. Sein Sarg wurde 1883, zehn Jahre nach seinem Tod, in die von einer gewaltigen Kuppel gekrönte Ehrenhalle des Friedhofs verlegt.

● NATIONALBIBLIOTHEK BRAIDENSE

Die seit 1786 im ehemaligen Jesuitenkolleg Palazzo di Brera untergebrachte Bibliothek mit ihren ehrwürdigen Lesesälen ist im Rahmen von Führungen zu besichtigen. Sie wird demnächst einen Teil der Büchersammlung des 2016 in Mailand verstorbenen Schriftstellers Umberto Eco beherbergen, nämlich seine rund 1200 »Antiken«. Eco fahndete überall in Europa in Antiquariaten nach Inkunabeln, also Werken aus der Frühzeit des Buchdrucks, sowie wertvollen Büchern aus dem 16. bis 19. Jahrhundert.

● PINACOTECA AMBROSIANA

Die Pinacoteca Ambrosiana zählt zu den bedeutendsten Gemäldesammlungen Italiens. In zahlreichen Sälen können hier berühmte Werke von Meistern wie da Vinci, Botticelli, Tizian und Caravaggio bewundert werden.

● SAN BABILA

Die wohl älteste Kirche Mailands, die San Babila, liegt im gleichnamigen Viertel. Das ursprünglich romanische Bauwerk befindet sich heute zwischen Ateliers der Modedesigner.

● GIARDINI DI VILLA REALE

Von seiner besonders malerischen Seite zeigt sich Mailand in der ältesten Parkanlage der Stadt. Der gepflegte See und die verzierten Statuen laden zum Ausruhen ein.

● CASTELLO SFORZESCO

Das prächtige Schloss Castello Sforzesco beherbergt heute mehrere Museen und Ausstellungen. Hier sollte man auch unbedingt durch den angegliederten Simplonpark mit seinen prachtvollen Rosenzüchtungen schlendern.

Die Mailänder Scala zählt zu den bedeutendsten Opernhäusern der Welt. Für viele Sänger bildet ein Engagement an dieser Bühne das Sprungbrett für eine internationale Karriere.

NOCH MEHR SEHEN!

PORTUGAL
⬡ VOM DACH DER KATHEDRALE IN ÉVORA

In der größten Kathedrale Portugals sollte man unbedingt auch auf die Dachterrasse klettern, um den ungewöhnlichen Glockenturm und die großartige Aussicht zu bestaunen. Man erreicht die Terrasse über eine enge, spiralförmige Wendeltreppe.

SCHOTTLAND
⬡ VOM CALTON HILL IN EDINBURGH

Als Aussichtspunkt bei den Besuchern besonders beliebt, reicht von hier aus der Blick über die ganze Stadt und noch viel weiter: Richtung Westen schaut man über Corstophine Hill bis zum Cairnpapple Hill.

ALBANIEN
⬡ VOM HAUSBERG TIRANA ÜBERBLICKEN

Tirana hat einen eigenen Hausberg: Dajti heißt er und ist rund 1613 Meter hoch. Wandert oder fährt man ihn hinauf, wird man früher oder später Halt machen, um die wunderschöne Aussicht auf die Stadt zu genießen – nicht umsonst spricht man vom »Balkon Tiranas«. Auch Natur kann man hier genießen, denn ein Teil des Berges gehört zum gleichnamigen Nationalpark. Man erreicht Letzteren auch mit dem »Dajti Ekspres«, der einzigen Seilbahn des Landes.

NORWEGEN
⬡ VOM HAUSBERG AKSLA AUF ÅLESUND BLICKEN

Ålesunds Stadtberg Aksla ragt 189 Meter hoch über den Fjord. Um seinen Fuß schmiegen sich pastellfarbige Jugendstilhäuser und ein Park, wo die Statue des Wikingers Gange-Rolv auf Bewunderer wartet. Seit Ende des 19. Jahrhunderts führt von dort eine Treppe mit 418 Stufen auf den Berg. Zwei Aussichtsplattformen – Kniven und Fjellstua – bieten eine wunderbare Sicht auf das Häusergewirr der Stadt, auf die Fjordlandschaft mit ihrer einmaligen Inselwelt aus Schären, Holmen und den Eilanden Valderøya, Giske und Godøy und auf das Panorama der majestätischen, schneebedeckten Sunnmørsalpen in der Ferne. Rund um den Gipfel der Aksla ist ein gut markiertes Wegenetz angelegt. Nach einer Wanderung lohnt die Einkehr an der Bergstation Fjellstua. Im Sommer genießt man dort Außengastronomie und an klaren Tagen den Sonnenuntergang im Meer.

ÖSTERREICH
⬡ SALZBURG VON DEN STADT- BERGEN GENIESSEN

Bei einer Wanderung auf einen der Salzburger Stadtberge wie Mönchsberg, Festungsberg oder Kapuzinerberg kann man die Kalorien von Mozartkugeln und Nockerln abtrainieren und dabei zugleich einen atemberaubenden Ausblick auf die Stadt genießen. Wer dabei ungestört bleiben möchte, sollte früh aufstehen, dann sind kaum andere Leute unterwegs.

DEUTSCHLAND
○ HAMBURG BEI NACHT – DER NACHTMICHEL

Die glitzernden Lichter einer Großstadt nach Einbruch der Dunkelheit zu erleben, ist immer ein Erlebnis. Wenn das dann auch noch von oben, also weit oben möglich ist, dann bekommt man fast schon Gänsehaut. Der Hamburger Michel, wie die evangelische Barockkirche St. Michaelis auch gerne genannt wird, bietet hierzu die Gelegenheit. Die Kirche zählt zu den größten Publikumsmagneten der Hansestadt und überragt mit ihrem 132 Metern hohen Turm stolz die Silhouette der Stadt Hamburg. Die Besteigung des Turmes mit seiner Aussichtsplattform in 82 Metern Höhe ist ein Muss. Wer die 452 Stufen erklommen hat, wird mit einem atemberaubenden Blick über den Hamburger Hafen und die herrliche Innenstadt belohnt. Wem die Besteigung zu mühsam erscheint, gelangt über einen Aufzug zur Plattform. Der Nachtmichel öffnet bis in die späten Abendstunden. Dann genießt man von hier oben einen grandiosen Rundumblick über die erleuchtete Hansestadt. Alster und Hafen, Reeperbahn und Innenstadt erlebt man dabei aus einer vollkommen anderen Perspektive.

Oben: Die schönste Zeit ist wohl die Morgendämmerung, um Salzburg von einem der Stadt–berge beim Erwachen zuzusehen.

Unten: Beim Blick auf Hamburg und die Elbe vom beliebten Michel aus, kann man fern vom Großstadttrubel seinen Gedanken freien Lauf lassen.

Ganze 418 Stufen führen auf den Hausberg Aksla in Ålesund. Der Gipfel liegt nur auf 190 Meter Höhe, dennoch ist das Panorama grandios und der Weg dahin eine schöne Übung für achtsames Reisen.

SPANIEN

MIT GRANDIOSEM PANORAMA WANDERN

Eine gehörige Portion Nervenkitzel und sagenhafte Ausblicke bietet der knapp acht Kilometer lange »Königsweg« Caminito del Rey. Über den Nordeingang beim Dorf Ardales erreicht man den außergewöhnlichen Wanderweg, dessen Klettersteig durch die Schluchten des Flusses Guadalhorce führt und immer wieder unglaubliche Aussichten auf die abwechslungsreiche Landschaft gewährt.

Links: Nahezu senkrecht fallen die Felsen der Schluchten über dem Guadalhorce weit in die Tiefe ab.

Oben: Kaum zu glauben, dass der Weg im 20. Jahrhundert noch täglich Kindern als Schulweg und Erwachsenen als Arbeitsweg diente, bevor er verfiel und 2015 restauriert wiedereröffnet wurde.

● REISE-INFOS
Wo? Álora in Andalusien, Südspanien
Wie? Nächstgrößere Stadt ist das
60 Kilometer entfernte Málaga., von dort
fahren Züge mit Halt im nahe gelegenen
Bahnhof »El Chorro-Álora«.
Info: www.caminitodelrey.info

CAMINITO DEL REY IN ANDALUSIEN
Anfang des 20. Jahrhunderts gebaut, galt der
Caminito del Rey lange als gefährlichster Klettersteig der Welt. Ab 2015 wurde der einstige
Transportweg, der seinen Namen 1921 nach
dem Besuch des Königs Alfonso XIII. erhielt,
restauriert und abgesichert.
Nun lässt sich die spektakuläre Aussicht auf
den türkisblauen Guadalhorce und auf bis zu
100 Meter tiefe Schluchten auf sicheren Wegen und Brücken genießen. Besonders impo-

sant wirken die Schluchten im goldenen
Herbstlicht. Fit sollte man allerdings schon
sein, denn die schwindelerregende Wanderung
auf schmalen Wegen in luftiger Höhe kann
zwischen vier und fünf Stunden dauern.
Da der Besuch des Caminito del Rey anmelde-
und kostenpflichtig ist, sollte man schon früh-
zeitig auf dem Online-Anmeldeportal seine
Wanderung buchen.

● ÁLORA
Steile Gassen schlängeln sich hinauf bis zu der
arabischen Burg, die über Álora thront. Wer
sich die Mühe macht und bis nach oben steigt,
kann die gesamte Flussebene des Guadalhorce
überblicken. Álora selbst ist eine sehenswerte Kleinstadt, zu der eine von Zitronenbäumen
gesäumte Straße führt. Das Dorf schmiegt sich
an mehrere Hügel und liegt mitten im Parque

Das schmucke Castillo de Monda thront auf einem Hügel über der Stadt. Es beherbergt heute ein wunderbares Hotel mit charmant eingerichteten Zimmern, Pool und natürlich fantastischer Aussicht.

Ardales, ebenso wie die gleichnamige Stadt Ardales. 2016 Hektar stehen als »Paraje Natural« unter Schutz.

Die Region bietet viel Abwechslung – und ist noch ein echter Geheimtipp. Denn nur wenige Touristen machen einen Abstecher hierher, vielmehr sind es einheimische Entdecker, die sich von der Landschaft und ihrem kulturellen Erbe überraschen lassen. Auf engem Gebiet liegen drei Stauseen, eine Schlucht sowie die Ruinen der einstigen arabischen Siedlung Bobastro.

● MONDA

Wer in der Sierra Blanca unterwegs ist, gelangt von Ojén aus ins nahe gelegene Monda. 2400 Menschen leben dort am Fuße einer Festung, des Castillo de Monda. Die maurische Burg wurde vermutlich bereits im 8. Jahrhundert erbaut, ihre übrig gebliebenen Teile sind heute in ein Hotel integriert. Wer dort übernachtet, fühlt sich wie in einem alten Schloss, ohne auf modernen Komfort verzichten zu müssen. Außerdem lohnt die Kirche Iglesia Santiago Apóstol mitten im barocken Ortskern an der zentralen Plaza La Constitución einen Blick. Das Gotteshaus stammt aus dem Jahr 1505 und wurde zu Ehren des Apostels Jakobus des Älteren errichtet. Auch diese Kirche steht auf dem Fundament einer einstigen Moschee.

● OJÉN

Rund acht Kilometer von Marbella entfernt im Hinterland liegt Ojén, der Hauptort der Sierra Blanca. Das Dorf ist in arabischer Zeit gegründet worden und besticht noch heute durch seinen historischen Charakter. Wer dem Touristen- und Society-Rummel Marbellas entfliehen will, sollte einen Ausflug in dieses wirklich malerische Städtchen unternehmen.

ACHTSAME PAUSE

GRAN SENDA DE MÁLAGA //
Passionierte Wanderer kombinieren den abenteuerlichen Weg mit dem GR 249, dem Gran Senda de Málaga. Der 656 Kilometer lange Rundwanderweg verbindet die sehenswerte Stadt Málaga mit schönen Küstenorten und berührt auf zwei Etappen den Caminito del Rey. Ein Highlight auf dem Weg ist das 700 Meter hoch gelegene Städtchen Ronda, berühmt für seine Stierkampfarena und seine spektakuläre Lage an einer steilen Schlucht.

Besonders in der Ortsmitte, um die Pfarrkirche aus dem 16. Jahrhundert herum, gibt es viel Sehenswertes.

Die Bewohner Ojéns waren lange Zeit stolz darauf, dass sie das einzige Museum in der Provinz hatten, das sich speziell mit dem Málaga-Wein befasst, das »Tienda-Museo del Vino«. Mittlerweile hat das Weinmuseum »Bodegas La Sangre« in Ronda ihm jedoch den Rang abgelaufen. Tipp: Auf jeden Fall die unterschiedlichen Weine probieren!

● FUENGIROLA

Die Stadt Fuengirola liegt zwischen Marbella und Málaga, hier reiht sich Hotel an Hotel, eines größer und spektakulärer als das andere, und alle wollen für die Gäste nur das Beste: einen abwechslungsreichen Badeurlaub mit allen möglichen Zusatzannehmlichkeiten. Es gibt Kilometerlange Strände, Fiestas, Restaurants, Souvenirgeschäfte, Bars, Nachtclubs und Diskotheken. Dabei ließe sich in der historisch gewachsenen Stadt einiges entdecken. Zum Beispiel die rekonstruierte Ruine des römischen Tempels am Paseo Marítimo. Denn die Geschichte Fuengirolas geht auf die Siedlung »Suel« aus der Römerzeit zurück, die die Mauren später »Sujayl« nannten und dort eine stattliche Burg errichteten. Sehenswert ist das aus dem 10. Jahrhundert stammende Castillo de Sohail, das oberhalb der Stadt auf einer Anhöhe thront.

● MÁLAGA

Málaga, die Hafenstadt an der Costa del Sol, ist der Mittelpunkt einer extrem vom Tourismus geprägten Region. Und dennoch vielen unbekannt. Seine Küste versteckte Málaga viele Jahre hinter Lagerhallen und Zäunen, doch seit etwa 2003 wandelt die Stadt ihr Image. Weg von der verbauten Großstadt hin zur »Stadt der Museen«.

Wer Málaga entdecken will, begibt sich auf Spurensuche seines berühmtesten Sohns, Pablo Picasso, oder auf einen ausgiebigen Rundgang durch die Altstadt. Die ist zwischenzeitlich renoviert worden, sodass die Jugendstilfassaden in ihrer ganzen Pracht in den fußgängerfreundlichen Gassen zu sehen sind. Die Hauptflaniermeile ist die Calle Marqués de Larios. Sie mündet auf die von Palmen gesäumte Plaza de la Constitución mit dem alten Café Central. Die abzweigenden Gassen locken mit Tapas-Bars. Im Herzen der Altstadt sticht die Kathedrale als Wahrzeichen aus dem Häusermeer hervor, in der Hauptachse Málagas zwischen Alcazaba, Plaza de la Constitución und Río Guadalmedina.

Das malerische Bergdorf Ojén gehört zu den Pueblos Blancos der Provinz Málaga. Wer durch die stillen und beschaulichen Gassen schlendert, befindet sich fernab vom nahe gelegenen Trubel des mondänen Ferienortes Marbella.

NOCH MEHR SEHEN!

KROATIEN
○ FERNSICHT IM VELEBIT

Der Gebirgszug Velebit, das »große Wesen«, erstreckt sich 150 Kilometer entlang der kroatischen Adriaküste. Seine hoch aufragenden Gesteinsschichten scheiden das mediterran-milde Klima der Küste vom Gebirgsklima im Landesinneren. Für die Einheimischen ist diese Gebirgsregion eine sagenumwobene Landschaft, vergleichbar in etwa mit dem Olymp: Die Wilas, weibliche Naturgeister, tanzen dem Volksglauben nach hier oben und werden in traditionellen Liedern besungen. Zur Mythenbildung dürfte die Imposanz der Felswände beigetragen haben, denn die Anića kuk beispielsweise ragt beinahe vertikal in die Höhe.

Mit seinen vielfältigen Karstformationen ist der nördliche Velebit eines der attraktivsten Gebirgsmassive in den kroatischen Dinariden. Während die Gipfel mit ihren großartigen Aussichten auf Bergwanderungen leicht erreichbar sind, bieten der Nationalpark Paklenica – zu Deutsch: »kleine Hölle« – und die gleichnamige Schlucht exzellente Bedingungen für Sport- und Alpinkletterer. Raue und steile Karstfelsen, darunter die legendäre 300 Meter hohe Wand Anića kuk, die beinahe senkrechte Debeli kuk oder die von Wasserrillen und Tropflöchern zerfurchte Kuk od Skradelin sind von einem dichten Routennetz in allen Schwierigkeitsgraden durchzogen.

POLEN UND SLOWAKEI
○ WEITBLICKE IN DER HOHEN TATRA

Sie gilt als kleinstes Hochgebirge der Welt: Vysoké Tatry, die Hohe Tatra, ist das Bergparadies der Polen und Slowaken schlechthin. Von Zakopane, ihrem Hauptort aus, stürmen sie sommers die Klettersteige und -wände, die Mountainbike- und Wanderpfade. Im Winter rücken sie dem knapp 2000 Meter hohen Kasprowy Wierch mit Skiern und Snowboards zu Leibe. Beliebte Ausflugsziele sind auf polnischer Seite die beiden Täler Dolina Koscieliska und Chocholowska sowie Morskie Oko (Meeresauge), ein smaragdgrün schillerndes, von spektakulären Felszacken umkränztes Juwel von einem Bergsee. An der Südseite, auf dem Boden der Slowakei, wo übrigens die Tatra mit der Gerlacher Spitze (2655 Meter) ihre größte Höhe erreicht, locken altgediente Ferienorte wie Tatranská Lomnica, Starý Smokovec oder Štrbské Pleso mit einer nicht minder grandiosen Landschaftskulisse.

SPANIEN
○ AUF DEM CAMI DE SA PUJADA AUF FORMENTERA

Dieser Wanderweg zählt zu den schönsten auf der Insel, denn er führt von der Küste in die Hochebene, durch duftende Kiefernwälder, entlang an herrlichen Aussichtsplattformen, von denen aus man bis nach Ibiza schauen kann.

Romantische Holzstege führen über die verwunschene wie naturbelassene Vintgar-Klamm am Rand des Nationalparks Triglav.

Einatmen – Pause – ausatmen und die Freiheit des Augenblicks genießen. Der Gipfel Slavkovský štít liegt auf 2452 Meter Höhe in der slowakischen Hohen Tatra.

SLOWENIEN
○ PANORAMA GENIESSEN IM NATIONALPARK TRIGLAV

Eine alte slawische Legende besagt, dass der Gott Triglav, der auf dem höchsten Gipfel der Julischen Alpen wohnt, drei Köpfe hat. Den ersten Kopf wendet er dem Himmel zu, den zweiten der Erde und den dritten der Unterwelt. Und weil seine drei Köpfe so markant und noch aus 100 Kilometer Entfernung zu sehen sind, nannten die Slowenen diesen Gipfel ehrfürchtig Triglav – Dreikopf, so heißt der 2864 Meter hohe Gipfel bis heute.

Er ist nicht nur ein imposanter Felskoloss mit einem göttlichen Bewohner, sondern auch eines der Nationalsymbole Sloweniens, das auf dem Landeswappen und der 50-Cent-Münze prangt. Es ist zudem der einzige Nationalpark Sloweniens, der bereits im Jahr 1924 als Schutzgebiet ausgewiesen wurde, erhielt seinen Namen vom höchsten Berg des Landes, den sich Braunbären, Steinböcke, Auerhühner und Kreuzottern mit Wanderern und Kletterern friedlich teilen.

Heute ist der Nationalpark Triglav, durch den unter anderem auch der atemberaubende Mangartpass verläuft, neben den Karsthöhlen das Naturaushängeschild des Landes.

DEUTSCHLAMD
○ AUSSICHTSREICH DURCH DAS MOSELTAL

Der Ursprung der Mosel liegt in den südlichen Vogesen. Bevor sie am Deutschen Eck in Koblenz in den Rhein mündet, fließt sie auf 544 Kilometern zwischen den beiden Mittelgebirgen Eifel und Hunsrück hindurch. Bereits die Römer nutzten die Wasserstraße als Transportweg und auch heute noch ist die Mosel ein wichtiger Handelsweg.

Berühmte Weinlagen, schöne Aussichtspunkte und beeindruckende Sehenswürdigkeiten zeichnen die Region aus – immer begleitet vom anregenden Blick auf das sanfte Blau der Mosel, die sich in Schleifen windet und an den charakteristischen Rebhängen und atemberaubenden Schiefersteillagen vorbeischlängelt. Hier findet die »Königin der weißen Reben«, der Riesling, ideale Bedingungen.

Die Landschaft lädt Naturfreunde und Aktivurlauber zu erholsamen Wanderungen und sportlichen Unternehmungen ein. Als Krönung winkt eine Moselschifffahrt mit unvergesslichen Ausblicken auf hoch über dem Wasser thronende Burgen und eine außergewöhnliche Weinlandschaft, die schon die alten Römer zu schätzen wussten.

SCHMÖKERN IN BÜCHER-PARADIESEN

Eine unvergessliche Sehenswürdigkeit – nicht nur für Bibliophile – ist die Livraria Lello e Irmão in der Rua das Carmelitas 144 im Zentrum Portos, eine der schönsten Buchhandlungen der Welt. Schon die aufwendig verzierte Fassade des sehenswerten Jugendstilgebäudes aus dem Jahr 1906 ist eindrucksvoll. Im Inneren der »Kathedrale der Bücher« beeindrucken die Büsten berühmter Schriftsteller des Bildhauers Romão Júnior und die geschwungene Holztreppe, die zu den holzvertäfelten, offenen oberen Etagen führt.

● REISE-INFOS

Wo? Porto in der Provinz Douro Litora
Wie? www.portoentdecken.com
Info: www.livrarialello.pt

LIVRARIA LELLO IN PORTO

Der wohl schönste Ort, ein Glas Portwein zu genießen, ist die Cafeteria unter einer Buntglasdecke in der oberen Etage der Livraria Lello, eine der eindrucksvollsten Buchhandlungen der Welt. Neben Genießern und Literaturbegeisterten kommen hier auch Architekturfans auf ihre Kosten: Bereits die aufwendig verzierte Fassade des Jugendstilgebäudes, das 1906 errichtet wurde, ist mehr als sehenswert.

Das Innere dieser »Kathedrale der Bücher« zieren Büsten berühmter Schriftsteller und über eine geschwungene Treppe gelangt man zu den holzvertäfelten, offenen oberen Etagen des Büchertempels. Neben einer Vielfalt portugiesischer und fremdsprachiger Literatur findet man hier ein breites Sortiment an Reiseführern und Postkarten.

● PONTE DOM LUÍS I

So mancher Betrachter fühlt sich beim Anblick der Stahlkonstruktion an den Eiffelturm erinnert – und trifft mit dieser Assoziation fast ins Schwarze: Die Planung lag in den Händen von Théophile Seyrig, einem ehemaligen Weggefährten von Gustave Eiffel. Das Bauwerk gilt als Meisterleistung der damaligen Ingenieurskunst. 3000 Tonnen Stahl stecken in der doppelten, frei gespannten Konstruktion der Ponte Dom Luís I.

Über dem Bogen fährt heute die Straßenbahn und verbindet damit die beiden Ufer des Douro zwischen Porto und Vila Nova de Gaia. Über die untere, hängende Fahrbahn läuft der Autoverkehr. Fußgänger können auf beiden gehen.

● CAIS DA RIBEIRA

An den Kais am Douro, an denen früher die Handelsschiffe anlegten und Waren entladen wurden, residiert ein Lokal ums andere in den ehemaligen Lagerräumen; die Tische im Freien und in den schummerigen Hinterhöfen sind bis auf den letzten Platz besetzt. Das Viertel zwischen Praça da Ribeira und der Brücke Ponte Dom Louís I. zählt zu den ältesten Portos und war bis vor wenigen Jahren auch eines der ärmsten. Heute sind viele der ehemaligen Bewohner dem Tourismus gewichen.

Rechts: Portugals zweitgrößte Stadt nach Lissabon liegt an einem steilen Hang über dem Rio Douro, kurz vor dessen Mündung in den Atlantik. Untermalt wird die idyllische Silhouette durch die historischen Portweinboote, die am Flussufer verankert sind.

Links: Die Livraria Lello ist nicht nur die schönste, sondern auch die älteste Buchhandlung Portos.

SÉ CATEDRAL

Wie eine Festung überragt der wuchtige Kathedralbau aus dem 12. Jahrhundert das Ribeira-Viertel. Zwei mächtige Türme rahmen den Querbau mit romanischer Rosette und Zinnenkranz. In seinem Inneren ist das als Wehrkirche errichtete Gotteshaus einer Gruft ähnlicher als einem Ort der Lobpreisung Gottes. Doch im 18. Jahrhundert setzte der seinerzeit viel beschäftigte Baumeister Nicolau Nasoni mit einigen wenigen Kunstgriffen ein paar aufregende Akzente: Er gestaltete einen strahlenden, mit Gold überzogenen Hauptaltar unter einer lichten Kassettendecke aus Marmor und Granit und platzierte in der Sakramentskapelle im linken Querhaus einen noch prächtigeren Altar, der aus 800 Kilogramm reinen Silbers getrieben wurde.

IGREJA DE SANTA CLARA

Wer die Igreja de Santa Clara nur von außen betrachtet, sieht vielleicht nur ein weiteres Kirchengebäude, eines unter vielen in Porto. Doch das Innere verheißt eine Formenexplo-

sion vor dem Auge des Betrachters: »Üppig« ist gar kein Ausdruck für diese Ornament- und Schmuckvielfalt! Die Holzschnitzereien gelten als Meisterwerke der Sakralkunst im Barock-/Rokokostil. Neben den Azulejos ist die vergoldete Holzschnitzerei, die Talha dourada, eine Besonderheit der portugiesischen Kunst.

IGREJA DE SÃO LOURENÇO

Der Gründung von Kirche und Kloster durch die Jesuiten im 16. Jahrhundert gingen heftige Proteste voraus. Die Bürger von Porto wehrten sich vor allem gegen die Einrichtung eines Kollegs, denn sie befürchteten, dadurch eines ihrer Privilegien zu verlieren: Adligen war es zu jener Zeit nämlich nicht gestattet, länger als drei Tage in Porto zu verweilen. Die Schule, so die Sorge, würde hochwohlgeborene Kinder und deren Eltern dazu verleiten, sich in der Stadt niederzulassen – was trotz der Proteste passierte. Das Kloster ist verschwunden, doch die Kirche mit ihren Architekturstilen von Manierismus über Barock bis Klassizismus beherrscht den Platz gegenüber der Sé. Im Inneren schwelgt sie in Azulejos und Talha dourada.

PALÁCIO DA BOLSA

In Porto wird Geld verdient, in Lissabon ausgegeben – so stellt sich das Verhältnis der beiden traditionell konkurrierenden Städte aus der Sicht von Porto dar. Gibt es ein besseres Symbol für die Bedeutung des Handels als eine prunkvolle Börse? Der Börsenpalast wurde 1842 als Sitz von Portos Handelsvereinigung in Auftrag gegeben und erst 1910 vollendet. Durch

Mit seinen prunkvollen Kronleuchtern und dem Jugendstil-Spiegelsaal zählt das Belle-Epoque-Café »Majestic« zu den touristischen Attraktionen Portos.

ACHTSAME PAUSE

CAFÉ MAJESTIC // Ein Nebeneinander von Alt und Neu macht den Charme der Rua de Santa Catarina aus, und er kumuliert im Jugendstilambiente des nostalgischen Café Majestic. Seit seiner Eröffnung 1916 verkehrten hier Intellektuelle und Künstler. Und Joanne K. Rowling verfasste in diesen plüschigen Räumlichkeiten unter Kronleuchtern das erste Kapitel ihrer »Harry Potter«-Saga. // cafemajestic.com

die lange Bauzeit vereint er in seinem eklektizistischen Dekor alle Stile des 19. Jahrhunderts. Hinter der klassizistischen Fassade verbergen sich Räume im Stil Louis' XVI, Empiresalons, ein Neorenaissance-Gerichtssaal und eine Bibliothek in bester britischer Tradition.

● IGREJA MONUMENTO DE SÃO FRANCISCO

Die Kirche geht auf eine Franziskanergründung im 13. Jahrhundert zurück. In den 1720er-Jahren entfernten Architekten und Bildhauer die gotische Ausstattung und ersetzten sie durch eine nahezu alle Kapellen bedeckende Hülle aus Talha dourada. Das vergoldete Schnitzwerk schwingt sich zu fantastischen Altären wie jenem der Nossa Senhora da Rosa auf.

● IGREJA DO CARMO

Die Doppelfassade der beiden nebeneinander erbauten Kirchen Igreja do Carmo und Igreja dos Carmelitas ist die auffällige Landmarke an Portos hoch gelegener Praça de Carlos Alberto, dem Mittelpunkt des Universitätsviertels. Etwas mehr als 100 Jahre liegen zwischen der Fertigstellung der beiden Gotteshäuser.

● ESTAÇÃO SÃO BENTO

Portos Bahnhof, sicherlich die berühmteste Bahnstation des Landes, wurde zu Beginn des 20. Jahrhunderts errichtet. Ihre riesige Bahnhofshalle ist komplett mit Azulejobildern ausgekleidet: Sie beschwören bedeutende Momente der portugiesischen Geschichte, so das Ritterturnier der Batalha de Arcos de Valdevez von 1141 oder die Eroberung Ceutas durch Infante Dom Henrique 1415.

● AVENIDA DOS ALIADOS

Als hätte sich eine Pariser Avenue in die nordportugiesische Metropole geschlichen: Die Avenida dos Aliados mit ihren neoklassizistischen Prunkbauten könnte die französische Hauptstadt zieren. In der Anlage dieser Straße spiegelt sich der Wohlstand Portos zu Beginn des 20. Jahrhunderts, als ein altes Viertel abgerissen wurde, um Platz für die repräsentative Flaniermeile zu schaffen. Sie führt auf das 1920 erbaute Rathaus zu mit seinem 70 Meter hohen Turm zu. Denkmäler und das Reiterstandbild Dom Pedros IV. auf der anschließenden Praça da Liberdade schmücken die Avenida.

Die Mauren waren es, die die Technik zur Herstellung der glasierten Kacheln nach Portugal brachten. In Portos Bahnhofshalle São Bento ist sie in ihrer vollendeten Form zu bestaunen.

NOCH MEHR SEHEN!

ÖSTERREICH
○ BÜCHERSCHÄTZE IM BENEDIK- TINERSTIFT ADMONT

Am westlichen Eingang zum Gesäuse, einer schluchtartigen Engführung des Flusses Enns, thront das Benediktinerstift Admont. Ein Groß- teil dieser bereits 1074 von Mönchen aus St. Pe- ter in Salzburg besiedelten und dank Salzge- winnung und Erzabbau zu immensem Reichtum gelangten Abtei fiel im Jahr 1865 einem Brand zum Opfer. Beinahe alle Trakte und auch das Münster sind Neubauten aus den Jahren danach. Verschont blieb damals wie durch ein Wunder die berühmte barocke Bibliothek mit ihren kostbaren Buchbestän- den, den 1400 Handschriften und beinahe 1000 Inkunabeln. Öffnet man die unscheinba- re Tür zu ihrem lichtdurchfluteten Prunksaal, versteht man, warum er nach seiner Vollen- dung 1776 »das achte Weltwunder« genannt wurde: In den weiß-goldenen Regalschränken stehen etwa 70 000 Bände dicht aneinander- gereiht.

NIEDERLANDE
○ MAASTRICHT VERKAUFT BÜCHER IN DER DOMINIKANERKICHE

In die Dominikanerkirche, die schon seit der Französischen Revolution keine Kirche mehr ist, ist vor einigen Jahren eine Buchhandlung eingezogen, »Dominicanen«, die zu den schöns- ten der Welt gehört. Die Anwesenheit des Ladens entwertet nicht den Kirchenraum, son- dern wertet die Bücher auf, die hier verkauft oder auch vor Ort gelesen werden.

Die Regale wachsen – wie das gotische Maß- werk um sie herum – in die Höhe. Es gilt, schwindelfrei zu sein, wenn man sich selbst Bücher aus den oberen Reihen holen möchte. In dem heiligen Ambiente wird der Besucher unweigerlich in inspirierende wie konzentrier- te Schmökerlaune versetzt.

LITAUEN
○ AUGENSCHMAUS IN DER BUCH- HANDLUNG LITTERA IN VILNIUS

Sie hat das beste Angebot an ausländischer Literatur, aber vor allem wunderbare Räum- lichkeiten, die die Geschichte der schon 1579 gegründeten Litauischen Universität erzählen. Denn die Deckengewölbe über den dunklen Holzregalen des kleinen Hochschulbuchladens zieren eindrucksvolle Fresken. Geschaffen hat sie der litauische Künstler Antanas Kmieliaus- kas 1979 anlässlich des 400. Geburtstags der Universität. All ihre historischen Fakultäten, von der Astronomie über Medizin, Botanik, Musik und Kunst sind symbolisch verewigt; es gibt jeweils eine allegorische Figur und mitunter auch Porträts von Förderpersönlich- keiten, zeitgenössischen Professoren und Stu- denten. Kmieliauskas Fresken in der Buch- handlung Littera sind jedoch nicht der einzige künstlerische Beitrag zum Hochschuljubiläum. Gleich nebenan, in der Aisciai-Halle, lassen sich zum Beispiel Fresken zum Thema Jahres- zeiten von Petras Repšys bewundern, die eben- falls 1979 entstanden.

Lesen und schmökern statt beten und büßen: Nicht nur eine Buchhandlung, sondern auch ein Café ist in die ehrwürdigen Hallen der Maastrichter Dominikanerkirche eingezogen.

Willkommen im größten klösterlichen Bibliothekssaal der Welt! Wer die Stiftsbücherei von Admont betritt, wird augenblicklich von deren Zauber erfasst.

TSCHECHISCHE REPUBLIK
○ BIBLIOTHEK IM KLOSTER STRAHOV IN PRAG

In wahrhaft prachtvoller Umgebung bewahrt die Bibliothek im Kloster Strahov über 200 000 Bände, 3000 Originalmanuskripte aus dem Mittelalter, Artefakte, Erstdrucke, Handschriften und Kuriositäten. Das Kloster selbst stammt aus dem 12. Jahrhundert, der älteste Teil der Bibliothek hingegen ist der Theologiesaal, der zwischen 1671 und 1674 entstand. Seinen frühbarocken Ursprung veranschaulichen Deckenfresken und Stuckdekorationen. Neben theologischen Schriften finden sich hier Übersetzungen und Ausgaben der Bibel. Der Hauptsaal der Bibliothek erstreckt sich über zwei Stockwerke und wurde im Hochbarock (1738–1785) errichtet. In den deckenhohen Regalen reihen sich Bücher über Philosophie, Medizin, Naturwissenschaften, Astronomie aneinander.

FRANKREICH
○ SCHMÖKERN IN DER BIBLIOTHÈQUE ON LE HAVRE

Wer mit Beton eine eher ungemütliche Raumatmosphäre verbindet, sollte der vom brasilianischen Architekten Oscar Niemeyer gestalteten Bibliothek in Le Havre unbedingt einen Besuch abstatten. Die grauen Steinwände in Kombination mit Kastanienholzböden, Teppi-

chen und gemütlichem Mobiliar sorgen für kuscheliges Klima, das die Bibliothek zum echten Wohlfühlort macht. Seit 2015 beherbergt der sogenannte Kleine Vulkan im Viertel Halles Centrales diesen Treffpunkt, der nicht nur Bücherwürmern etwas zu bieten hat: Hier gibt es Arbeits- und Ruheräume, Film- und Fernsehzimmer und Hörmuscheln für Audiomedien. Ihre moderne Funktionalität verdankt die Bibliothek Modernisierungsmaßnahmen, von denen auch der »Große Vulkan« – 1982 als Haus der Kulturen eröffnet, heute Heimat der Scène Nationale – profitierte.

ITALIEN
○ HEILIGE BIBLIOTECA VATICANA IN ROM

Zwar reichen die Ursprünge der Vatikanischen Bibliothek weit bis in das 4. Jahrhundert zurück, der Grundstock für die heutige Sammlung wurde allerdings erst rund 900 Jahre später gelegt, als Papst Nikolaus V. 1447 die Sammlung des Vatikans mit seiner privaten Bibliothek zusammenführte und ausbauen ließ. In den folgenden Jahrhunderten wuchs sie durch weitere Ankäufe und Schenkungen kontinuierlich. Zum Bestand der Bibliothek zählen heute nicht nur 150 000 Handschriften, sondern mittlerweile auch rund 1,5 Millionen Bücher.

GRIECHENLAND

AUF DER SONNENSEITE DES LEBENS

Die Silhouette des Stadtbergs von Athen, Lykabettus, überragt die griechische Hauptstadt. Die 277 Meter hinauf lassen sich bequem per Seilbahn überwinden, Aktive wählen den Aufstieg durch schattenspendende Pinienwälder. Das eigentliche Highlight ist jedoch die unvergleichliche Aussicht auf die Stadt und den Saronischen Golf. Wer im September den Sonnenuntergang auf dem Gipfel erlebt, möchte an keinem anderen Ort der Welt sein. Die Stimmung ist fantastisch und man erlebt ein Naturschauspiel, dass sich eigentlich jeden Abend wiederholt und dennoch immer wieder einzigartig ist.

Oben: Die Besiedlung des Athener Burgbergs führt bis in die Jungsteinzeit zurück. Die einstige Königsburg wurde bereits im 6. Jahrhundert v. Chr. in einen heiligen Bezirk umgewandelt.

Links: Berühmt ist das Erechtheion für seine Säulen in Form von Mädchenfiguren, die sogenannten Karyatiden. Wen die Figuren genau darstellen sollen, ist bis heute nicht bekannt.

● **REISE-INFOS**
Wo? Kulturmetropole in Attika
Wie? www.discovergreece.com
Info: www.athen-magazin.info

SONNENUNTERGANG IN ATHEN

Der Moment, in dem sich der Tag verabschiedet und die Nacht aufzieht, ist Teil des Kreislaufs der Natur. Manchmal ist man sich dessen gar nicht bewusst, ist beschäftigt oder abgelenkt oder das Wetter und der Ort lassen nur den Unterschied von hell zu dunkel bemerkbar werden. Aber manche Plätze eigenen sich hervorragend, um diesen Wechsel mit Muße zu beobachten und sich innerlich darauf einzulassen. Athens Stadtberg gehört zweifelsfrei zu einem solchen auserkorenen Platz. Hier oben wirkt die trubelige Innenstadt weit weg und man teilt mit ein paar Gleichgesinnten die wertvollen Augenblicke des Schauspiels.

● **ATHEN – DAS HERZ GRIECHENLANDS**

Griechenlands Metropole zählt zu den ältesten Städten Europas; sie ist das historische, kulturelle und wirtschaftliche Herz des Landes. Von den sieben Stadtteilen Athens ist das Zentrum das bekannteste – dank Akropolis, Plaka und Syntagma-Platz. Ähnlich beliebt ist Plaka, die Altstadt. Bis zur modernen Stadtplanung Ottos I. im frühen 19. Jahrhundert bildete das malerische Mosaik aus schmalen Straßen und kleinen Plätzen am Fuß der Akropolis den Kern von Athen. 1840 lebten noch fast 20 000 Menschen hier. Allmählich aber wandelte sie sich zum Tavernen-Viertel. Viele ihrer meist nur zweistöckigen Holzbalkon-Häuser, zwischen denen sich mitunter byzantinische Kirchlein, eine Moschee, ein Hamam oder kleine Gärten verstecken, stehen auf antiken Fundamenten. Heute ist der Stadtteil geprägt von Souvenirläden und Lokalen.

Der »Poseidon vom Kap Artemision« stammt aus dem 5. vorchristlichen Jahrhundert und ist eines der wichtigsten Werke im Athener Archäologischen Nationalmuseum.

● AKROPOLIS

In der Mitte der Stadt thront mit Blick aufs Meer die Athener Akropolis auf einem 156 Meter hohen Felsen. Eine Akropolis war im antiken Griechenland der hoch gelegene Burgberg einer Stadt.   Die Athener ist lediglich die bekannteste, und seit 1987 zählt sie zum Weltkulturerbe. Die frühesten Bauten wurden hier in mykenischer Zeit angelegt und dienten als Königsburg.

ACHTSAME PAUSE

FREE THINKING ZONE // Kombi aus Café, Bookstore und Aktivistenclub. Hier wird die Athener Tradition hochgehalten, Literatur öffentlich zu diskutieren. Autorenlesungen und Buchauswahl konzentrieren sich auf »heiße« aktuelle Themen, etwa LGBTQI+ oder Flüchtlingsrechte. Im alternativsten Teil der City angesiedelt, zwischen den Plätzen Kolonaki und Exarcheia.

// www.facebook.com/ freethinkingzone

PARTHENON

Der zwischen 447 und 432 v. Chr. erbaute größte Tempel der Akropolis war der Parthenon, das Heiligtum der Athene, Tochter des Zeus und ewig jungfräuliche Schutzherrin der Städte. Der Name »Parthenon« bedeutet »Jungfrauengemach«. Der antike Tempel wurde im Laufe seiner langen Geschichte u. a. als christliche Kirche und Moschee benutzt.

DINOYSOS-THEATER

Das Dionysos-Theater am Südhang der Akropolis wurde ursprünglich als Teil eines Heiligtums des Fruchtbarkeits- und Weingottes Dionysos errichtet und gilt als Geburtsstätte des antiken Theaters. Schon seine Größe für etwa 17 000 Zuschauer verdeutlicht die Bedeutung des Theaters im Leben der Stadt.

AKROPOLIS-MUSEUM

Das in einem monumentalen Neubau aus Glas und Stahl untergebrachte Museum zu Füßen der Akropolis wurde im Juni 2009 eröffnet. Auf 25 000 Quadratmeter Ausstellungsfläche, verteilt über drei Stockwerke, werden die antiken Funde vom Athener Tempelberg gezeigt.

● PANATHENÄISCHES STADION

Auf den Fundamenten der um 330 v. Chr. in einer Mulde östlich der Akropolis errichteten Wettkampfanlage für die bedeutenden alljährlichen Panathenäischen Spiele rekonstruiert, diente die hufeisenförmige Anlage 1896 als Austragungsort der ersten Olympischen Spiele der Neuzeit.

● ARCHÄOLOGISCHES NATIONALMUSEUM

Das Museum beherbergt die bedeutendste Sammlung prähistorischer und antiker Artefakte zur Kunst und Alltagskultur der hellenistischen Welt, darunter viele Plastiken. Untergebracht ist es in einem 1874 fertiggestellten klassizistischen Bau.

● ATHENS LITERARISCHER SALON

Das 19. Jahrhundert war in Athen ein goldenes Zeitalter für die Literatur. Der Diplomat und Reiseschriftsteller Anton Prokesch von Osten befand sich 1834–1849 als österreichischer Gesandter in Athen. Sehr an Kultur interessiert, verwandelte er sein Haus in einen Treffpunkt für Literaten und Künstler aus ganz Europa, die bei ihren Besuchen in Griechenland hier zum lebhaften Austausch zusammenkamen. Heute befindet sich die Villa in der Fidiou-Straße Nr. 3, die einst zu den schönsten Privathäusern der Stadt zählte, in desolatem Zustand.

● SYNTAGMA-PLATZ

Athens repräsentativster Platz entstand während der Regentschaft von Otto I. Er wird dominiert vom Parlament, das als königliches Schloss erbaut wurde. Der Platz glänzt mit weißem Marmor und Statuen und zählt zu den beliebtesten Treffpunkten der Stadt.

● PSIRRI-VIERTEL

Schicke Weinbars, urige Tavernen, oft mit Livemusik, hippe Cafés und Clubs, versteckte Pop-up-Hinterhoflokale: Das Areal zwischen Zentralmarkt und Monostiraki-Flohmarkt ist eine angesagte Ausgehadresse für Studierende wie Besserverdienende.

● THEMENSPAZIERGÄNGE ZU ANTIKEN MYTHEN UND SAGEN

Ein vierstündiger mythologischer Rundgang führt zu den heute noch greifbaren Schauplätzen der antiken griechischen Sagen in Athen. Die Akropolis und das Akropolismuseum sind wichtige Stationen. Zu Statuen und Artefakten weiß der kundige Führer die schönsten, spannendsten oder auch schaurigsten Geschichten zu erzählen. Ein weiteres interessantes Angebot ist die kulinarische Genussreise durch die Stadt. Einen Vormittag lang werden Frühstücksklassiker und Streetfood probiert, man lernt das älteste Café Athens kennen, schlendert über Märkte und durch die »Gewürzstraße« und beendet die Tour mit einem zünftigen Ouzo.

Sonntags ist Flohmarkt in Monastiraki am Avissinias-Platz. In den engen Gassen werden Anitquitäten, Bilder, Kleidung, Souvenirs, Bücher und andere Druckwerke angeboten.

NOCH MEHR SEHEN!

ITALIEN
○ SUNSET IN MANTUA

Von der Brücke San Giorgio aus, die den Lago di Mezzo vom Lago Inferiore trennt, hat man den besten Blick darauf, wie die abendliche Sonne langsam hinter Mantua verschwindet und die Stadt unter dem Himmel dramatisch in rötliches Licht taucht.

○ GLÜHENDES ABENDROT AM ÄTNA

Siziliens Bilderbuchvulkan ist nicht nur für feuerspeiende Lichtershows bekannt, sondern auch für spektakuläre Sonnenuntergänge. Einfach magisch, wenn sich rund um die rauchende Kraterlandschaft der Himmel rot verfärbt. Zur Bergstation Montagnola auf etwa 2500 Metern gelangt man von Rifugio Sapienza Sud aus mit der Seilbahn oder zu Fuß auf einem parallel verlaufenden Weg. Mit Geländebus und Bergführer kommt man bis knapp unter den Kraterrand.
Die Lavaerde hat im Umland eine fruchtbare Gegend mit einer einzigartigen Tier- und Pflanzenwelt geschaffen und die Vulkanhänge laden zu weiteren Wanderungen ein.

KROATIEN
○ GRUSS AN DIE SONNE IN ZADAR

Wenn sich die Sonne abends am Horizont verabschiedet, mischt sie den himmlischen Tuschkasten mit bombastischem Rot und Orange auf. Ein Farbspektakel, als wenn es kein Morgen gäbe. Die passende musikalische Begleitung liefert die weltweit einzige Meeresorgel beim Fähranleger. Direkt daneben: der »Gruß an die Sonne«. Er komponiert zu den Klängen der Meeresorgel und der Stimmung des Sonnenuntergangs noch wechselnde Farben und Lichter dazu – ein hinreißendes Farbspektakel!

NORWEGEN
○ MITTERNACHTSSONNE ÜBER TROMSØ GENIESSEN

Nur in Nordnorwegen scheint eine Sonne, die es nirgends sonst in Norwegen gibt: die Mitternachtssonne. Auch im Süden des Landes ist es im Hochsommer um 23 Uhr noch hell und die Sonne geht um 3 Uhr schon wieder auf – dass die Sonne zur Mitternachtszeit noch strahlt und nicht untergeht, das gibt es nur nördlich des Polarkreises.

Traumhaft zeigt sich Mantuas charmante Stadtsilhouette bei Sonnenuntergang.

Oben: Der Himmel scheint zu brennen – es wäre nicht unwahrscheinlich, schließlich gilt der Ätna auf Sizilien als einer der aktivsten Vulkane der Welt.

Unten: Um diesen speziellen Moment zu erleben, pilgern jedes Jahr Menschen, teilweise als Druiden verkleidet, nach Stonehenge, jubeln bei Sonnenaufgang und feiern den längsten Tag des Jahres.

Kaum ein Ort besticht mit so viel Charme und Flair wie das norwegische Tromsø. Nur ein paar Hundert Kilometer vom Polarkreis entfernt, liegt die traumhafte Stadt weit oben im Norden des Landes. Von Ende Mai bis Ende Juli steht die Sonne den ganzen Tag bis weit nach Mitternacht am Himmel, dann genießen Einheimische wie Besucher beschwingt die langen Sonnenstunden. Atemberaubend ist der Blick vom Berg Storsteinen aus, wenn die Sonne die Stadt am späten Abend in ein goldenes Licht taucht. Die Bergstation des Storsteinen lässt sich bequem in wenigen Minuten vom Stadtteil Hungeren aus mit der Luftseilbahn Fjellheisen erreichen.

SCHWEDEN
◯ MIDSOMMAR FEIERN

In Schweden ist Midsommar ein offizieller Feiertag und eines der wichtigsten Feste überhaupt, das immer an dem Wochenende gefeiert wird, das vom Datum am nächsten an den 24. Juni herankommt. Neben jungen Kartoffeln, Heringen und frischen Erdbeeren gehören auch Gesang, Blumenkränze und Spiele zu den Feierlichkeiten. Und natürlich nicht zu vergessen: Das Tanzen um die »majstång«, einen geschmückten Baumstamm.

ENGLAND
◯ MYTHISCHER KULT BEI STONEHENGE

Ein besonderer Ort, um die Sommersonnenwende zu feiern, ist definitiv Stonehenge. Obwohl Forschende über die Funktion des berühmten Steinkreises immer noch rätseln, wird der steinzeitlichen Felsformation ein direkter Bezug zu den Sonnenwenden nachgesagt: Die Steine sind tatsächlich präzise ausgerichtet, und zwar auf den Sonnenstand der Sonnenwenden. So geht die Sonne nur an einem Tag, nämlich zur Sommersonnenwende, genau über dem zentralen Altar der Felsformation auf, und ihre Strahlen erreichen die Mitte des Steinkreises.

Rund 300 Kilometer nördlich des Polarkreises liegt die famose Insel-gruppe Vesterålen. Hier gibt sprichwörtlich die Natur den Ton an.

HÖREN

Unser Gehör ist jeden Tag unzähligen Geräuschen ausgesetzt, im Alltag muss man sich oft vor zu viel Lärm schützen. Auf Reisen haben wir die Möglichkeit, auf angenehme Naturklänge zu horchen, wie dem Meeresrauschen lauschen.

SCHWEDISCH LAPPLAND

ÜBERNACHTUNGSGAST IN DER NATUR

Über einem die rauschenden Wipfel majestätischer Bäume und die endlosen Weiten eines kristallklaren Sternenhimmels – Baumhäuser üben nicht nur auf Kinder einen besonderen Reiz aus. Auch Erwachsene genießen in ihnen großartige Momente der Ruhe und Besinnung, die lange in Erinnerung bleiben.

● **REISE-INFOS**
Wo? In the middle of nowhere
Wie? Flughafen Luleå
Info: www.treehotel.se/en

BAUMHAUSHOTEL IN HARADS

Das Baumhaushotel im schwedischen Harads, 100 Kilometer vom Flughafen Luleå entfernt, lässt viele Herzen höher schlagen. Im Einklang mit der Natur übernachtet man inmitten von Baumwipfeln in modern ausgestatteten Häusern. Im Winter ist der Blick über das verschneite Luleå-Tal besonders malerisch, und von Januar bis März bieten sich beste Chancen, Polarlichter zu sehen. Die längeren Märztage locken zudem mit vielen Sonnenstunden.

● JOKKMOKK

Die Kommune Jokkmokk ist mit ihren 5500 Einwohnern das kulturelle Zentrum der schwedischen Sami. An den Schulen werden traditionelle Handwerkstechniken gelehrt. Doch auch die Natur kommt nicht zu kurz. Wer sie

nicht selbst auf einer Reise durch die nördlichsten Regionen des Landes kennenlernt, kann sich im botanischen Garten des Museums informieren, der die unterschiedlichen Lebensräume Lapplands darstellt.

● GÄLLIVARE

In Gällivare leben knapp 20 000 Menschen, auch sie sind umgeben von der Tradition der Sami. So zeigt das Freilichtmuseum Hembygdsområdet im Osten der Stadt unter anderem die nördlichste Windmühle Schwedens, ein Lager mit Vorratsräumen sowie Wohnstätten der Sámi. Eine alte Holzkirche von 1755 steht ein wenig abseits des Zentrums. Die Kirche diente den Sámi als Gotteshaus und heißt daher auch »Lappkapell«. Seit 1882 gibt es eine neue, größere Kirche näher am Zentrum der Stadt. Ein Highlight ist der Hausberg des Ortes, der 820 Meter hohe Dundret ist vor allem im Sommer ein beliebtes Ausflugsziel. Von seiner Kuppe aus lässt sich von Anfang Juni bis Mitte Juli 24 Stunden lang die Sonne genießen.

Die Baumhäuser im schwedischen Harads bieten weit mehr Komfort als die selbst gebauten aus Kindheitstagen, die Modelle hier heißen »Mirrorcube« (oben) oder »The 7th Room« (links). Das Hotel ist ganzjährig geöffnet, kein Baum wurde für die Einrichtung hier beschädigt.

NOCH MEHR HÖREN!

Im Resort Baumgeflüster übernachtet man nicht einfach, man schwebt viel mehr vier Meter über dem Waldboden. Die Baumhäuser zeichnen sich durch ihr modernes Design und eine hochwertige Ausstattung aus.

DEUTSCHLAND
○ RESORT BAUMGEFLÜSTER

Im niedersächsischen Ammerland, nur etwas mehr als eine halbe Stunde Fahrtzeit von der Nordsee entfernt, liegt das Resort Baumgeflüster mit stilvoll errichteten Baumhaus-Suiten. Mitten in einem mystisch anmutenden Wald gelegen und fernab von Hektik und Stress kann man hier die beschauliche Waldruhe, aber auch das heilsame Schonklima genießen. Nach einer erholsamen Nacht in luftiger Höhe erwacht man mit dem Duft von unbehandeltem Lärchenholz in der Nase und genießt anschließend die herrliche Ruhe im sanften Morgenlicht direkt unter dem Blätterdach.

○ IM STRANDKORB SCHLAFEN

Salz auf der Haut, Möwen in der Luft und feiner, weißer Sand unter den Füßen – willkommen an der schleswig-holsteinischen Nord- und Ostseeküste. Momente der Stille und Besinnung erlebt man vor allem, wenn alle anderen Besucher den Strand schon längst verlassen haben. Dann kann man im Licht der untergehenden Sonne ungehindert entspannen und sich ganz

ACHTSAME PAUSE

EINFACH-SO-TAG // Es gibt wohl kaum eine entspanntere Idee als den Just Because Day am 27. August. Nichts muss sein, alles darf und kann sein. Wer fragt, erhält die Antwort: einfach so. Ob man seinen Nachbarn den Müll runterträgt, sich eine neue Haarfarbe verpassen lässt, seinen Kollegen Blumen mitbringt, sämtliche Termine ab- oder wieder zusagt oder einen Tag offline verbringt: Das Wichtigste an diesem großartigen Tag ist, alles einfach so und ohne Begründung zu machen.

auf sich und das sanft betörende Geräusch des Meeres einlassen. Für Gemütlichkeit sorgen dabei exklusive Schlafstrandkörbe. Von denen befinden sich mittlerweile gut zwei Dutzend an ausgewählten Küstenorten wie in Eckernförde, auf Fehmarn, in Büsum oder auf Föhr.

⬡ GLAMPING IM BLIESGAU

Das UNESCO-Biosphärenreservat Bliesgau, im Südosten des Saarlands an der Grenze zu Frankreich gelegen, bietet Besuchern durch seine Glamping-Resorts eine besondere Übernachtungsmöglichkeit. Die modern eingerichteten Naturhotelzimmer sind auf die drei »Gärten« Wald, Sonne und Wein verteilt. Im Waldgarten inspiriert die Kraft der Bäume, der Sonnengarten auf einem Hochplateau verfügt über eine tolle Terrasse mit Ausblick, und im Weingarten gedeihen Reben. Jede Unterkunft bietet Platz für bis zu drei Personen. Den Gästen steht es frei, als Selbstversorger für die täglichen Mahlzeiten aufzukommen oder sich in der Bliesgau Scheune ein reichhaltiges Frühstück zu gönnen.

⬡ ROMANTIK IM SCHÄFERWAGEN

Die Wildnis mit allen Sinnen spüren und genießen – rustikale Schäferwagen, nach traditionellem Vorbild gebaut oder original erhalten, eignen sich perfekt, um im Grünen fernab von Stress und Hektik zu entspannen. Früher waren Schäferwagen die schlichte Wohnstatt von Wanderschäfern, heute dienen sie als romantischer Unterschlupf für alle, die auf der Suche nach Einsamkeit und unverfälschter Natur sind. Wer etwa die abwechslungsreiche Landschaft des Rothaargebirges ganz unmittelbar erleben möchte, kann es sich im Schäferwagen in Bad Berleburg gemütlich machen.

⬡ CAMPING IM WEINFASS

Im antiken Griechenland lebte der Philosoph Diogenes in einem Fass. Ob ihm das Spaß gemacht hat, ist nicht überliefert. Heute ist die Übernachtung im Schlaffass ein besonderes Vergnügen. Die Holzfässer sind für zwei oder vier Personen zu buchen, an der Mosel gibt es mehrer Anbieter dazu.

Oben: In der Kulturinsel Einsiedel lädt das Aquariumbaumhaus zur naturnahen Unterkunft ein. Für ausreichend Privatsphäre trotz Glasfronten sorgt Spionspiegelglas.

Mitte: Im Waldgarten im Glamping-Resort Bliesgau schläft es sich märchenhaft in kleinen Hütten inmitten der Natur.

Unten: Was liegt näher als im Reich der Weinreben eine passende Unterkunft zu wählen: Die Weinfässer an der Mosel erfreuen sich immer größerer Beliebtheit.

ESTLAND

STILLE EILANDE UND HALB-INSELN

Die westlich von Estland in der Ostsee gelegene Moonsund-Inselgruppe besteht aus vier Hauptinseln und 500 kleineren Inseln. Jedes der Eilande zeichnet sich durch unberührte Natur, eine urige Landschaft, aufgeschlossene und herzliche Bewohner sowie lebendige Traditionen aus, denn hierher verirren sich Reisende nur, wenn sie Ruhe suchen.

● REISE-INFOS

Wo? Inselgruppe in der estnischen Ostsee
Wie? Flüge ab Tallinn oder per Fähre
Info: www.visitestonia.com

MAGISCHE MOONSUND-INSELN

Die Inseln sind touristisch bisher wenig erschlossen, wodurch sich die reiche Natur und die so friedvolle Inselatmosphäre erklären lassen. Wälder, Heideflächen und Moore, einsame Strände mit historischen Leuchttürmen, kleine Kirchen, malerische Orte mit gemütlichen Cafés, alte Gutshäuser und Bauernhöfe machen Saaremaa, Hiiumaa, Muhu und Vormsi zum perfekten Reiseziel für alle, die richtig abschalten und sich eine gebührende Pause gönnen möchten.

● SAAREMAA

Mit ihren 2700 Quadratkilometern ist Saaremaa die größte Insel Estlands. Die über 1000 Kilometer lange Küste ist zerfranst und gliedert sich in zahlreiche Halbinseln und Buchten. Als längste Landzunge schiebt sich Sõrve im Südwesten fast 30 Kilometer weit in den Rigaischen Meerbusen. An ihrem Ende erhebt sich ein Leuchtturm. Nicht minder imposant zeigt sich die Bischofsburg im Hauptort Kuressaare, die der Deutsche Orden 1380 als Residenz des Bischofs von Ösel-Wiek errichtete. Im 19. Jahrhundert sorgte Kuressaare als Kur- und Badeort für Furore, bereits 1840 öffnete hier die erste Schlammheilstätte. 20 Kilometer nordöstlich der Stadt befindet sich eine beeindruckende Natursehenswürdigkeit: Hier schlug vor rund 4000 Jahren ein Meteorit ein, der den 16 Meter tiefen Krater von Kaali mit seinen acht Nebenkratern schuf.

ARENSBURG

Die Bischofsburg wurde im 13. und 14. Jahrhundert ursprünglich zur Sicherung der Rigaer

Oben: Auf der Insel Hiiumaa locken kilometerlange Sandstrände, das Inselinnere ist dagegen wildromantische Vegetation.

Links: Die Steilküste Panga am Strand von Saareema fällt senkrecht ab ins Meer und erscheint damit wie eine natürliche Wehrmauer.

Ein Blick aus der Vogelperspektive zeigt die
fantastische Naturlandschaft des Vilsandi-National-
parks an der Westküste von Saaremaa. Seine
Größe beträgt rund 180 Quadratkilometer, mehr
als die Hälfte davon gehört zum Meer.

Bucht errichtet. Dementsprechend wuchtig ist ihr Bau mit den gigantischen, etwa drei Meter dicken Mauern. Die 20 Meter hohe Anlage ist von mehreren, mit Meerwasser gefüllten Gräben umgeben. Das Wappen zeigt einen Adler, das Symbol des Evangelisten Johannes. Die Arensburg ist eine der wenigen noch vollkommen erhaltenen mittelalterlichen Steinburgen.

ANGLA

Der Mühlenberg von Angla ist eines der Wahrzeichen von Saareema. Die fünf Mühlen sind die einzigen der zahlreichen Mühlen der Insel, die heute noch immer genauso aussehen wie einst. Um die etwas höhere, mittlere Holländerwindmühle reihen sich vier Bockwindmühlen aus dem 19. Jahrhundert. Zu unregelmäßigen Zeiten kann man eine der Mühlen besichtigen und vielleicht auch einem Müller bei der Arbeit über die Schulter schauen.

NATIONALPARK VILSANDI

Die Esten staunten nicht schlecht, als sie 1991 unabhängig wurden und plötzlich wieder ihre Ostseeinseln betreten durften, die während des Kalten Krieges militärisches Sperrgebiet gewesen waren. Dank dieser Isolation hat sich dort bis heute ein Naturparadies erhalten, wie man es an der Ostsee kein zweites Mal findet: allen voran die Vogelwelt von Vilsandi, der westlichsten bewohnten Insel Estlands – wobei »bewohnt« ein mutiger Begriff ist, weil gerade einmal 30 Seelen hier leben. 250 verschiedene Vogelarten sind auf der Insel zu beobachten,

die Hälfte von ihnen nistet auch hier. Der Bogen spannt sich von Eiderenten und Weißwangengänsen über Seeschwalben und Mantelmöwen bis zu Seeadlern und Steinwälzern. Wegen dieser einzigartigen Vielfalt wurde Vilsandi schon 1910 zum ersten Vogelschutzgebiet des Baltikums erklärt und 1993 in den Rang eines Nationalparks erhoben. Vom Besucherzentrum aus kann man mit dem Boot zu einer der etwa 150 vorgelagerten Inseln schippern.

ACHTSAME PAUSE

MUHU: PÄDASTE MANOR //
In diesem Herrenhaus aus dem
16. Jahrhundert auf der Insel Muhu
nächtigen Gäste in fürstlichen
Gemächern.   // www.padaste.ee

SAAREMAA: ARENSBURG // Das
stilvolle Boutiquehotel in einem
historischen Gebäude im Zentrum
bietet geräumige Zimmer und einen
schönen Spabereich.
// arensburg.ee/en

KARJA

Die winzige, idyllisch gelegene Kirche war zu Kriegszeiten ein Zufluchtsort für die Bevölkerung und bot später auch Pilgern Obdach. In ihrem Inneren finden sich zahlreiche mittelalterliche Wandmalereien, Pentagramme und Symbole. Die Ursprünge der Kirche gehen wohl auf das 13./14. Jahrhundert zurück.

● HIIUMAA

Der Legende nach lebte hier einst der Riese Leiger mit seiner Frau Tiiu. Daher stammt wohl auch der Name dieser Insel: Hiiumaa. »Hiid« ist das estnische Wort für Riese, »maa« bedeutet Land. Das Land der Riesen. Findlinge aus der letzten Eiszeit liegen überall verstreut, schmelzende Gletscher haben sie zum Vorschein gebracht. Uralte Sagen ranken sich um sie, auch um die ersten schwedischen Siedler, die mit ihrer hünenhaften Größe den estnischen Bewohnern wie Riesen erschienen. Ein gewaltiger Knall hatte das Eiland überhaupt erst entstehen lassen – als ein Meteorit einschlug. Das ist etwa 500 Millionen Jahre her, heute steht die Hauptstadt Kärdla an seinem Kraterrand. Weniger als 4000 Einwohner zählt der Ort, der mit seinen kleinen Holzhäusern und Gärten ziemlich verschlafen wirkt. Die Küste ist felsig, einsam und still. Möwen kreischen, und auch Schwäne, Kraniche und Enten kann man hier beobachten.

LEUCHTTURM KÕPU

Der Leuchtturm von Hiiumaa ist weltweit der drittälteste in Betrieb. Auf der höchsten Erhebung von Hiiumaa wurde er schon im Jahr 1531 errichtet und sein Scheinwerferlicht ist etwa 65 Kilometer weit zu sehen. Der Leuchtturm wurde mehrfach renoviert und erneuert und ist heute öffentlich zugänglich. Von oben genießt man vor allem das herrliche Panorama über die Insel.

Der Leuchtturm von Kõpu ist das Wahrzeichen der Insel Hiiumaa; dass er so markant und widerstandsfähig wirkt, verdankt er mehreren Reparaturarbeiten.

GUTSHOF SUUREMÕISA

Eingebettet in die sattgrüne Natur liegt das Barockschloss Suuremõisa, dessen Ursprünge auf das 18. Jahrhundert zurückgehen. Neben den prunkvoll verzierten Räumlichkeiten gibt es einen kleinen Garten sowie den Schlosspark im englischen Stil zu besichtigen. Blickfang im Inneren des Schlosses bildet zunächst die gigantische Treppe mit der imposanten Balustrade. Im ersten Obergeschoss darf zudem der Große Saal mit kunstvoll ausgestalteter Stuckdecke bestaunt werden. Es werden regelmäßig Führungen angeboten, die auch die Geschichte des Gutshofs beleuchten. Zu erreichen ist das Herrenhaus über eine üppige Allee und beherbergt heute eine Grundschule sowie eine Berufsakademie.

ACHTSAME PAUSE

ESTNISCHE HANDWERKSKUNST KENNENLERNEN // In einem liebevollen Laden auf Muhu kann man estnische Tracht und Handwerkskunst besichtigen und sogar selbst anfertigen. In entspannter Atmosphäre wird gewebt, gestrickt, Seide bemalt, Bekleidung und Teppiche bestickt.

// facebook.com/uhkuasi

● MUHU

Mit rund 200 Quadratkilometern ist Muhu die drittgrößte der estnischen Inseln. Das ruhige, beschauliche Eiland wird dominiert vom Grün dichter Wälder und dicken Moosen. Die unberührte und einsame Landschaft wird nur von idyllischen Gehöften und Gutshäusern unterbrochen. Durch sein sonniges Klima entwickelt sich Muhu zu einer beliebten Ferieninsel, bewahrt sich jedoch trotzdem seine Ursprünglichkeit. Estnische Traditionen sind hier noch lebendig: Die weiblichen Bewohner der Insel fertigen die typisch estnischen Trachten, die Männer verarbeiten die Rohstoffe der Insel wie Stein, Holz und Metall. Neben seinen wunderbaren Handwerksarbeiten ist Muhu berühmt für sein leckeres Roggenbrot.

HISTORISCHES FISCHERDORF KOGUVA

Ruhe pur findet man in den verwinkelten Gassen von Koguva, das jahrzehntelang von seinem freien Status profitierte. Mittelalterliche Anwesen und alte Gehöfte prägen das Bild dieses Dörfchens. Sehenswert ist der Fährhafen, der seit den 1960er-Jahren unter Denkmalschutz steht. Das pittoreske Dorf ist die ehemalige Heimat des estnischen Schriftstellers Juhan Smuul, dem hier ein Denkmal sowie ein Museum gewidmet sind. Im hübschen Hafencafé sitzt man wie in einer großen Wohnküche und genießt die Ruhe und die gemütliche Atmosphäre.

STEILKÜSTE ÜÜGU

Die steile Felsenküste im Norden der Insel fällt bis zu zehn Meter tief ab. Umrahmt von spektakulärer Natur sind zahlreiche Hohlräume und Höhlen zu sehen, die das Meer hier in allerlei Formen und Größen ins Dolomitgestein gegraben hat. Ruhe und Abgeschiedenheit sowie grandiose Ausblicke sind garantiert.

● VORMSI

Die viertgrößte der estnischen Inseln bietet herrliche Ruhe und wird nicht zuletzt wegen ihrer schönen Badeplätze von den estnischen Bewohnern des Festlands gern als Urlaubsziel oder sogar als Zweitwohnsitz genutzt. Am besten lässt sich die Insellandschaft per Fahrrad erkunden. Die gut ausgeschilderten Radwege führen durch grüne Wiesen und vorbei an kleinen Kirchen und imposanten Leuchttürmen.

Links: Auf der Insel Vormsi wissen die estnischen Inselbewohner ihre Naturschätze zu kultivieren. Neben Schafzucht betreiben sie auch Landwirtschaft mit Kartoffeln, Beeren, Pilzen, Honig.

Unten: Auf Muhu lockt von Mai bis September in Kegova ein Freilichtmuseum, in dem auch das ehemalige Haus von Juhan Smuul steht. Beim Besuch fühlt man sich, als hätte jemand die Zeit angehalten.

NOCH MEHR HÖREN!

DEUTSCHLAND
○ AUTOFREIE INSEL SPIEKEROOG

Die kleine Insel Spiekeroog ist autofrei. Autos müssen auf dem Festland zurückbleiben. Das anerkannte Nordseeheilbad steht für Ruhe und Entspannung. Spiekeroog hat einiges zu bieten: zum Beispiel die höchste natürliche Erhebung Ostfrieslands, die 24,10 Meter hohe Weiße Düne und die einzige Pferdebahn Deutschlands, die fahrplanmäßig läuft. Ende des 19. Jahrhunderts ging die von Pferden gezogene Eisenbahn in Betrieb und brachte Touristen vom Ort zum Strand und zurück. Die Tour mit dem nostalgischen Verkehrsmittel dauert zwölf Minuten und führt vom einstigen Bahnhof zum Westend.

MONTENEGRO
○ BUDVA UND PTEROVAC NA MORU
BUDVA

Rote Dächer, mittelalterliche Häuser und davor azurblaues Meer – Budva, insbesondere seine wunderschöne Umgebung mit ihren herrlichen Buchten – präsentiert sich seinen Besuchern als mediterrane Bilderbuchlandschaft. Die Stadt liegt an der Südküste Montenegros und ist mit 2500 Jahren eine der ältesten an der Adria. Ein Erdbeben hat den Ort 1979 ziemlich zerstört, nach dem Wiederaufbau wirkt Budva heute eher wie ein großstädtischer Urlaubsort mit Bars, Cafés, Nachtleben. Lediglich die von einer Stadtmauer umgebene Altstadt Stari Grad auf der Halbinsel, die über einen Damm mit dem Festland verbunden ist, hat noch ihren ursprünglichen Charme und ihre architektonischen Perlen bewahrt.

PTEROVAC NA MORU

Mit seinem langen Sandstrand ist er ein beliebtes Ziel für Badegäste, doch dieser Ort hat auch jenseits des Strandes viel zu bieten. In der kleinen, auf den Felsen gelegenen Altstadt zu spazieren ist ebenso schön, wie eine der vorgelagerten Inseln zu besuchen.

IRLAND
○ GEHEIMNISVOLLES INISHOWEN

Der nördlichste Punkt der Insel Irland ist Malin Head. Er markiert die Spitze der Inishowen Peninsula, der größten irischen Halbinsel. Diese schiebt sich nördlich der Stadt Derry zwischen den Meeresarmen Lough Swilly im Westen und Lough Foyle im Osten in das Meer. Ihr hügeliges Binnenland mit dem rund 600 Meter hohen Slieve Snaght (»Schneeberg«) als höchste Erhebung ist nahezu unbesiedelt; an der Küste reihen sich Fischerdörfchen aneinander. Rund um die Halbinsel verläuft eine etwa 160 Kilometer lange Panoramastraße. Sie beginnt im Osten in Fahan und führt an einem gut erhaltenen Wehrturm aus dem 17. Jahrhundert in Buncrana vorbei in den Norden – nach Carndonagh, wo eines der ältesten Hochkreuze Irlands entdeckt wurde. Ein weiteres Kreuz auf der – an archäologischen Fundstätten aus frühchristlicher Zeit reichen – Halbinsel findet man im Westen in Culdaff.

Strandkörbe sind eine geniale Erfindung, sie schützen vor Wind und Wetter, sodass man wohlbehütet dem Rauschen des Meeres lauschen kann.

Links: Der nördliche Teil der Insel El Hierro hat mit dem Charco Azul eine wunderschöne Badestelle zu bieten, in der sich das Licht der untergehenden Sonne malerisch spiegelt.

Unten: Wer auf Ponza baden will, muss auf Sand verzichten: Das Element dieser Insel ist Stein. Wind und Brandung haben an der Küste imposante Gebilde mit glatten Flächen daraus geformt. Dies zeigt sich an den Steilklippen, an natürlichen Hafenbuchten.

SPANIEN
○ DIE UNBERÜHRTEN KANAREN-INSELN

LA GOMERA

Die kleine wildromantische Insel der Kanaren weist auf engem Raum die unterschiedlichsten Klimazonen auf: im regenreichen Norden die terrassierten Felder der Bauern und den Nationalpark Garajonay mit seinen einzigartigen Lorbeerwäldern, im Süden locken Hotels und Strände.

EL HIERRO

El Hierro, die kleinste und am wenigsten dicht besiedelte Insel der Kanaren, galt schon in der Antike als westlichster Punkt der Alten Welt. Durch einen Vorsprung an der Westküste wurde im Jahr 1634 der Nullmeridian gelegt. (Erst 1884 wurde dieser vom Nullmeridian von Greenwich abgelöst.) Im Zentrum liegt ein Hochplateau mit rund 1500 Aschekegeln, überragt vom 1501 Meter hohen Malpaso. Hier findet man Ruhe und Einsamkeit sowie unverfälschte Natur.

NORWEGEN
○ INSELKETTE VESTERÅLEN

Die Inselkette Vesterålen vor der Küste der norwegischen Provinz Troms erstreckt sich über 150 Kilometer und geht im Süden fast nahtlos in den Lofoten-Archipel über – als Trennungslinie gilt der schmale Raftsund.

Auch landschaftlich ähnelt sie den Lofoten: Fjorde, Meerengen und Buchten, Schären, Flüsse und Seen, Moore, Täler und Hochebenen, »alpin« wirkende Gipfel und Sandstrände wie im Süden.

ITALIEN
○ UNBEKANNTES PONZA

Wie eine ins Wasser gefallene Mondsichel breitet sich diese Insel im Tyrrhenischen Meer aus. Ponza besitzt schöne Strände, türkisblaues Wasser und hat dennoch überraschend wenig

Touristen. Ein kleines Wunder, die Insel ist noch immer vom Massentourismus verschont geblieben. Genau das macht ihren Charme aus. Es gibt Buchten, die aussehen wie riesige Herzen. Zugvögel lieben die Insel als Station auf den Flügen ins Winter- oder Sommerquartier, und Taucher finden in den Gründen des Archipels noch eine Unterwasserwelt, die weitgehend intakt geblieben ist. Also auf nach Ponza, aber pssst – bloß nicht weitersagen!

DÄNEMARK
○ WILDE VULKANINSELN FÄRÖER

Das zerklüftete Land mit seinen malerischen Fjorden und den Unmengen an kleinen und großen Inseln begeistert mit dramatischer Natur, die schöner nicht sein könnte: Die Färöerinseln – 18 kleinere und größere Inseln zählen dazu – sind ein noch weitgehend vom Tourismus verschontes Paradies im Nordatlantik. Sie liegen zwischen Island und Norwegen und gehören zu Dänemark. Ihre Entstehung liegt etwa 60 Millionen Jahre zurück und ist vulkanischen Ursprungs, vorherrschendes Gestein ist Basalt. Der Archipel bildet ein spitz zulaufendes Dreieck, das von Enniberg im Norden bis Sumbiasteinur im Süden 118 Kilometer Länge misst, von Mykinesholmur im Westen bis Fugloy im Osten 75 Kilometer Breite. Kein Ort auf den Faröern ist mehr als fünf Kilometer vom Meer entfernt. Vom höchsten Berg aus, dem Slættaratindur, lässt sich bei guter

Sicht der ganze Archipel überblicken. Das höchste Kliff der Welt ragt hier mit 754 Metern senkrecht aus dem Meer.

SPANIEN
○ MENORCA, KLEINE SCHWESTER VON MALLORCA

Anders als Mallorca oder Ibiza gilt die Insel als Ort der Ruhe und des gemäßigten Tourismus. Besonders Familien mit Kindern, Naturliebhaber und Kulturinteressierte finden hier, was sie suchen: großzügige Hotels, kilometerlange Sandstrände im Süden, Wandermöglichkeiten im Inselinneren und Relikte der Talayotkultur (etwa 1300–100 v. Chr.), die Menorca ebenso wie Mallorca in vorrömischer Zeit prägte. Die »talayots« sind zylinderförmige Steintürme, die eine Höhe von bis zu zehn Metern erreichen können und im Inneren mit Kammern und Korridoren ausgestattet sind. Oft fügen sich mehrere Bauten zu einer Siedlung zusammen – und Torralba d'en Salort ist eine der bekanntesten. Auf Menorca (lateinisch »minor« = die Kleinere), der östlichsten und zugleich nördlichsten Insel der Balearen, findet man drei deutlich voneinander unterscheidbare Regionen vor: Hügeliges Weideland mit grasenden Kühen, knorrigen Olivenbäumen und vereinzelten weiß gekalkten Bauernhäusern prägt die Inselmitte, während wild zerklüftete Schluchten und kilometerlange Sandstrände den Süden bestimmen.

DÄNEMARK

IDYLLISCHES PADDELN UND KAJAKWANDERN

Der landschaftliche Reiz der von wertvoller Flora und Fauna übersäten Gudenå lockt vor allem während der Sommermonate viele Kajakfahrer in die Gegend rund um Horsens. Auf 176 Kilometern komplett durchfahrbar ist diese Region, die als einer der schönsten Naturräume Dänemarks gilt, ein idealer Ort für eine geruhsame Kajakfahrt mit der Familie oder Freunden. Die Strömung ist kaum wahrnehmbar, man kann sich ganz der Stille und den naturnahen Lauten hingeben.

● REISE-INFOS
Wo? Jütland, bei Horsens, Einstieg in Tørring oder Klostermølle
Wie? Tørring ist ab Vejle oder Horsens mit dem Bus erreichbar, Klostermølle per Auto.
Info: www.visitdenmark.de

KAJAKWANDERN IN JÜTLAND
In ihrem Ursprung bildet die Gudenå die Grenze zwischen Süddänemark und Mittel-Jütland, um schließlich auf einer Strecke von 176 Kilometern die malerische Landschaft Jütlands zu durchfließen. Der somit längste Fluss Dänemarks zählt besonders wegen seiner unter Schutz stehenden Flora und Fauna zu den schönsten Gewässern Europas.
Obwohl die Gudenå durch einige Naturschutzgebiete fließt, kann sie komplett durchfahren werden – beliebtestes Fortbewegungsmittel dabei ist das Kajak. Eine Kanufahrt auf der Gudenå gestaltet sich trotz des gemütlichen Fahrtempos nicht langweilig, da es hinter jeder Kurve immer wieder etwas Neues zu entdecken gibt.
Während man sich beispielsweise in Voervadsbro in netten Hofläden mit regionalen Erzeugnissen eindecken kann, lässt sich in Klostermølle eine alte Papierfabrik erkunden. Der Einstieg ist bereits ab Tørring möglich, allerdings wird hierfür eine Genehmigung benötigt und das Anlegen am Ufer gestaltet sich aufgrund der vielen Privatgrundstücke etwas tückisch. Besser ist also der Start ab Klostermølle, da ab hier keine Genehmigung mehr benötigt wird und sich die Uferregion interessanter gestaltet.

Oben: Nur das leise Plätschern der Paddel und vereinzelte Vogelrufe sind zu hören – eine Kajaktour gleicht einer meditativen Entspannungsübung.

Links: Paddeln macht glücklich – die Nähe zum Wasser und zur Natur inspiriert die Sinne, Alltagsstress kann einfach abperlen.

ACHTSAME PAUSE

ANGELN AUF DER GUDENÅ // Auf einer Strecke von sieben Kilometern kann auf der fischreichen Gudenå von der Randersbrücke nach Frisenvold jedermann angeln. Einen internationalen Angelschein benötigt man dafür nicht, aber einen gültigen nationalen Schein. Dieser kann online erworben werden. Bei dem hohen Vorkommen an Lachsen, Bach- und Meeresforellen, die hier laichen, ist Angelerfolg garantiert. // www. fisketegn. fiskeristyrelsen.dk

● HORSENS

Horsens ist zugleich der Name für eine dänische Hafenstadt an der Ostküste Jütlands und für die Kommune der Region Midtjylland, in der sich die Stadt befindet. Sehenswürdigkeiten gibt es viele. Angefangen in der Stadt selbst, ist der Besuch des Dänischen Industriemuseums auf dem Gelände eines ehemaligen Elektrizitäts- und Gaswerks empfehlenswert, das eindrucksvoll über das Leben in der Industrie- und Wohlstandsgesellschaft erzählt. Weitere interessante Museen sind das Horsens Kunstmuseum oder das FÆNGSLET – einst das Staatsgefängnis Dänemarks, heute das größte Gefängnismuseum Europas.

Richtet man den Blick auf die restlichen Teile der Kommune, fallen einem weitere sehenswerte Attraktionen ins Auge: Wer sich für verlassene Orte interessiert, sollte sich den ehemaligen Flugplatz Rye ansehen, der inmitten von Heidekraut, Büschen und Gras auch heute noch Spuren des Zweiten Weltkrieges zeigt. Während das Freilichtmuseum Glud Einblicke in die dörfliche Geschichte der Region vor 350 Jahren gibt, gehen die Funde des Tremhøj-

Ein gelungener Mix aus historischen wie modernen Bauten, gewürzt mit viel maritimem Flair – so zeigt sich die Hafensilhouette Holsens.

Museum mit Hünengräbern und einstigen Siedlungsplätzen bis in die Frühzeit zurück.

● INSELHOPPING

Das Meeresgebiet vor Horsens wartet mit einigen naturbelassenen Inseln auf, die mit dem Schiff schnell zu erreichen sind. Während Alrø im Horsens-Fjord neben seiner schönen Natur kulinarisch mit fantastischen Pasteten mit Hühnerragout besticht, begeistert Endelave mit seiner Wildkaninchen- und Robbenpopulation. Samsø im Kattegat ist zum einen bekannt dafür, dass hier die Sonne am häufigsten in ganz Dänemark scheint und zum anderen für die Fülle an Gemüsesorten, die hier gedeihen. Ob man die Eilande nun in einem Tag abklappert oder sich etwas mehr Zeit lässt und in einem der zahllosen liebevoll eingerichteten B&Bs der Inseln übernachtet, ist jedem selbst überlassen.

Die abwechslungsreiche Uferlandschaft aus hohen Bäumen, seichten Stränden oder dichtem Gras eröffnet zahlreiche Gelegenheiten, um anzulegen und die Natur zu genießen.

● KALVESTENENE AUF HJARNØ

Hauptattraktion der Insel Hjarnø im Horsens-Fjord ist die Schiffssetzung Kalvestenene, eine in der Form eines Bootes angelegte Steinsetzung, in der mächtige Männer und Frauen begraben wurden, die von circa 600 bis 900 n. Chr. über die Insel geherrscht hat-ten. Obwohl heute von den einst 20 Steinen nur noch die Hälfte steht, ist die Schiffssetzung eine beeindruckende Sehenswürdigkeit.

● LEUCHTTURM TRÆSKOHAGE

Vom 13 Meter hohen Leuchtturm Træskohage aus, der 1904 von Vejle Havn gebaut und 2017 renoviert wurde, eröffnet sich ein atemberaubender Ausblick über den schroffen Fjord von Vejle.

● ULDUM KÆR

Das Sumpf- und Feuchtgebiet an der Gudenå beheimatet eine vielfältige Pflanzen- und Tierwelt, von denen einige Arten sehr selten und sogar bedroht sind wie das Breitblättrige Knabenkraut und die Trollblume wie auch der Moorfrosch oder der Wassersalamander. Aus diesem Grund wurde Uldum Kær zum Schutzgebiet ernannt.

● NATURZENTRUM TØNBALLE

Mitten in einem Gebiet aus Standwiesen, Naturwald und Grasarealen informiert das Wissens- und Erlebniszentrum Tønballe Naturcenter in einem denkmalgeschützten Gebäude unter anderem über die Herrenhöfe, Schanzen und die spezielle Geologie der Gegend.

NOCH MEHR HÖREN!

MALTA

⬡ MIT DEM KANU VOR DER INSEL GOZO KREUZEN

Es scheint, als würde das Kanu schweben. Das Wasser ist so klar, dass man die Fische in Schwärmen unter sich sieht. Eine Kanutour entlang Gozos Küste gehört zu den Dingen, die man unbedingt auf der Insel unternommen haben sollte.

Anbieter finden sich etwa in Qala direkt am Hafen. Die Touren sind unterschiedlich lang und können auch von Anfängern bewältigt werden.

KROATIEN

⬡ MIT DEM KAJAK NEBEN DELFINEN PADDELN

Insbesondere die Westküste ist perfekt geeignet für kürzere oder längere Kajaktouren. Nicht nur lassen sich die kleinen Fischerdörfer oder einsamen Buchten vom Meer aus zum Teil viel besser erreichen und erkunden, mit etwas Glück kreuzt man auch die Wege von verspielten Delfinen, die hier ihr Revier haben.

⬡ MIT DEM KAJAK ÜBER DIE SEEN VON MLJET

Hin und wieder fällt ein Tropfen von den ruhenden Paddeln in den See. Sonst ist es still. Gemächlich treibt das Kajak auf dem salzigen Wasser, denn die beiden Binnenseen der Insel stehen mit dem Meer in Verbindung. Sehr intensiv können Naturerfahrungen im Kajak auf Mljet sein. Die langsame Fortbewegungsart erlaubt immer wieder Momente tiefster Ruhe inmitten einer intakten Natur.

DEUTSCHLAND

⬡ KANUFAHREN AUF DER LAHN

Der rechte Nebenfluss des Rheins ist für Erholungsuchende und aktive Sportler wie Flusswanderfreunde ein Reise- und Freizeitparadies ersten Ranges. Eine einzigartige Naturlandschaft, mittelalterliche Fachwerkstädte, Schlösser und Burgen bieten Romantik pur. Auf ihrem ereignisreichen Lauf windet sich der Strom durch wildromantische Landschaften in Deutschlands grüner Mitte.

Das romantische Lahntal in Mittelhessen bietet einer artenreichen Flora und Fauna geeigneten Lebensraum. Auf ihren knapp 250 Kilometern Länge fließt die Lahn aber nicht nur durch unberührte Natur, sondern passiert unterwegs Städte wie Marburg, Gießen oder die Domstadt Limburg, bis sie sich schließlich bei Lahnstein mit Väterchen Rhein vermählt.

Kajak oder Kanu – den Unterschied weißt du? Beim Kajak verwendet man ein doppelseitiges Paddel (unten), mit dem man rechts und links ins Wasser taucht. Beim Kanu gibt es Paddel mit nur einer Schaufel, die man wechselseitig neben das Boot ins Wasser sticht.

DEUTSCHLAND
⬡ PADDELN DURCH DEN GRÜNEN SPREEWALD

Wie ein Labyrinth aus Wasser durchziehen Flüsse und Gräben den Spreewald und bilden gemeinsam die größte zusammenhängende Lagunenlandschaft Europas. Paddelbegeisterte kommen auf einer der 55 Paddeltouren in der Region voll auf ihre Kosten. Wer Entspannung sucht, ist hier nämlich genau richtig: Ab ins Boot, raus aufs Wasser und die Ruhe genießen. Wenn die wunderschöne, üppig grüne Landschaft langsam vorbeigleitet, lösen sich Gedanken an den Alltag schnell in Luft auf. Der Spreewald verfügt über ein weit verzweigtes Netz aus Wasserstraßen. Dass Berlin nur rund eine Autostunde entfernt liegt, mag man kaum glauben inmitten der herrlichen Natur, in der die Zeit stehen geblieben zu sein scheint. Die typischen Holzhäuser und Ortschaften entlang des Wassers erinnern an früher und sind zum Teil bis heute nur auf dem Wasserweg erreichbar.

SLOWENIEN
⬡ PADDELPARADIES SOČA-TAL

Die Soča ist einer der schönsten Flüsse nicht nur Sloweniens, sondern der ganzen Alpen. Unter ihrem italienischen Namen Isonzo steht sie vor allem für die sinnlosen Schlachten des Ersten Weltkriegs, die auch Ernest Heming-way beschrieb; im Städtchen Kobarid gibt es dazu ein sehenswertes kleines Museum. Ansonsten ist die Soča aber bei Naturliebhabern beliebt und bei Paddlern geradezu legendär. Nirgendwo sonst findet man einen so schönen und noch weitgehend naturnahen Fluss, der zudem fast alle Schwierigkeitsgrade bereithält. Das Wasser der Soča ist extrem klar, weil es von einer Karstquelle gespeist wird, und meist tiefgrün bis türkis schimmert. Konkurrenz macht ihr nur der kleine Bach Lepenjica.

Oben: Im idyllischen Spreewald leuchten die Laubbäume mit den Algen im Fluss in den schönsten Grüntönen.

Unten: Kunstvoll schlängelt sich der Lepenjica mit seinem schillernden Wasser über Stufen, Kaskaden und Gumpen durch Sloweniens wildromantische Landschaft.

AUF DEM WASSER IN DEN SCHLAF SCHAUKELN

Bei dieser Reise auf dem Hausboot heißt es nach dem Check-in »Schiff ahoi!« und man gleitet mit dem glückseligen Wissen, die Geborgenheit eines ganzen Hauses dabeizuhaben, über das ruhige Wasser der Schlei. Kochen, schlafen, ankern, sonnenbaden und die Freiheit gratis im Gepäck – so müssen sich wohl ein Herr der sieben Meere und die Göttin der Seefahrt fühlen. Am schönsten ist das Einschlafen beim leisen Glucksen des Wassers.

● REISE-INFOS

Wo? Auf der Schlei zwischen Ostsee und Schleswig
Wie? www.ostseefjordschlei.de
Info: www.schlei-hausboot.de

HAUSBOOT AUF DER SCHLEI

Über gut 40 Kilometer erstreckt sich die Schlei zwischen der Stadt Schleswig und der Ostsee. Manchmal wirkt sie wie ein See, dann wieder wird sie schmal wie ein Fluss. In Wahrheit handelt es sich um einen Meeresarm, der in der Eiszeit durch abfließendes Schmelzwasser geformt wurde. Gefüllt ist die Schlei mit Brackwasser, dessen Salzgehalt von Osten nach Westen stetig abnimmt.

Diese Vielseitigkeit bildet eine ideale Fläche für eine spannende Tour mit dem Hausboot. Man wähnt sich auf einer fernen Abenteuerreise, wenn man am Steuerrad steht und den frischen Fahrtwind um die Nase bekommt. Das Hausboot kann man an verschiedenen Stellen im Naturpark Schlei mieten, Voraussetzung ist ein »Sportbootführerschein See«.

● SCHLESWIG

Im Jahr 804 wurde der Ort an der Schlei erstmals erwähnt, 1200 – damals noch Sliaswic – zur Stadt erhoben. Durch zahlreiche Eingemeindungen entstand 1711 das heutige Schleswig. Der gotische Dom St. Petri (12.–15. Jahrhundert) ist ein prunkvolles Gotteshaus mit einem 112 Meter hohen Turm. Beachtlich sind das Marmorgrabmal des Dänenkönigs Friedrich I. und der von Hans Brüggemann geschnitzte über

zwölf Meter hohe Altar mit seinen 392 Figuren. Im Stadtteil Friedrichsberg liegt das Renaissance- und Barockschloss Gottorf, das 1544 bis 1713 Residenz der Herzöge von Schleswig-Holstein-Gottorf war.

● SCHLOSS GOTTORF

Das Schloss sollte auf keinen Fall ausgelassen werden, schließlich zählt es zu den bedeutendsten weltlichen Bauwerken Schleswig-Holsteins. Allein die Baugeschichte ist bemerkenswert, denn es wurde von einer mittelalterlichen Festung in ein Renaissanceschloss umgewandelt und hat heute ein barockes Antlitz bekommen. Der fantastische Neuwerkgarten gehört zu den ersten barocken Terrassengärten Nordeuropas. Daneben sollte man sich aber auch für die anderen Sehenswürdigkeiten von Schleswig Zeit nehmen: den St.-Petri-Dom, das Graukloster oder das St.-Johannis-Kloster.

Links: Unterwegs zu Hause – das Versprechen eines Hausbootes an Freizeitkapitäne lautet Freiheit und großes Glück!

Rechts: Der Bordesholmer Altar ist das Herzstück des Schleswiger Doms und zeigt eine kunstvolle Darstellung der christlichen Menschheitsgeschichte.

● WIKINGERMUSEUM HAITHABU

Als 1979 bei archäologischen Untersuchungen in der Schlei ein hölzernes Wrack entdeckt wurde, war die Sensation perfekt: ein Drachenboot in der Wikingerstadt Haithabu! Heute ist das 30 Meter lange Haithabu-Schiff das Prunkstück des Wikinger-Museums in Haddeby bei Schleswig. Kaum ein anderer Ort präsentiert den Alltag und die Geschichte der Wikinger so lebendig wie das 1985 eröffnete Wikingermuseum Haithabu vor den Toren Schleswigs. Das Museum, das ein Teil der Stiftung Schleswig-Holsteinische Landesmuseen Schloss Gottorf ist, befasst sich mit Archäologie und Geschichte des Siedlungsplatzes und einstigen Hafenortes Haithabu zur Wikingerzeit. Ausgrabungen auf dem Areal begannen um 1900, seit 2018 gehört die Stätte zum UNESCO-Weltkulturerbe.

● RENDSBURG STADTERKUNDUNG AUF DER BLAUEN ROUTE

Wer keine Sehenswürdigkeit von Rendsburg verpassen möchte, folgt der blauen Linie auf dem Pflaster durch die Stadt. Insgesamt passiert man damit auf über drei Kilometer Strecke rund 30 Denkmäler, Gebäude und Kultureinrichtungen. Die Altstadt mit ihren bunten Häusern am Wasser bezaubert jeden Besucher. Im Gegensatz zur Nostalgie beeindruckt aber auch Technik am Ort, denn eine Rolltreppe bringt den Gast von beiden Uferseiten jeweils 20 Meter unter die Erde und führt zu einer geheimnisvollen Passage unter dem Nord-Ostsee-Kanal. Das futuristisch anmutende Erlebnis sollte man nicht verpassen.

● NORD-OSTSEE-KANAL

Jährlich befahren rund 50 000 Schiffe die künstliche Wasserstraße zwischen Brunsbüttel und Kieler Förde. Schon die Wikinger kannten eine Verbindung – allerdings mussten sie ihre Drachenboote noch mehrere Kilometer über Land schleppen. Ab 1784 schloss der Schleswig-Holstein-Kanal diese Lücke. Als dieser zu eng wurde, hoben 9000 Arbeiter in nur acht Jahren den Kaiser-Wilhelm-Kanal aus. Allerdings lagen die Kosten wesentlich höher als geplant. Militärische Erwägungen hatten das Mammutprojekt beschleunigt: Die neue deutsche Flotte sollte sowohl in der Ost- als auch in der Nordsee komplett zum Einsatz kommen können. Die heute Nord-Ostsee-Kanal genannte internationale Wasserstraße erspart rund 740 Kilometer Seeweg um die dänische Halbinsel herum und beschert verblüffende Perspektiven mit Ozeanriesen inmitten grüner Uferumrandungen. Manche Fährleute befördern Reisende auch mal kostenfrei, und diverse Sport- und Kulturevents entlang des Kanals machen die Strecke zu einem beliebten Ferienziel und Ausflugsgebiet.

● ECKERNFÖRDE

1288 erhielt die kleine Siedlung in der Ostseebucht das Stadtrecht. Im Laufe der Jahrhunderte wurde Eckernförde zunächst Hafen- und Handels-, später dann Garnisonsstadt. Heute ist sie als Ostseebad und Herkunftsort der Kieler Sprotten bekannt, der goldgelb geräucherten Heringsfische. Sehenswert ist die gotische Backsteinkirche St. Nikolai (13. Jahrhundert) am Kirchplatz.

NOCH MEHR HÖREN!

DEUTSCHLAND
○ HAUSBOOT FAHREN AUF DER MÜRITZ ODER DER HAVEL

Mit dem Hausboot auf einem Fluss oder See dahinzuschippern, ist die Entdeckung der Langsamkeit! In Brandenburg geht das sogar ohne Bootsführerschein. Auf einer Bootsreise über die Mecklenburger Seenplatte, das Fürstenberger Seenland oder die Ruppiner Gewässer gibt es so viele sehenswerte Buchten, Strände und Ortschaften zu entdecken. Hier zählt es nicht, Strecke zu machen, sondern zu genießen. Diese Hausboote sind meist einfach zu manövrieren und durch ihre kleinen Motoren sparsam im Verbrauch, denn gefahren wird nur in Schrittgeschwindigkeit.

SCHWEDEN
○ ANKERN AUF DER M/S MONIKA IN STOCKHOLM

Am Ufer des Karlbergssjön, gerade einmal fünf Kilometer vom Stockholmer Schloss entfernt, ist das Hotel M/S Monika der perfekte Ausgangspunkt für einen Stadturlaub in Stockholm. Die gemütlichen Zimmer auf dem umgebauten Segelschiff bieten einen herrlichen Ruhepol. Sie sind in maritimem Stil eingerichtet, einige von ihnen haben Etagenbetten oder ein ausziehbares Sofa. An Deck stehen Sonnenliegen zum Relaxen zur Verfügung.

DEUTSCHLAND
○ CHARMANTE SCHIFFSPENSION LUISE IN POTSDAM

Einmal Kapitän sein, ohne einen Bootsführerschein machen zu müssen, kann man in der Schiffspension Luise – wenn auch nur mal für eine Nacht. Fest vertäut liegt das Schiff im Tiefensee und freut sich über diese besondere Art der »Wiederverwendung«, nachdem es seit 1907 viele Jahre als Lastkahn dienen durfte. Neben den Doppelbettkajüten bietet die Kapitänskajüte etwas mehr Raum und Komfort.

○ KAJÜTEN MIT KOMFORT AUF DER CAP SAN DIEGO

Wo könnte man in Hamburg stilechter übernachten als an Bord eines Schiffes im Hafen? Die Cap San Diego ist vieles: Museumsschiff, maritimes Denkmal und schwimmendes Hotel gleichzeitig. Sie liegt an der Überseebrücke und die neun Passagierkabinen auf dem ehemaligen Südamerikafrachter wurden für Übernachtungen liebevoll restauriert.

Es verströmt den Charme der Abenteuerreisen von Tom Sawyer und Huckleberry Finn: Mit dem »schwimmenden Ferienhäuschen« über Müritz und Havel schippern.

SILENTIUM – AUSZEIT IM KLOSTER

Karl der Große soll es einst gestiftet haben: Das Kloster St. Johann im schönen Val Müstair kann auf eine reiche Geschichte zurückblicken. In dem von der UNESCO zum Weltkulturerbe erhobenen Konvent sitzen Benediktinerinnen zum Gebet unter kostbaren Freskenzyklen aus karolingischer Zeit. Bis heute leben sie nach der berühmten Regel »ora et labora«, bete und arbeite. Sie öffnen die Klosterpforten gerne, um Gäste am klösterlichen Leben teilhaben zu lassen.

● **REISE-INFOS**
Wo? Südöstlicher Zipfel der Schweiz
Wie? www.val-muestair.ch
Info: www.muestair.ch

KLOSTEREINKEHR IN ST. JOHANN IN MÜSTAIR

Interessierte Besucher, die auf der Suche nach Stille und Auszeit vom hektischen Alltag sind, können sich im angeschlossenen Gästehaus einquartieren und den Ort der Stille für ein paar Tage genießen oder auch eine Meditationswoche buchen. An den Stundengebeten der Schwestern teilzunehmen, ist dann ebenso möglich, wie sich Zeit zu nehmen, um ganz in Stille zu sich zu kommen. Auch erweiterte Programme wie Fasten- und Exerzitienkurse sowie Helferwochen für die Kräuterwerkstatt werden angeboten.

Sich für eine Zeit von der Welt abschotten und ganz in sich kehren können Gäste auch im zum Kloster gehörigen Maiensäss Ruinatscha, einem etwas oberhalb des Klosters auf der anderen Seite des Tals gelegenen Gästehaus, das in ein früheres Leben entführt, ohne Strom oder fließend Warmwasser.

KLOSTER UND KLOSTERKIRCHE

Das Kloster St. Johann wurde im späten 8. Jahrhundert gegründet. Der Bischof von Chur soll es eingerichtet haben. Historiker gehen davon aus, dass Karl der Große es als Dank für sein Überleben bei einem Schneesturm gestiftet hat. Das Kloster wurde in seiner Geschichte nie vollständig zerstört, Bauelemente aus dem 8., 10. und 11. Jahrhundert prägen es bis heute. Außerdem blieb das Kloster in der Vergangenheit nie unbewohnt. Ursprünglich ein Männerkloster, ist es seit dem 12. Jahrhundert ein Konvent für Benediktinerinnen.

Hervorzuheben sind auch die Fresken, die das Kloster schmücken Die Geschichte um König David wurde dort in einem der wertvollsten und ältesten Freskenzyklen des frühen Mittelalters festgehalten, der sich heute im Schweizerischen Landesmuseum in Zürich befindet. Bis heute schmücken vor allem Einzelszenen aus der Bibel die Wände und Apsiden der Klosterkirche. Außerdem betört die Stucksskulptur Karls des Großen, des Stifters des Klosters.

Links: »Ora et labora« – der benediktinische Geist ist im Klosteralltag der Schwestern von Müstair allgegenwärtig. Die Klosterkirche wurde mit karolingischen Fresken verziert.

Rechts: Das Kloster St. Johann wurde im Jahr 1983 in die Liste des UNESCO-Weltkulturerbes aufgenommen. Es bildet eine Heimat für die Benediktinerinnen von Müstair.

HEILIGKREUZKAPELLE

Im Schatten des großen Kirchturms würde man sie fast übersehen, die kleine Kapelle, deren Türmchen nicht einmal die Höhe der Traufe des angrenzenden, neuen Kirchengebäudes erreicht. Doch wie so oft ist es auch hier ein eher unauffälliges Bauwerk, das große Schätze bewahrt. Die Kapelle von Müstair zählt zu den ältesten ihrer Art im gesamten Alpenraum. Sie wird auf das späte 8. Jahrhundert datiert und die Fresken, die man dort freigelegt hat, zählen zu den ältesten ihrer Art.

KLOSTERGARTEN UND -LADEN

Besonders schön ist der Klostergarten mit dem angeschlossenen Klosterlädchen, der zu Austausch und Nachdenken einlädt und in dem es allerlei von den Schwestern hergestellte Produkte zu kaufen gibt, darunter Kräutertees, Liköre, Kräutersalz, Seifen und Tinkturen, aber auch handgefertigte Karten und Rosenkränze.

● VAL MÜSTAIR

Die Biosfera Val Müstair, so der offizielle Name, bildet gemeinsam mit dem Schweizerischen Nationalpark das erste hochalpine UNESCO-Biosphärenreservat der Schweiz. Hier produzieren 80 Prozent der lokalen Landwirte rein biologisch. Es gibt typische Bündner Dörfer, eine einmalige Kultur- und Naturlandschaft und eine der letzten Handwebereien der Schweiz. Vielseitige Lebensräume bieten hervorragende Bedingungen für Wildtiere.

● SCHWEIZERISCHER NATIONALPARK

Der 1914 gegründete und damit älteste Nationalpark der Alpen umfasst 170 Quadratkilometer. Der Nationalpark wird völlig sich selbst überlassen, damit er eines Tages so aussieht wie die Alpen vor der Besiedelung durch den Menschen. Zwar ist er ein beliebtes Wandergebiet, doch darf man dort weder die markierten Wege verlassen noch im Park übernachten oder ihn in irgendeiner Weise bewirtschaften.

● NATIONALPARK STILFSER JOCH

Gämsen grasen, Murmeltiere pfeifen, Bäche rauschen, Alpenrosen leuchten: Willkommen in einem der größten Nationalparks Europas,

Die länderübergreifende Sesvennagruppe liegt zum größten Teil im Schweizerischen Nationalpark. Wanderer können hier oft lange Strecken gehen, ohne auf andere Menschen zu treffen.

dem 1307 Quadratkilometer großen und bereits 1935 gegründeten Nationalpark Stilfser Joch. Der Adler, sein Wahrzeichen, kreist hier über vier Provinzen, von denen eine Südtirol ist. Aus dem Trentino wanderte der Bär wieder ein, und wegen der von ihm erlegten Schafe fluchen die Hirten in den Provinzen von Sondrio und Brescia.

● STILFSER JOCH PANORAMASTRASSE

Sie gilt als »Königin der Passstraßen« und ist nicht nur für Autofahrer und Motorradfans ein Erlebnis: Mit ihren 49,24 Kilometern windet sich die Stilfser Joch Passstraße in engen Haarnadelkurven den Berg hinauf. Zwischen den Kurven beruhigen spektakuläre Ausblicke, etwa wenn sich das Ortler-Massiv im Süden zeigt. Bis auf 2700 Meter Höhe führt die Serpentinenstraße die Menschen in die Berge, in denen oftmals ein gewaltiger Temperaturunterschied herrscht, so kommt

der Niederschlag im Sommer oft noch als Schnee herunter. Dass die Kehren derart lang sind, begründet sich historisch – erbaut wurde die Passstraße 1820 von Ingenieur Carlo Donegani für Pferdefuhrwerke. Damals gehört die Lombardei noch zum österreichischen Kaiserreich und sollte auf diese Weise angeschlossen werden.

● STIFT MARIENBERG

Sehenswert sind die romanischen Kirchen von Mals, dem Hauptort, und Burgeis an oder, erhabener oben am Berghang, die Krypta der Abtei Marienberg. Von hier aus übten die Priester einst ihren Einfluss über das rätische Tal aus. Von der Höhe herab kann man heute noch einen einzigartigen Landstrich überblicken: von der Etschquelle am Pass über den Reschenstausee und die Malser Haide das Haupttal hinab nach Meran bis hinauf zu den weiß funkelnden Gletschern des Ortler.

Oben: Auf 1350 Meter liegt das höchstgelegene Kloster Europas, das Benediktinerkloster Marienberg. Gäste sind hier willkommen, im Museum, im Shop oder auch als Übernachtungsgast.

Rechts: Von den hoch gelegenen Talböden im Vinschgau bis auf den Gipfel des Ortlers weist der Nationalpark Stilfser Joch alle alpinen Klimazonen auf.

Im Kräutergarten des Klosters St. Johann werden allerlei Gewürz- und Heilkräuter angepflanzt. Gäste erfahren hier manch Wissenswertes zu den Eigenschaften der Kräuterpflanzen und können in der Kräuterei bei der Verarbeitung helfen.

NOCH MEHR HÖREN!

SPANIEN
⬡ BESUCH DES KLOSTERS LLUC AUF MALLORCA

Das Kloster Lluc in der Serra de Tramuntana gilt als spirituelles Zentrum der Insel. Mönche wohnen nur noch wenige dort, aber die Brüder vom Orden des Heiligen Herzens beherbergen Besucher auch über Nacht in den ehemaligen Zellen – vor allem wenn die Teilnehmer der traditionellen Wallfahrt am ersten Samstag im August hier ankommen. Ziel der Verehrung ist die schwarze Madonna.

KROATIEN
⬡ INSELKLOSTER AUF RAB BESUCHEN

Etwas sakrale Luft schnuppern und sich dabei Kunstwerke ansehen kann man im St.-Euphemia-Kloster. Besonders hervorzuheben ist die hölzerne bemalte Decke, aber auch die wertvollen Inkunabeln der Klosterbibliothek.

GRIECHENLAND, TÜRKEI
⬡ AUF ZYPERN IM KLOSTERHOF SITZEN UND STILL WERDEN

Die winzige steinerne Klosteranlage Ágios Ioannis Lampadistis in den Tróodos-Bergen strahlt so viel Ruhe aus, dass sich ein Besuch auch ohne die wunderschönen byzantinischen Fresken lohnen würde, die im Inneren des Klosterkirchenkomplexes erhalten sind und zum UNESCO-Weltkulturerbe gehören.

GRIECHENLAND
⬡ NUR FÜR MÄNNER – MÖNCHS-REPUBLIK ATHOS

Bereits in byzantinischer Zeit lebten fromme Männer auf dem Athos, dem östlichen Finger der Chalkidiki. Sie kamen als Verfolgte im Bilderstreit und siedelten in Höhlen des steilen, an seinem höchsten Punkt bis 2000 Meter aufragenden Athos-Massivs. 963 gründete Athanasios Athonites dann an dessen Südostspitze ein erstes Kloster. Das küstennahe Megisti Lavra zählt heute, mit den 19 weiteren Großklöstern des »Heiligen Bergs Athos« zum Welterbe der UNESCO. Bis zu drei Tagen nehmen sie Pilger und (eine geringe Zahl ausländischer) Gäste kostenlos oder gegen Küchenhelferdienste auf. Für Frauen ist die orthodoxe Mönchsrepublik allerdings nach wie vor tabu.

Oben: Das Inselkloster auf Rab birgt viele Schätze. Neben der Ausstellung des verstorbenen Mönchs Janež Ambrož Teste zu seinen expressionistischen Werken, gibt es auch eine Bibliothek mit wertvollen Schriften.

Unten: In dem Dorf Kalopanagiotis auf Zypern lockt das Kloster Ioannis Lampadistis mit seinen kunstvollen Wandmalereien.

DEUTSCHLAND
○ KLOSTER ARENBERG BEI KOBLENZ

Kaum ein Kloster verwöhnt seine Gäste so wie die Dominikanerinnen von Arenberg. Der Klosteralltag ist darauf ausgerichtet, Stress zu lindern und bei der Alltagsbewältigung zu helfen. Sauna, Schwimmbad und Massagen dienen der körperlichen Entspannung, spirituelle Impulse erhält man in Gottesdiensten und im Stundengebet oder durch individuelle Gespräche. Darüber hinaus gibt es in Park und Bibliothek, Kreativwerkstatt oder Meditationsraum viele Möglichkeiten, Muße zu finden. Eine besondere Gelegenheit für Ruhesuchende sind die Tage der Stille mit einem reichen Meditationsprogramm.

Aber auch zu anderen Zeiten sind individuelle Tage der inneren Einkehr möglich. Schweigend essen, der klösterlichen Musik lauschen, in den Ruheräumen oder im Park verweilen, Gefühle zulassen und in sich hineinhorchen. Manchmal muss man gar nicht ans andere Ende der Welt fahren, um Neues zu erleben.

DEUTSCHLAND
○ KLOSTER BERNRIED

Die Benediktinerinnen in Bernried sind Profis für Gruppen-Bildungsprozesse. Keine Selbstverständlichkeit, immerhin bieten viele Klöster mittlerweile ein buntes Gemisch von Kursen an, zwischen Wellness, Ökologie, Spiritualität, Lifestyle und christlichem Glauben, ausgelagert an externe Referenten. Im Bildungshaus St. Martin in Bernried treten die Nonnen auch selbst als Referentinnen in Erscheinung. Sie sind ausgebildete Mediatorinnen, geistliche Begleiterinnen oder haben eine TZI-Ausbildung durchlaufen. Hinter TZI verbirgt sich ein zertifiziertes Programm zur themenzentrierten Arbeit mit Gruppen. Fast alles findet in und durch Gruppen statt im Jahresverlauf, sachkundig begleitet von den Trägerinnen der Klostergemeinschaft Bernried. Gäste sind herzlich eingeladen, die Gebetszeiten wahrzunehmen, vom Morgenlob um 6.30 Uhr über das Mittagsgebet um 12 Uhr bis zum Abendlob um 17.30 Uhr.

Kann es eine schönere Lage für innere Einkehr und Schnupperkurse für stille Auszeiten geben? Kloster Bernried liegt am Ufer des Starnberger Sees.

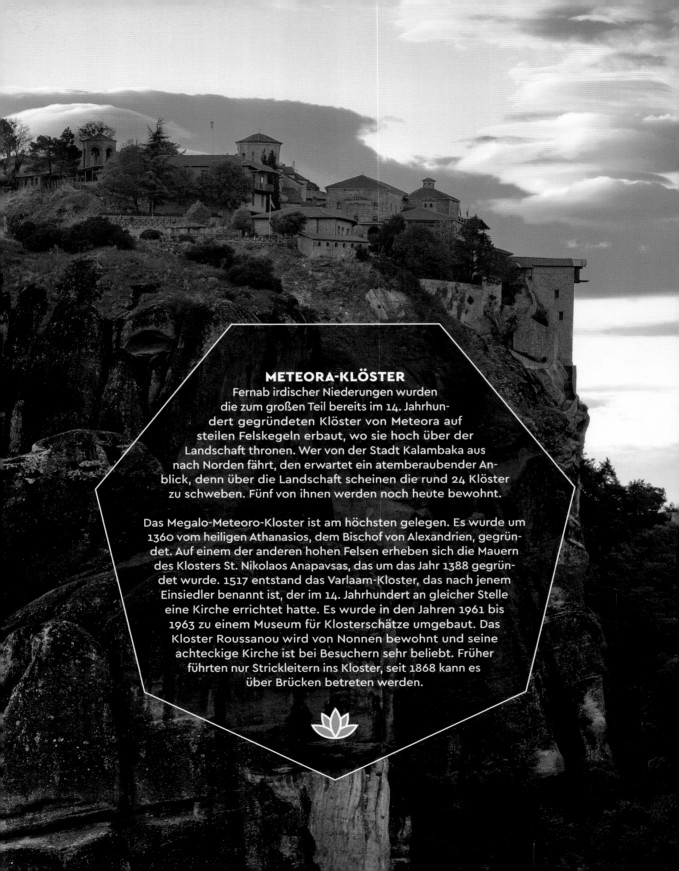

METEORA-KLÖSTER

Fernab irdischer Niederungen wurden
die zum großen Teil bereits im 14. Jahrhundert gegründeten Klöster von Meteora auf
steilen Felskegeln erbaut, wo sie hoch über der
Landschaft thronen. Wer von der Stadt Kalambaka aus
nach Norden fährt, den erwartet ein atemberaubender Anblick, denn über die Landschaft scheinen die rund 24 Klöster
zu schweben. Fünf von ihnen werden noch heute bewohnt.

Das Megalo-Meteoro-Kloster ist am höchsten gelegen. Es wurde um
1360 vom heiligen Athanasios, dem Bischof von Alexandrien, gegründet. Auf einem der anderen hohen Felsen erheben sich die Mauern
des Klosters St. Nikolaos Anapavsas, das um das Jahr 1388 gegründet wurde. 1517 entstand das Varlaam-Kloster, das nach jenem
Einsiedler benannt ist, der im 14. Jahrhundert an gleicher Stelle
eine Kirche errichtet hatte. Es wurde in den Jahren 1961 bis
1963 zu einem Museum für Klosterschätze umgebaut. Das
Kloster Roussanou wird von Nonnen bewohnt und seine
achteckige Kirche ist bei Besuchern sehr beliebt. Früher
führten nur Strickleitern ins Kloster, seit 1868 kann es
über Brücken betreten werden.

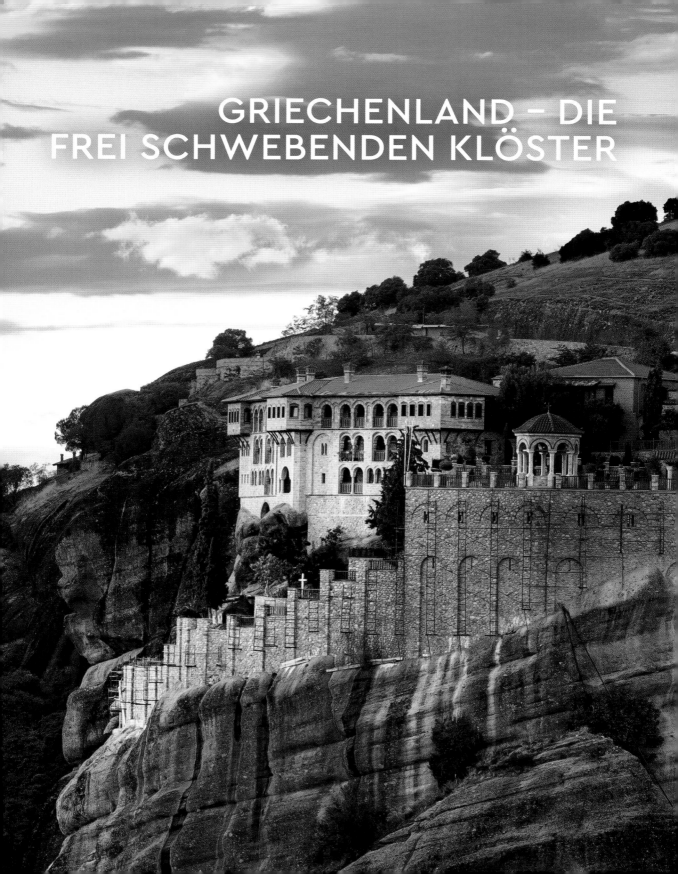

GRIECHENLAND – DIE FREI SCHWEBENDEN KLÖSTER

SLOWAKEI
IN HÖHLEN ABTAUCHEN

Spektakuläre Karstformationen wie kegelförmige Berge, vertikale Schlünde und grün schimmernde Seen prägen den Slowakischen Karst. Mit ihren über 1000 Höhlen gehört die von Eichen, Buchen und Fichten bewaldete Region seit 1995 zum UNESCO-Welterbe. Es ist ein Abenteuer, das man mit fachkundiger Führung nutzen kann, um das Innere unserer Erde zu erkunden, fernab von Straßen- und Verkehrslärm.

Oben: Ein Lehrpfad durch die Zádielska tiesňava zeigt den Besuchern sowohl den Bodenteil als auch die oberen felsigen Ränder des Plateaus, von wo aus sich spektakuläre Ausblicke bieten.

Links: Bei einer Führung ins Erdinnere kann man sich auf den Augenblick konzentrieren und den ungewohnten Geräuschen Gehör schenken, so wie hier in der Gombeseker-Höhle.

● REISE-INFOS
Wo? Im Osten der Slowakei
Wie? Nationalparkverwaltung ist in Brzotín
Info: www.slovakia.travel.de

HÖHLENREICH SLOWAKISCHER KARST
Der Nationalpark Slowakischer Karst schützt das größte Karstgebiet Mitteleuropas und ist bekannt für seine zahlreichen Felsformationen, Höhlen, Schluchten und Schlünde. Auf seinem Gebiet befinden sich mehr als 1000 Höhlen. Einige davon gehören zu dem grenzübergreifenden UNESCO-Weltnaturerbe »Höhlen im Aggteleker und Slowakischen Karst«, darunter die Silická ľadnica (Eishöhle von Silica), die als die tiefstgelegene Eishöhle in der gemäßigten klimatischen Zone gilt. Aber auch oberirdisch hat der Nationalpark einiges zu bieten: So kann man durch ruhige, ausgedehnte Eichen- und Fichtenwälder spazieren,

und mit etwas Glück sieht man dabei vielleicht den einen oder anderen Kaiser- oder Schlangenadler in den Lüften eindrucksvoll seine Kreise ziehen. Am Boden sind dagegen Luchse, Braunbären, Wildschweine, Dachse, Füchse und Wölfe anzutreffen.

● KLAMM ZÁDIELSKA TIESŇAVA
Der bekannteste und wohl auch meistbesuchte Ort im Slowakischen Karst ist die eindrucksvolle Schlucht Zádielska tiesňava. Die mehr als zwei Kilometer lange und bis zu 300 Meter tiefe Klamm zählt zu den schönsten Tälern Mitteleuropas. Infolge der extrem ausgehöhlten Form kommt es in ihr zu einer mikroklimatischen Inversion, weshalb unten im Tal vor allem Pflanzen wachsen, die kühlere und feuchtere Biotope bevorzugen, während auf den trockenen und verhältnismäßig warmen oberen Abschnitten der Felshänge Pflanzen gedeihen, die Wärme und Trockenheit suchen.

Bergbaumuseum. Das historische Stadtzentrum rund um den quadratischen Marktplatz ist gut erhalten, viele Kaufmannshäuser stammen aus dem 18. und 19. Jahrhundert, als die 20 000-Seelen-Gemeinde vom florierenden Handel profitierte. Herzstück sind die spätgotische und später barockisierte Kathedrale Mariä Himmelfahrt, der Stadtturm von 1654 und die bald darauf geweihte Jesuitenkirche.

● KOŠICE

Die mit knapp einer Viertelmillion Einwohner zweitgrößte Stadt der Slowakei ist das Zentrum der Ostkarpaten. Das frühere Kaschau liegt am Hornád-Fluss und ist seit dem Mittelalter ein wichtiges Handelszentrum. Bis 1918 gehörte die Stadt zu Österreich-Ungarn. Ganzer Stolz ist der im 14. Jahrhundert errichtete fünfschiffige Dom der heiligen Elisabeth und zugleich größtes Gotteshaus der Slowakei. Die prächtigen Bürgerhäuser und Palais entlang der Hauptstraße (Hlavná ulica) bilden eine architektonische Einheit und künden vom frühen Reichtum. An die große jüdische Gemeinde bis zum Zweiten Weltkrieg wiederum erinnern die beiden Synagogen.

Košice beeindruckt durch seine historische Architektur. Den besten Blick über die Stadt bietet der Dom der heiligen Elisabeth, immerhin ist er die höchste Kirche des Landes.

● GOMBESEKER HÖHLE

Die Gombasecká jaskyňa (Gombeseker Höhle) ist berühmt für ihre schneeweißen, außergewöhnlich dünnen Tropfsteine, die bis zu drei Meter lang sind und einen scharfen Kontrast zur rostroten Höhlenwand bilden. Außerdem befinden sich in der Höhle mehrere Säle; jeder davon zeichnet sich durch eine andere Besonderheit aus.

● DOMICA-HÖHLE

Die Jaskyňa Domica ist eine der bekanntesten zu besichtigenden Höhlen in der Slowakei – und sicher auch eine der schönsten. Die mehr als fünf Kilometer lange Höhle ist mit der ungarischen Aggtelek-Tropfsteinhöhle verbunden; zusammen bilden die beiden ein gewaltiges Höhlensystem mit spektakulären Tropfsteinformationen und riesigen unterirdischen Hallen.

● ROŽŇAVA

Das einstige Rosenau liegt in einem Tal am Fluss Slaná und ist Ausgangspunkt für den Besuch des Nationalparks Slowakischer Karst. In seiner 700-jährigen Geschichte hat sich Rožňava zu einem wichtigen Bergbauzentrum entwickelt. Vor allem im Mittelalter wurden hauptsächlich Gold, Silber und Eisenerz gewonnen. Daran erinnert heute noch das

In der Domica-Höhle wechseln sich Stalaktiten (von oben herabhängend) mit den Stalagmiten (von unten aufragend) ab und bilden zusammen eine fantastische Kulisse.

NOCH MEHR HÖREN!

ISLAND
⬡ GLETSCHERHÖHLEN ERFORSCHEN

Im Südosten Islands ist ganz schön was los. Es knarzt das Eis, es schießt der Dampf und zwischen Bergriesen schiebt sich mit dem Vatnajökull Europas größter Gletscher. Er ist Namensgeber des Vatnajökull-Nationalparks, der fast die Größe Schleswig-Holstein erreicht und eine Ansammlung von Naturwundern ist. Im Nationalpark formen Gletscher und Vulkane eine einzigartige Eiswelt. Dazu zählen auch unterirdische Höhlensysteme. Besonders viel Action liefert der Kverkfjöll-Vulkan, der genügend Energie für heiße Quellen erzeugt. Diese wiederum speisen einen Heißwasserfluss, der sich unter dem Gletschereis seinen Weg bahnt und dabei Höhlen bildet, um dann irgendwann dampfend unter dem Eis hervorzuschießen. Diese Eishöhlen durchziehen den Gletscher wie Adern und können den Durchmesser von Autobahntunneln erreichen.

ÖSTERREICH
⬡ EISRIESENWELT SALZBURGER-LAND

Unmittelbar hinter dem Pass Lueg, der ersten sanften Hürde auf dem Weg durch das Salzachtal Richtung Süden, weist ein Schild den Weg zur Eisriesenwelt. Hinter dem zauberhaften Namen verbirgt sich eine echte Sensation: die weltweit größte Eishöhle – ein über 47 Kilometer langes, auf rund 30 000 Quadratmetern mit einer Eisglasur überzogenes unterirdisches Labyrinth.

Wer dieses Naturwunder sehen will, der muss zunächst eine kleine Wanderung vom Parkplatz aus unternehmen; dann geht es ein Stück mit Österreichs steilster Seilbahn und abermals 15 Minuten zu Fuß weiter. Dann beginnt eine 75-minütige geführte Wanderung durch gigantische, von buntem Magnesiumlicht angestrahlte Felsdome und -hallen, vorbei an glitzernden Eisseen und funkelnden gefrorenen Wasserfällen.

Eintauchen, lauschen und staunen: In der österreichischen Eisriesenwelt kann man sich wieder einmal demütig von der Schaffenskraft der Natur überraschen lassen.

DEUTSCHLAND
⬡ GROTTEN IM SAUERLAND

Kaiserhalle, Palmengrotte, Gemüsegarten – vollmundig klingen die Namen der Grotten in der Dechenhöhle im nördlichen Sauerland. Und doch versprechen sie nicht zu viel, das eindrucksvolle Naturdenkmal, 1868 von Eisenbahnarbeitern zufällig entdeckt, zählt zu den schönsten Tropfsteinhöhlen Deutschlands und dient seither vorrangig der Höhlenforschung. Doch natürlich sind auch Besucher in dieser unterirdischen Wunderwelt im Kalkgestein des Grüner Tals stets willkommen.

Die Gesamtlänge der Höhle beträgt knapp 900 Meter, von denen 400 Meter zu besichtigen sind. Die Führung geht vorbei an Stalagmiten, Stalaktiten, Kristallen in klaren Wasserbassins, Tropfsteinsäulen und -kaskaden. In der Kaiserhalle bietet die imposante Tropfsteinformation des »Tropfsteinkaisers« einen einzigartigen Anblick.

⬡ SAALFELDER FEENGROTTEN

In eine magische Welt versetzt fühlt man sich in den Saalfelder Feengrotten – ein wahrlich passender Name für die laut Guinness-Buch der Rekorde farbenprächtigsten Tropfsteinhöhlen der Welt! Die sagenhafte Märchenwelt wurde 1910 in einem alten Bergwerk entdeckt, in dem man einst silurischen Alaun- und Kieselschiefer abbaute. Der Mineralreichtum des Gesteins hat hier zauberhafte Farben hervorgebracht, die eindrucksvoll von der Oberfläche eines künstlich entstandenen Sees reflektiert werden. Wer die funkelnden Farben abseits der Führung auf sich wirken lassen möchte, findet im Heilstollen in einem Arm des Labyrinths Gelegenheit dazu. Warm eingepackt und gemütlich im Liegestuhl genießt man hier zwei Stunden lang die Stille, während man tief entspannt die gesunde ionisierte Luft einatmet. .

PORTUGAL
⬡ ALGAR DE CARVÃO

»Kohlenschlot« heißt das eigentümliche Naturphänomen im Herzen der Insel Terceira. Dabei handelt es sich um ein 100 Meter langes Tunnelsystem im Inneren eines erloschenen Vulkans. Besonders eindrucksvoll: das von Moos, Flechten und Farnen bewachsene schwarze Magmagestein am Rand des wie ein Trichter geformten Eingangs. In 90 Meter Tiefe hat sich ein See mit Grundwasser gebildet, eingerahmt von bizarr geformten Tropfsteinformationen. Rundherum erstreckt sich eine fruchtbare Hochebene, mit dunklen Wäldern, Tümpeln, Seen und atemberaubenden Ausblicken auf das Meer.

Links: In der Dechenhöhle in Iserlohn-Letmathe werden die eindrucksvollen Tropfsteinformationen wirkungsvoll illuminiert.

Oben: Die
unterirdischen
Hohlräume der
Saalfelder Feen-
grotten sind eine
Zufallsentdeckung.

Rechts: Die Coves
de Campanet
beherbergen
verschiedene Stollen
und Säle, die so
passende Namen
haben wie
»Romantischer
Saal« oder
»Wohlklingender
Wasserfall«.

50 Metern Tiefe liegende Höhlensystem, in dem konstante 18 Grad herrschen, dauert höchstens eine Dreiviertelstunde.

FRANKREICH
○ KREATIV SEIN IN DEN GROTTEN VON CERDON

Im quartiären Eiszeitalter durch unterirdische Flüsse geschaffen, dienten die Höhlen einst Menschen als Unterschlupf, wie Funde von Werkzeugen und Knochen aus der Jungsteinzeit zeigen. Besucher können die Höhlen von innen erkunden und im Anschluss daran das Leben der Steinzeitmenschen nachempfinden, indem sie selbst töpfern oder Feuer machen – und zwar ohne Streichholz.

ITALIEN
○ GROTTEN VON FRASASSI

Im Jahr 1948 entdeckte eine Höhlenforschungsgruppe dieses Naturwunder; am 1. September 1974 konnten erstmals Besucher die Grotta Grande del Vento besichtigen. Heute zählen die Grotten zu den schönsten Höhlen Europas, wenn nicht sogar der Welt. 30 Kilometer lang ist das Netzwerk der miteinander verbundenen Höhlen; sie sind geschätzte 1,4 Millionen Jahre alt.

KROATIEN
○ BAREDINE-TROPFSTEINHÖHLE

Die Tropfsteinhöhle liegt in der Nähe von Poreč. Sie zählt zu den typischen Phänomenen dieser Karstlandschaft, bei der an der Erdoberfläche wenig darauf hinweist, dass sich im Untergrund große Hohlräume und von der Kraft des Wassers mit faszinierenden Skulpturen geschmückte Höhlensysteme verbergen. Ein Einsturztrichter, auch dies ein typisches Karstphänomen, führt hinunter in das Reich der Stalaktiten und Stalagmiten. Auf einer Wendeltreppe steigt man in dem Erdspalt hinunter und wird im Inneren überwältigt von der Vielfalt und Schönheit der Tropfsteine. Die Baredine-Grotte wurde eigens für die Besichtigung von Besuchern instand gesetzt.

SPANIEN
○ COVES DE CAMPANET AUF MALLORCA

Die Höhlen von Campanet sind die kleinsten der fünf Tropfsteinhöhlen Mallorcas, aber wegen ihrer pastellfarbenen, filigranen Stalaktiten und Stalagmiten und ihrer intimen Atmosphäre auch die schönsten. Sie befinden sich in der Nähe des verträumten Dorfes Campanet, an den südlichen Hängen der Serra de Tramuntana. Der Spaziergang durch das in rund

SERBIEN

KLEINEN, FEINEN KONZERTEN LAUSCHEN

Als Hauptstadt der Provinz Vojvodina und als zweitgrößte Stadt Serbiens hat Novi Sad seinen Besuchern einiges zu bieten. Nicht umsonst ist Novi Sad zur europäischen Kulturhauptstadt 2021 ernannt worden. Mehr als 200 Festivals finden hier alljährlich statt. Ein musikalisches Juwel bilden dabei die klassischen Konzerte, die regelmäßig in der Synagoge stattfinden. Die Atmosphäre in dem Gotteshaus ist einzigartig.

● REISE-INFOS
Wo? Im nördlichen Serbien
Wie? Flug nach Belgrad, dann mit Bus oder Auto weiter
Info: www.serbia.travel/de

Oben: Seit 1991 steht die Synagoge von Novi Sad unter Denkmalschutz. Ihr Gebäude vereint verschiedene Baustile auf kunstvolle Weise.

Links: Synagogen dienen überwiegend nicht nur den Gottesdiensten und werden oft für kulturelle und gemeinschaftliche Anlässe genutzt.

SYNAGOGE VON NOVI SAD
Erbaut wurde das jüdische Gotteshaus zwischen 1906 und 1909 unter der Leitung des ungarisch-jüdischen Architekten Lipót Baumhorn. Damals zählte die Gemeinde rund 4000 Mitglieder, Ende des Zweiten Weltkrieges waren es weniger als 1000.
Viele der Überlebenden des Holocausts flüchteten nach Israel. Heute gibt es wieder eine jüdische Gemeinde in der Stadt, die ihre Synagoge kulturellen Veranstaltungen zur Verfügung stellt. Besucher können auch an einer Führung teilnehmen.

ACHTSAME PAUSE

TAMBURICA-FESTIVAL // Jährlich im September findet in Novi Sad das Tamburica-Festival mit traditioneller Musik und Instrumenten statt. Tamburas sind südslawische Zupfinstrumente, die Stimmung auf den Konzerten ist sehr harmonisch.

● ALTSTADT UND TRG SLOBODE

Die Donaustraße und die Zmaj Jovina prägen den historischen Stadtkern. Am besten schlendert man gemächlich durch die pittoresken bunten Altstadtgassen und entdeckt die vielen kleinen Läden, Bars und Cafés. Der zentrale Platz der Stadt, Trg Slobode, wird von der Kathedrale dominiert. Direkt gegenüber liegt das Rathaus (1895) im Neorenaissancestil. Eine Statue des Freiheitskämpfers Svetozar Miletić (1826–1901) und ehemaligen Bürgermeisters der Stadt, steht in der Mitte.

● PETROVARADIN

Den Ortsteil Petrovaradin erreicht man über eine Brücke über die Donau. Bereits von Weitem erkennbar ist die gleichnamige Festung, die zu ihrer Blütezeit die größte Europas war. Heute sind in den alten Mauern, die unter den Kriegsangriffen des vergangenen Jahrhunderts gelitten haben, Galerien, Restaurants und Museen untergebracht. Die Festung ist auch Austragungsort des Musikfestivals »EXIT«.

● DUNAVSKA

Sie ist eine der ältesten Straßen von Novi Sad und gleichzeitig eine der beliebtesten Einkaufsstraßen. In vielen der eingeschossigen, schmucken Häuschen haben sich Läden und Restaurants niedergelassen. Hier befinden sich außerdem die Stadtbibliothek, das älteste Haus der Stadt (Kodbelog lava) aus dem 18. Jahrhundert, ein Museum mit Werken europäischer Künstler vom 15. bis ins 20. Jahrhundert sowie das Vojvodina-Museum (Kunst- und Naturkunde).

● DUNAVSKI-PARK

Der Donaupark ist die grüne Lunge der Stadt. 1895 gegründet, gedeihen heute über 750 Bäume hier, darunter 100 Jahre alte Eichen und Kastanien. In der wärmeren Jahreszeit ist der Park Schauplatz zahlreicher Festivals und Konzerte, im Winter wird das Ledena šuma, ein Winterfestival, hier ausgetragen.

Links: Das besondere Merkmal an der ockerfarbenen Kathedrale sind ihre bunten Ziegel des spitzen Kirchturms. Das Gotteshaus ist im Stil der Neogotik renoviert worden.

Unten: Nicht nur in kultureller Hinsicht lohnt sich die Reise nach Novi Sad, auch Ausflüge in die Natur wie etwa in den Nationalpark Fruška Gora bieten sich an. Die Stadt selbst verfügt ebenfalls über einige grüne Oasen wie den Dunavski-Park, auch als Donaustrand bekannt.

NOCH MEHR HÖREN!

KROATIEN
○ ARCHITEKTURSTREICH MEERES-ORGEL AUF ZADAR

In Zadar sind zwei der berühmtesten Kunstwerke Kroatiens zu bestaunen: die Meeresorgel und der »Gruß an die Sonne«. Ersteres hat sich fast zum Wahrzeichen der Stadt gemausert. In den Steinstufen am Ende der Uferpromenade befindet sich ein Orgelsystem. Wind und Wellen pressen Luft durch die Orgelpfeifen und es entsteht sanft-rhythmische Meeresmusik. Nikola Bašič gestaltete das besondere Instrument im Rahmen des Projekts »nova riva«, das die nach den Zerstörungen im Zweiten Weltkrieg errichtete Betonpromenade ästhetisch aufwerten sollte.

NIEDERLANDE
○ HISTORISCHE MUSIKAUTOMATEN IN UTRECHT

Für Livemusik benötigt man ein Orchester? Oder zumindest eine Band? Falsch gedacht! Auch Automaten können hervorragende Klänge fabrizieren. Wer jetzt allerdings an die moderne Technik mit Bluetoothboxen und Co. denkt, liegt falsch. Denn im Museum Speelklok geben weitaus ältere Musikautomaten den Ton an: Ihren Ursprung haben sie bereits in den Kirchturm-Glockenspielen des 16. Jahrhunderts. Ausgestellt sind Straßendrehorgeln, Spieluhren und -dosen, Orchestrien (komplett automatisch spielende Orchester) andere Musikautomaten der Vorzeit.

TSCHECHISCHE REPUBLIK
○ KONZERTE IN DER GROSSEN SYNAGOGE VON PILSEN

In Pilsen steht seit 1893 die drittgrößte Synagoge Europas. Durch die auffällige Farbe von Portal und den beiden Türmen ist sie schon von Weitem unverkennbar. Als sie im maurisch-romanischen Stil erbaut wurde, hatte Pilsen noch eine große jüdische Gemeinde, doch heute leben nur noch wenige Juden in Pilsen.

In den 1990er-Jahren wurde die Synagoge aufwendig renoviert und dient Konzerten und Veranstaltungen als Bühne.

POLEN
○ ORGELKONZERT IN POSEN

Als der beste europäische Orgelbaumeister seines Jahrhunderts wird Friedrich Ladegast aus Weißenfels oft bezeichnet. Ein prächtiges Exemplar aus seinen Händen befindet sich in der Fara-Kirche Posens. Wenn sich die Möglichkeit bietet, sollte man hier unbedingt einem der oft kostenlosen Orgelkonzerte lauschen.

GRIECHENLAND
○ LEIERMUSIK LAUSCHEN AUF KRETA

Ein Lyra-Konzert gehört auf jeden Fall zu Kretas Kulturschätzen. Das Zupfinstrument wird von örtlichen Musikern noch immer gern gespielt. Konzerte gibt es fast überall zu finden. Im Bergdorf Zarós werden die Instrumente noch hergestellt. Der Musikverein zur traditionellen griechischen Musik in Heraklion ist erste Anlaufstelle für alle Interessenten.

Aufgepasst und Ohren gespitzt! Das liebevoll geführte Museum Speelklok in Utrecht präsentiert Musikautomaten aus alter Zeit.

Was für ein Blickfang, aber vielmehr noch was für ein einmaliger Duft! Die Provence bildet zur Lavendelblüte einen Festrausch für die Sinne.

RIECHEN

Das Atmen gehört zu den selbstverständlichsten Vorgängen in unser aller Leben. Doch was für eine betörende Beigabe ist die Fähigkeit, auch Gerüche und Düfte wahrzunehmen. Schnuppern wir mal in die nächsten Reiseziele.

WALD TUT SO GUT

Eintauchen in das schimmernde Grün des Waldes, still werden, hinhören, Kleinigkeiten wahrnehmen, die aromatischen Düfte der Bäume einatmen – geeignete Wälder gibt es in Deutschland genug, um den Wald mit allen Sinnen zu erleben und vollkommen zur Ruhe zu kommen. Dass ein Ausflug in die Natur eine heilende Wirkung haben kann, weiß man schon lange. Und auch der Trend des »Waldbadens«, einer Mischung aus Waldspaziergang und Meditation erfreut sich bei uns immer größerer Beliebtheit. Ob Laubwald, Mischwald oder Nadelwald – Wälder eignen sich perfekt zum Regenerieren.

● REISE-INFOS
Wo? Im malerischen Pfaffenwinkel von Oberbayern
Wie? Von München aus auf der B2 nach Weilheim bis Abzweig Paterzell
Info: www.wessobrunn.de und www.landgasthof-eibenwald.de

PATERZELLER EIBENWALD
Mit über 2000 teils sehr alten Eiben bildet der Paterzeller Eibenwald einen der größten zusammenhängenden Bestände des Baums in Bayern. Der eindrucksvolle Eibenwald liegt in der Nähe von Wessobrunn, südöstlich des Ammersees. Er war bis ins Jahr 1803 im Besitz des hiesigen Klosters Wessobrunn.
In Paterzell fällt es nicht schwer herauszufinden, was Eiben so eindrucksvoll macht. Hier findet man knorrige Stämme in allen Varianten. Sie werden als urwüchsig oder gern auch als »wie aus dem Märchenwald« beschrieben. Einzelne Stämme der Eibe können miteinander verwachsen und sich zu sogenannten Komplexstämmen vereinen.

EIBENPFAD
Eine Wanderung auf dem gut markierten Eibenpfad lohnt zu jeder Jahreszeit – selbst an einem kalten, nebligen Novembertag. Die mystische Wirkung von den knorrigen Bäumen kommt so noch mehr zur Geltung. Der einen Kilometer lange Weg ist mit Informationstafeln versehen und führt zu den markanten Punkten des Waldes. Ausgangspunkt ist der Parkplatz beim Gasthof Eibenwald in Paterzell.

● KLOSTER WESSOBRUNN
Im Jahr 817 wird das Kloster erstmals urkundlich erwähnt, seitdem hat es eine bewegte Geschichte hinter sich. Heute ist das mit prachtvollem Stuck erhaltene Kloster der Firmensitz eines Naturkosmetikunternehmens, dessen Ziel es war, dem Klostergarten mit dem biologisch geprüften Heilpflanzenanbau wieder seine alte Bestimmung zu geben.
Angeboten werden Seminare, etwa zum Thema »Natürliches Färben mit Pflanzen aus dem Klostergarten« oder »Bienengemäße Imkerei«. Der Klosterladen bietet Heilkräuterkerzen, Bioseifen und Likör an.

Rechts: Die Benediktiner nutzten das Holz der Eibe, etwa für die Decke des Theatersaals im Kloster Wessobrunn.

Tief durchatmen kann man bei einem Spaziergang durch den Paterzeller Eibenwald, um die frische Waldluft in sich aufzunehmen. Europäische Eiben können einen beachtlichen Umfang erreichen.

● STEINGADEN

Als »Bilderbuch der Kunstgeschichte« gilt die ehemalige Klosterkirche, und wirklich finden sich hier von Romanik über Gotik und Renaissance bis zu Frühbarock und Rokoko alle Stile in Harmonie vereint. Steingaden (gegründet 1147) zählt zu den ältesten Prämonstratenserklöstern Altbayerns und ist eine Keimzelle des Pfaffenwinkels; von hier aus erfolgte auch die Gründung der Wieskirche.

ACHTSAME PAUSE

WAS IST WALDBADEN? // Zum Waldbaden benötigt man keinen Moorsee oder sonst ein Gewässer, es geht vielmehr darum, den Wald mit allen Sinnen zu erleben, in die Natur einzutauchen und dabei vollkommen zur Ruhe zu kommen. Der Trend stammt aus Japan, wird dort »Shinrin Yoku« genannt und soll gegen Stress und sogar Burn-out helfen.

● SCHONGAU

An der alten Handelsstraße Via Claudia Augusta gelegen, erlebte das Pfaffenwinkel-Städtchen im 17. und 18. Jahrhundert seine wirtschaftliche Blütezeit. Aus dieser Ära stammt der barocke Neubau der Pfarrkirche Mariä Himmelfahrt, an dessen Bau Dominikus Zimmermann und Franz Xaver Schmuzer sowie der Stuckateur Matthäus Günther maßgeblich beteiligt waren. Damit steht hier eine von den zahlreichen Kirchen und Klöstern, die der Region Pfaffenwinkel ursprünglich zu seinem Namen verhalfen.

● WIESKIRCHE

Zu den Meisterwerken der bayerischen Rokokoarchitektur gehört die Wallfahrtskirche »Zum gegeißelten Heiland auf der Wies«, die seit 1983 UNESCO-Weltkulturerbe ist. Das Gotteshaus ist einem wundersamen Vorfall geweiht: Mönche des unweit gelegenen Klosters Steingaden fertigten für die Karfreitagsprozession 1730 ein Christusbild, das auf einem Bauernhof nahe eines Weilers aufgestellt wurde. Im Jahr 1738 soll dieses Bildnis auf einmal begonnen haben, Tränen zu vergießen. Da die Verehrung des »Tränenwunders« ständig zunahm, beauftragte der Abt den Baumeister Dominikus Zimmermann, »auf der Wies« eine Wallfahrtskirche zu errichten. Dieser zog viele Künstler seiner Zeit hinzu – darunter seinen Bruder Johann Baptist, der die Gestaltung des Innenraums übernahm.

NOCH MEHR RIECHEN!

Unter den Bäumen des Zauberwalds dominiert die Fichte. Das ist auf eine Besonderheit zurückzuführen: Der Zauberwald liegt eigentlich auf Höhe der Buchenwaldzone. Da sich jedoch zwischen den großen Bergsturzblöcken kalte Luft ansammelt und einen Eiskellereffekt bewirkt, würde die Buche hier »kalte Füße« bekommen, die Fichte dagegen kommt damit zurecht.

KROATIEN
⬡ WALDWANDERN AUF RAB

Rund zwei Drittel der Insel sind von Wald bedeckt, Grund genug, ihn zu erkunden! Ganz besonders eignet sich dafür die Halbinsel Kalifront, hier ist der Wald unter Naturschutz gestellt, Wanderer sind herzlich willkommen.

DEUTSCHLAND
⬡ BERCHTESGADENER ZAUBERWALD

Was diesen Wald so besonders macht, sind nicht nur seine Bäume, sondern auch der Untergrund. Der Zauberwald bei Ramsau im Berchtesgadener Land fußt auf einem Bergsturzgelände. Tausende teils riesenhafte Felsen schaffen die Grundlage für eine märchenhaft romantische Kulisse.

Das Geotop entstand vor etwa 3500 Jahren durch einen gigantischen Bergsturz. Dabei brachen vom oberhalb befindlichen Hochkastermassiv rund 15 Millionen Kubikmeter Fels ab und polterten mehr als 1000 Meter tief zu Tal. Alles Leben in diesem Bereich wurde ausgelöscht. Vermutlich blieb kein einziger Baum stehen. Die Ramsauer Ache staute sich auf und bildete den Hintersee. Es dauerte viele Jahrzehnte, bis sich auf den Bergsturzfelsen Flechten und Moose ansiedelten, die erste dünne Humusschicht entstand und schließlich wieder Bäume in der Gegend gediehen. Der Verschönerungsverein Ramsau legte 1896 einen Fußweg an, und zwischen 1920 und 1930 tauchte erstmals der Name »Zauberwald« auf. Unlängst verlieh ihm das Bayerische Landesamt für Umwelt das Gütesiegel »Bayerns schönste Geotope«.

GRIECHENLAND
⬡ DUFTENDE KIEFERNWÄLDER AUF IKARIA

Ein Spaziergang durch die duftenden Wälder von Armenistis ist eine wunderbare Abwechslung zum Strandleben. Allein den Duft einzuatmen, den die schattenspendenden Kiefern verströmen, ist etwas, was es so nur im Süden gibt. Am besten die deutschsprachige Wanderkarte schnappen, die auf der Insel erhältlich ist, und sich auf den Weg machen. Er führt in das Bergdorf Christos Raxes, auch Raches genannt. Die Häuser liegen geduckt in der Natur, aus Tradition gut versteckt, wie es einst die Piratenhäuser gewesen sein mussten. Besonders lieblich ist Raches um die Mittagszeit.

DEN WALD MIT ALLEN SINNEN ERFAHREN – SO GEHT ES!

Durch eine bewusste Begegnung mit der Natur, können wir neue Kraft für den Alltag schöpfen. Wer am Wochenende gerne raus in die Natur fährt, holt sich damit einen regelmäßigen Energietank, mit dem man für die als Nächstes anstehenden Aufgaben besser gewappnet ist. Noch nachhaltiger sind längere Reisen, auf denen wir uns die Zeit nehmen können, die Sinne zu entfalten.

Beim tiefen und ruhigen Atmen werden die Düfte des Waldes wahrgenommen. Wer im Wald unterwegs ist, sollte ab und zu stehen bleiben und die Augen schließen – die Geräusche des Waldes sind vielfältiger als gedacht und lassen einen die Ruhe des Waldes erst so richtig erleben. Durch Erfühlen von Rinde, Blättern und Moos kommt man in direkten Kontakt mit der Schönheit der Natur, die so auf einen selbst übergeht.

REISEN ZUR BLÜTEZEIT

An der Wende vom 19. zum 20. Jahrhundert mussten auf ganz Mallorca Mandeln den Ertrag der Weinreben ersetzen, weil die Reblaus diesem Wirtschaftszweig den Garaus gemacht hatte. Die mallorquinischen Mandeln sind heute bekannt dafür, besonders aromatisch zu sein. Beinahe flächendeckend stehen im Januar rund einen Monat lang etwa 60 000 Hektar Land in Blüte.

Mallorcas idyllisches Hinterland beeindruckt mit pittoresken Dörfern wie Valldemossa und Fornalutx, die sich in die anmutigen Gebirgs-züge der Tramuntana malerisch einfügen.

Jedes Jahr von Januar bis Mitte März werden diese Landstriche durch die blühenden Mandelbäume ver-zaubert. Wer den Duft mit nach Hause nehmen möchte, kauft sich das Parfüm »Flor d'Ametler«.

● REISE-INFOS

Wo? Auf der beliebtesten Baleareninsel
Wie? Flug nach Palma, dann 30 Kilometer mit Mietauto ins Tramuntana-Gebirge
Info: www.mallorca.com

MANDELBLÜTE AUF MALLORCA

Als hätte es Wattebäusche geschneit, so wirkt die Landschaft – das neue Jahr beginnt jung-fräulich in Weiß-Rosa. Doch nicht nur gepflanzte, auch wild wachsende Exemplare knorriger oder junger Mandelbäume am Wegesrand oder rund um die verstreuten Höfe bieten ein winterlich-duftiges Schauspiel.

Die Mandelblüte ist einer der sinnlichen und spirituellen Höhepunkte in Mallorcas Jahres-lauf – die blühenden Bäume setzen einen neu-en Farbton in die Landschaft: Gemeinsam mit dem zarten Grün des Grases und dem leuch-tenden Gelb des überall wuchernden Sau-erklees bilden die zart rosafarbenen und wei-ßen Blüten eine süßlich duftende Augenweide. Schon ab Mitte Februar beginnen die ersten Blättchen zu fallen, abhängig von der Höhen-lage und den Sonnenstunden, denen ein Baum ausgesetzt ist. Im Tramuntana-Gebirge blüht es oft bis Mitte März noch. Böige Westwinde wirbeln Millionen Blütenblättchen durch die Luft. Ein rauschhaftes Fest für die Sinne.

ACHTSAME PAUSE

DIE HEILIGE CATALINA // Das Geburtshaus der heiligen Catalina liegt an der Carrer de la Rectoria in Valldemossa. Hier wurde der ersten und einzigen Heiligen Mallorcas ein Altar gewidmet. Viele der Hauswände in Valdemossa sind mit farbigen Keramikkacheln geschmückt, die Szenen aus ihrem Leben zeigen.

Links: Catalina Thomàs wurde am 1. Mai 1531 in Valldemossa geboren, wo noch heute ihr Geburtshaus steht. Die Keramikkacheln mit ihrem Abbild sind allenthalben im Ort an den Häuser zu bewundern.

Unten: Auf der zentralen Plaça de la Constitució in Sóller wird samstags der Wochenmarkt mit frischen regionalen Produkten abgehalten.

Stadt der Kunst mit großzügigen Museen und Namen wie Miró, Dalí, Tàpies, Saura oder Barceló. Und nicht zuletzt kilometerlange Strände und unzählige Kneipen, Bars und Cafés jeder Preisklasse.

● PALMA

Palma, die glänzende Perle des Mittelmeers, hat viele Gesichter: die quirlige Großstadt, die selten schläft, mit angesagten Diskotheken, hervorragenden Restaurants, eleganten und hippen Boutiquen und nicht zuletzt dem Flughafen der Insel. Die Altstadt mit tropisch-floralen Jugendstilfassaden und restaurierten Adelspalästen, in deren Innenhöfen die Zeit stehen zu bleiben scheint, mit der Kathedrale La Seu, die sie wie eine Glucke bewacht. Die

● TRAMUNTANA-GEBIRGE

Die Serra de Tramuntana steigt bis zu einer Höhe von rund 1445 Metern und ihre Hänge fallen steil hinab ins Mittelmeer. Der Puig Major ist der höchste Gipfel. Hier ist Mallorca sehr ursprünglich. Mitte des 19. Jahrhunderts ließ sich der exzentrische Erzherzog Ludwig Salvator nieder und hinterließ detaillierte Aufzeichnungen über Geografie, Flora und Fauna der Tramuntana. Das Gebirge zeichnet sich durch seine unberührte wilde Berglandschaft aus. Im Winter können manche Höhen sogar von einer leichten Schneeschicht bedeckt sein.

● VALLDEMOSSA

Die schöne Lage und das vor allem im Sommer angenehme Klima in der Umgebung von Valldemossa war schon für die Mauren Grund genug, hier im 11. Jahrhundert einen Sommerpalast zu errichten. Ein Kachelboden und eine Kassettendecke sind Zeugen dieser Zeit. Zweihundert Jahre später ließ König Jaume II. das Gebäude für seinen Sohn, den späteren König Sanç, der an Asthma litt, umbauen. Doch einer seiner Nachfolger König Martin schenkte den Palast 1399 den Kartäusermönchen. Wäh-

rend der Säkularisierung 1835 wurde das Kloster privatisiert und die Zellen von den neuen Besitzern vermietet. In zwei Räumen quartierten sich im Winter 1838/39 Georges Sand und Frédéric Chopin ein.

● SÓLLER

Die Berge, die das Tal von Sóller vom Rest der Insel abschirmen, könnten auch ein Alpendorf einrahmen. Der Ort ist in den S'Hort de Sóller eingebettet – eine wasserreiche mediterrane Gartenlandschaft. Der von den Mauren übernommene Name Sóller (arabisch suliar, goldenes Tal) gibt einen Hinweis auf die Fruchtbarkeit der Gegend. Hier gedeihen Zitrusfrüchte besonders gut und Orangen machten den Ort reich. Im 18. Jahrhundert wurde die Ernte von Sóller zu den südfranzösischen Häfen Toulon und Marseille verschifft und bis nach Deutschland geliefert. In den 60er-Jahren des 19. Jahrhunderts jedoch befielen Schädlinge die Orangen, ruinierten die Plantagenbesitzer und zwangen sie zur Auswanderung. Einige kehrten um die Wende vom 19. zum 20. Jahrhundert vermögend zurück und errichteten ihre Häuser im damals aktuellen Stil des spanischen Modernisme.

● FORNALUTX

Hoch über dem Tal von Sóller am Fuß der Serra de Son Torrellas liegt das Bergdorf Fornalutx. Auf kleinen Pfaden und befestigten Steigen kann man zu den umliegenden Gemeinden gelangen. Aufgrund seiner Hanglage besteht Fornalutx aus vielen steilen Treppengassen. Ockerfarbene Natursteinhäuser, blumengeschmückte Patios und der ruhige Rhythmus dörflichen Lebens verleihen Fornalutx einen besonderen Charme.

● DEIÀ

Der Maler Santiago Rusiñol beklagte 1921, dass nach Deià so viele seltsame Menschen kommen, »... dass uns die arme Insel wie ein Versuchsfeld der Abnormitäten der Welt erscheint«. Die wildromantische Tramuntana-Küste mit Felsen, knorrigen Bäumen und tiefblauem Meer lockte zuerst die Maler an diesen Ort. Später kamen Schriftsteller, Schauspieler und Musiker wie Ava Gardner, Gabriel García Márquez, Anthony Burgess und Peter Ustinov. »Erfunden« hat das Künstlerdorf Deià der Schriftsteller Robert Graves (1895–1985), der hinter der Kirche, auf dem wohl schönsten Friedhof der Insel, begraben liegt. In den 1970er-Jahren trugen Rockmusiker wie Jimi Hendrix und Eric Clapton zum Mythos von Deià bei.

● BUNYOLA

Das etwa 6000 Einwohner zählende Städtchen Bunyola liegt am Fuß der Serra de Tramuntana in unmittelbarer Nachbarschaft zu den verwunschenen Gärten von Alfàbia und Raixa. Es ist hauptsächlich bekannt für seine Palo-Destillerie. Der alkoholreiche, schwarze, bittersüße Aperitif ist ein typisches Getränk der Insel.

Im malerischen Künstlerort Deià haben sich im Laufe der Jahre viele inselfremde Bewohner niedergelassen. Boutiquen, kleine Galerien und zahlreiche Restaurants fügen sich nahtlos in das ländliche Flair der pastellfarbenen Natursteinhäuser Deiàs.

NOCH MEHR RIECHEN!

Es gibt einige Lavendelrouten, die durch die schönsten Gegenden der duftenden Provence führen. Wer noch mehr über die sagenumwobene Pflanze wissen möchte, besucht ein Lavendel-Museum in Coustellet oder das in St. Remèze in der Ardeche.

FRANKREICH
◯ DUFTENDER LAVENDEL IN DER PROVENCE

Dieser Geruch! Keine Region Frankreichs duftet wohl derart intensiv wie die Provence mit ihren Lavendelfeldern. Selbst wenn die Blüte noch nicht angefangen hat oder schon vorüber ist, liegt über der Landschaft der ätherische Duft. Wenn von Anfang Juni bis Mitte August die Felder dann noch in der Blüte stehen und die Landschaft wie von lilafarbenen Linien durchzogen ist, könnte das Bild der Provence nicht typischer sein. Die größten Felder befinden sich dabei in der Verdonschlucht rund um den Ort Valensole, aber auch die Hochebene Sault bietet in der Blütezeit Südfrankreich-Impressionen wie aus dem Bilderbuch.

DEUTSCHLAND
◯ SINNESRAUSCH IN DER LÜNEBURGER HEIDE

Wenn im August die Heideflächen lila leuchten, dann ist zwischen Hamburg, Bremen und Hannover touristische Hochsaison. Die Heideblüte ist ein außergewöhnliches Naturschauspiel und gerade im Naturschutzgebiet rund um den Wilseder Berg ist mit vielen Besuchern zu rechnen. Genauso schön, jedoch weniger besucht und deshalb viel entspannter, ist die Südheide auf dem Lössplateau oder die Ellerndorfer Wachholderheide.

PORTUGAL
◯ FESTA DEL FLOR AUF DER BLUMENINSEL MADEIRA

Bei angenehm milden Temperaturen begrüßt im Mai die Inselgruppe Madeira mit ihrem dreiwöchigen Blumenfest den Frühling. Allerorts sprießen die ersten Blüten und in der Inselhauptstadt Funchal zieren Blumenteppiche und -girlanden die Häuser und Straßen. Ein Highlight ist die am letzten Festsamstag von Tausenden Kindern mit Blumen geschmückte »Mauer der Hoffnung« am Rathausplatz. Den abschließenden Höhepunkt bildet der Blumenkorso am Sonntag mit vor Blumen überquellenden Festwagen und Fußgruppen in bunten Gewändern, die feiernd und tanzend durch die Innenstadt ziehen.

FRANKREICH
◯ MIMOSENBLÜTENFEST VON BORMES-LES-MIMOSAS UND ZITRONENFEST VON MENTON

Bormes-les-Mimosas ist Ausgangspunkt der Straße der Mimosen, einer 130 Kilometer langen Route, die die Côte d'Azur entlang bis nach Grasse führt. Von Januar bis Mitte März entfaltet sich hier ein wahres Blütenmeer. Den Anblick der gelb blühenden Bäume genießt man am besten am letzten Februarwochenende, wenn in Bormes das Mimosenfest stattfindet.

Mitte Februar beginnt in der malerisch am Meer gelegenen Stadt Menton das zweiwöchige Zitronenfest. Es geht auf das letzte Jahrhundert zurück, als Menton durch seine klimatisch günstige Lage Europas größter Zitrusfrüchteproduzent war. Vor allem in den Biovès-Gärten sind gigantische Figuren in warmen Gelb- und Orangetönen zu bewundern, ausgebreitet auf einem Blumenmeer.

BULGARIEN
○ SINNLICHES ROSENFEST

Das Rosental Rozova Dolina im Herzen Bulgariens ist ein Fest für die Sinne: Von Anfang Mai bis Mitte Juni, wenn die Rosen in voller Blüte stehen und das Tal in ihren unwiderstehlichen Duft hüllen, kann man hier Kilometerlange rot, weiß und rosa blühende Rosenfelder bewundern.

Wer im Juni kommt, hat die Gelegenheit, hier die Rosenernte miterleben. Ein Höhepunkt im Festivalkalender der Gegend ist auch das Rosenfest am ersten Juniwochenende, bei dem Tausende Blütenblätter die Straßen bedecken und Paraden und traditionelle Tänze die reiche Ernte feiern

ITALIEN
○ KIRSCHBLÜTENFEST IN VIGNOLA

Das Städtchen Vignola bei Modena liegt im größten Kirschanbaugebiet Italiens und gilt als »Kirschenhauptstadt«. Und dies wird jährlich bei einem großen Fest zu Ehren der Kirschblüte gefeiert. Umzüge mit blumengeschmückten Wagen, und mit Blumen geschmückte Gassen – mehrere Wochen lang versinkt Vignola in einem Blütenmeer und verwandelt sich in einen duftenden Garten.

SPANIEN
○ FIESTA DE LOS PATIOS IN CÓRDOBA

Córdoba rühmt sich, die Stadt mit den schönsten Innenhöfen in ganz Spanien zu sein. Insgesamt 4000 sind es an der Zahl. Alljährlich Anfang Mai öffnen rund 60 dieser Patios für zwei Wochen ihre Tore für Besucher aus nah und fern. Die Gäste erwartet eine überbordende Fülle an Pflanzen. In Blumentöpfen, die an weiß getünchten Mauern hängen, blühen Geranien, Bougainvillea, Nelken und Oleander in leuchtenden Farben. Die Luft ist vom Duft von Jasmin und Orangen erfüllt.

Höhepunkt des Mimosenfestes im französischen Bormes ist der große Blumenkorso durch die Straßen des Ortes. Rund zwölf Tonnen gelbe Blüten werden dafür »verfeiert«.

Die Bewohner von Córdoba sind stolze Hausbesitzer.
Am Ende der Fiesta de los Patios werden der schönste
moderne und der schönste historische Innenhof
prämiert. Das ist gar nicht leicht zu entscheiden.

SPANIEN
GÄRTEN DURCHWANDELN

Mit ihren zahllosen Hallen und Höfen zählt die andalusische Alhambra zu den schönsten Beispielen islamischer Architektur in Spanien. Vor allem die Gärten scheinen wie aus einer anderen Welt, selbst die Licht- und Schattenspiele wirken exakt kalkuliert. Ein Besuch verspricht herrschaftliches Lustwandeln und betörende Düfte.

Oben: Blick auf den klar gegliederten Innenhof des Palacio de Generalife: Die Könige Granadas fanden hier – wie heute die Besucher – Ruhe und Entspannung vom öffentlichen Palastleben.

Links: Den Reiz der Anlage des Generalife in der Alhambra macht die Harmonie zwischen Gebäuden, Gärten und Wasserspielen aus. Die Becken und Fontänen im Patio de la Acequia wirken wie ein verwunschener Weg zum Wohngebäude.

● REISE-INFOS
Wo? Andalusien, nahe der Sierra Nevada
Wie? Flug nach Granada oder Màlaga
Info: www.alhambra.org/de und
www.alhambra-entradas.org

MAURISCHE GARTENKUNST IN DER ALHAMBRA
Die Alhambra soll begrünt werden. Dafür erhalten die Spieler Karten mit Pflanzen und Bäumchen, mit denen sie die Tristesse auf dem Brett in einen prächtigen Garten mit Zitronen- und Orangenbäumen, Palmen und Lavendel verwandeln sollen. Sieger ist, wer die meisten »Bäume« um die Gebäude gelegt hat. Vorbild für dieses beliebte Brettspiel ist die Alhambra im andalusischen Granada, deren berühmte Gärten und begrünte Innenhöfe sich in ihrer Schönheit zu übertrumpfen scheinen. Alle sind klar strukturiert und wirken wie auf dem Reißbrett geplant: Die Wasserspiele, Blumenbeete, Buchshecken und Zypressen bilden mit den Pavillons, Wegen und umliegenden Bauten eine harmonische Einheit.

LÖWENHOF UND JARDÍN DE DARAXA
Im Löwenhof trifft einfache Bauweise auf künstlerischen Höhepunkt in Sachen Dekoration: Der allegorische Löwenbrunnen in der Mitte des berühmten Innenhofs ist nur eine Schale, die zwölf Tiere auf ihren Rücken tragen. Vier Wasserrinnen symbolisieren die vier im Koran erwähnten Gärten, unter denen die Paradiesflüsse in alle Himmelsrichtungen strömen sollen. Die Inschriften auf der Wasserschale sprechen dafür, dass um den Brunnen einst ein üppiger Garten wuchs, wo heute eine dicke Kiesschicht liegt.
Der an der Nordseite des »Patio de los Leones« angrenzende Sala de dos Hermanas, der Saal der zwei Schwestern, führt zu dem Mirador de Daraxa, einem Aussichtspunkt auf weitere Gärten. Der Orangenbaumgarten (Jardín de los Naranjos) und der Marmorgarten (Jardín de los Mármoles) wurden zwischen 1526 und 1538 angelegt, in dem man sie in die bereits existierenden Gärten zwischen dem Königspalast und der Ummauerung integrierte. Ein zauberhafter Brunnen ziert sie.

JARDINES DEL PARTAL

Diese Gärten sind am nördlichen Rand der Alhambra zu finden und ein idealer Ort, um sich von einer Besichtigungstour zu erholen. Hier schweift der Blick über akkurat gepflegte Gärten mit künstlich angelegten Teichen und exotischen Pflanzen. Die Wege zwischen ihnen erinnern an ein Labyrinth.

DER MYRTENHOF

liegt ebenfalls an der Nordseite und gehört zum Palast der Nasriden, dem einstigen Wohnsitz der Könige von Granada. Der Hof selbst ist ein rechteckiges Wasserbecken, umrahmt von einer dicht gewachsenen Myrtenhecke. Da der Duft dieser Pflanze erst beim Zerreiben ihrer Blätter wahrnehmbar ist, war die Myrte für die Araber das Symbol körperlicher Liebe.

PALACIO DEL GENERALIFE

Die Anlage steht am äußersten Zipfel der Alhambra und hat als einziger ehemaliger Sommersitz der Sultane bis heute überlebt. Der Weg dorthin führt durch Parkanlagen mit Rosenterrassen, Zypressenalleen und kunstvoll gestutzten Hecken. Eine Besonderheit dieses Palastes: seine Gärten. Überall sprudelt frisches, klares Wasser aus den Brunnen oder fließt in kleinen Rinnen und hübsch gestalteten Bächlein. Schwer wabert süßer Blumenduft über das Areal, vermischt sich mit dem herben Geruch der Orangenbäume, mit Thymian und Myrte. Die ursprüngliche Funktion der Gärten war der Obstanbau, um die Versorgung der Bewohner zu sichern. Heute stehen Ästhetik und eine lang anhaltende Blütenpracht im Vordergrund. Tipp für Besucher: In der Zeit von Mitte April bis Ende Mai ist es hier am schönsten – dann öffnen Hunderte Rosen ihre Blüten.

● GRANADA

Granada ist berühmt für seine bedeutenden Bauten aus der Zeit der Kalifen, aber auch für die Bauwerke aus Gotik und Renaissance. Die Gitarrenbauer der Stadt haben Weltgeltung. Ein Juwel der Baugeschichte ist die Alhambra. Am Fuße der Alhambra liegt der Albaicín, die alte Stadt, die mit ihren Gässchen, Villen und Gärten immer noch den Geist der arabischen Vergangenheit atmet.

ALBAICÍN

Orientalischer Duft hängt schwer in den engen Gassen, hier passt kaum ein Auto durch. Zu Fuß geht es den Hügel hinauf in das älteste Stadtviertel Granadas – und beinahe in eine

Das Dörfchen Montefrío schmiegt sich harmonisch in die Landschaft. Auf dem Gipfel des Bergs oberhalb des Dorfes thront das Castillo de la Villa auf einem Felsen, der zu einer Seite steil abfällt, von der anderen wie eine riesige Diagonale aus dem Boden ragt.

Im Herzen der Altstadt sticht sie als Wahrzeichen aus dem Häusermeer hervor: die Kathedrale. Siegreiche Christen bauten sie selbstbewusst in die Hauptachse Málagas zwischen Alcazaba, Plaza de la Constitución und Río Guadalmedina. Sie nannten sie Catedral de la Encarnación, Kathedrale der Fleischwerdung Christi.

andere Welt. Albaicín ist ein Barrio mit arabischen Häusern und Gärten hinter weißen Mauern. Der Duft kündigt den Basar an: Winzige Läden mit marokkanischer Keramik, Souvenirs und Schmuck sind ein Paradies zum Bummeln und Stöbern. Das Aroma von Rosen und Vanille lockt zu den Ständen mit ihren unzähligen Parfumfläschchen und Flakons. Empfehlenswert ist der Besuch einer muslimischen Teestube. Deren Bänke und Wände sind mit beeindruckenden Mosaiken aus kleinen, überwiegend blauen Fliesen verziert.

● SIERRA NEVADA

Die Sierra Nevada bietet Wintersport auch dann noch, wenn nur wenige Kilometer entfernt schon die Badesaison beginnt. Das Skigebiet Solynieve (Sonne und Schnee) ist nach Nordwesten ausgerichtet und bietet auf 2500 Hektar 19 Skiliften und 45 Pisten Platz. Das Panorama der Dreitausender beeindruckt nicht nur von Granada aus: Wer hier abfährt, wedelt vor den höchsten Gipfeln, dem Pico Veleta (3394 Meter) und dem Mulhacén (3482 Meter). Der größte Teil der 90 Kilometer langen Gebirgskette wurde zum Nationalpark erklärt.

● GUADIX

Ökologisch verträglicher kann man nicht wohnen: Die Höhlen der Stadt Guadix, in denen die Menschen zu Zeiten der Reconquista lebten, sind auch heute noch bewohnbar; und hier befindet sich das größte Höhlenwohnviertel Andalusiens. Ihre auf etwa 1000 Metern liegende Hochebene war einst ein See, das Gestein besteht größtenteils aus Sedimenten, die sich gut bearbeiten lassen.
In den Häusern und Wohnungen beträgt die Temperatur ganzjährig unter 20 Grad, Kamine sorgen für eine natürliche Luftzufuhr und Zirkulation. Wer es selbst erleben will, übernachtet in einem der komfortablen, aber urigen Höhlenhotels wie dem Cuevas Abuelo Ventura oder besucht das Cueva Museo. Weitere Sehenswürdigkeiten des Orts sind die Kathedrale, der Arkaden gesäumte Rathausplatz sowie der Alcázar aus arabischer Zeit.

● MONTEFRÍO

Von Weitem scheint sich das Dorf Montefrío in einer Zickzack-Linie den Berg hinaufzuschlängeln. Die weiß gekalkten Wände der Häuschen leuchten in der Sonne, ihre Dächer sind mit roten Ziegeln bedeckt. Besonders kontrastreich ist es hier in Frühjahr und Sommer: Sattgrüne Wiesen mit Büschen und Bäumen, blühende gelbe Blumen und Raps umgeben das weiße Dorf, das sich vor strahlend blauem Himmel erhebt – die Hügellandschaft ringsum hat ihren ganz besonderen Reiz.

● MÁLAGA

Málaga ist mit über einer halben Million Einwohner die zweitgrößte Stadt Andalusiens und ein wichtiger Wirtschaftsstandort. Der Hafen ist nach Barcelona der zweitbedeutendste entlang der spanischen Mittelmeerküste. Wer Málaga entdecken will, begibt sich auf Spurensuche seines berühmtesten Sohns, Pablo Picasso, oder auf einen Rundgang durch die Altstadt. Die ist umfassend renoviert worden, die Jugendstilfassaden glänzen in ihrer ganzen Pracht in den fußgängerfreundlichen Gassen. Ein Aufstieg zum Gibralfaro, der maurischen Zitadelle mit Leuchtturm, lohnt: Es bietet sich ein schöner Ausblick auf die sich halbkreisförmig ausbreitende Stadt.

NOCH MEHR RIECHEN!

Im ehemaligen Flussbett der Somme, einem sumpfigen Gebiet nahe Amiens, teilen sich zahlreiche Kleingärtner diese grüne Oase.

FRANKREICH
⬡ MONETS SEEROSENPARADIES

Kein Maler wird gleichermaßen mit Blumenmotiven in Verbindung gebracht wie Claude Monet. Weltberühmt ist seine Seerosenserie. Auch Parks und Landschaften hatten es dem Meister des Impressionismus angetan. Viele Bilder entstanden in seinem Garten in Giverny. In Giverny, einem kleinen Bauerndorf in der Normandie, 70 Kilometer nordwestlich von Paris, ließ sich der naturverbundene Maler 1883 mit seiner Familie nieder und zog nie wieder von dort weg. 43 Jahre, bis zu seinem Tod, lebte er dort und schuf mit dem heimischen Garten seine bevorzugte Motivvorlage. »Dass ich Maler geworden bin, verdanke ich wohl den Blumen«, sagte er.

Mit der Hilfe seiner Familie verwandelte er den verwahrlosten Acker rund um sein Wohnhaus zu einem wilden Blumengarten – aber mit System: Er formte die Beete nach geometrischen Mustern und berücksichtigte dabei Gestalt, Farben und Blütezeit der Pflanzen, sodass sich je nach Jahreszeit ein unterschiedliches Farbspektrum ergab. Seine bevorzugten Blumen waren Rosen, Japanische Anemonen, Chrysanthemen, Dahlien, Schwertlilien und natürlich Seerosen.

FRANKREICH
◯ LES HORTILLONNAGES – DIE SCHWIMMENDEN GÄRTEN

Westlich der Stadt Amiens breitet sich eine faszinierende Wasserlandschaft aus. Umspült von Kanälen, wurden dort zahlreiche Kleingärten angelegt, die seit Jahrhunderten die Region mit Gemüse beliefern. Heute zieht das bezaubernde Idyll Naturliebhaber und Gartenfreunde aus aller Welt an.

SCHOTTLAND
◯ UNIVERSUM IM GRÜNEN

Im Süden Schottlands liegt einer der ungewöhnlichsten Gärten Großbritanniens. Von dem Landschaftsdesigner Charles Jencks gestaltet, versinnbildlicht ein Mix aus Skulpturen und Pflanzen die Kreativität der Natur. Um diesen Garten zu verstehen, widmet man sich dem 2019 verstorbenen US-Amerikaner und Schöpfer Charles Jencks: »Eine Wasserkaskade von Stufen erzählt die Geschichte des Universums; eine Terrasse zeigt die Verzerrung von Raum und Zeit durch ein Schwarzes Loch; ein Quark Walk führt den Besucher auf eine Reise zu den kleinsten Bausteinen der Materie und eine Serie von Landformen und Seen erinnert an die fraktale Geometrie«.

Rechts: Südwestlich von London erstreckt sich in Kew der artenreichste botanische Garten der Welt.

Unten: Einer Flusslandschaft gleich winden sich weiße und schwarze Röhren in einem Birkenhain zwischen den Bäumen hindurch. Die Skulptur im »Garden of Cosmic Speculation« demonstriert die große Bedeutung sauberen Wassers für unseren Planeten.

ENGLAND
⬡ KÖNIGLICHE GARTENPRACHT VON KEW

In einer Schleife des River Thames gelegen und per Boot von London gut zu erreichen, legte die Natur liebende Prinzessin Augusta von Sachsen-Gotha-Altenburg, Mutter von König George III., 1759 inmitten der königlichen Ländereien von Richmond und Kew einen botanischen Garten an. Daraus erwuchs eine der bedeutendsten Forschungsstationen für Pflanzenkunde.

SCHWEDEN
⬡ DIE ORDNUNG DER BOTANIK IN UPPSALA

Kein Botaniker hat solche Spuren hinterlassen wie Carl von Linné. Ihm ist nicht nur das Klassifizierungssystem in der Pflanzenkunde zu verdanken, sondern auch ein kleiner, sehr hübscher Garten in Uppsala.

»Ich bin gerade mit Species Plantarum beschäftigt und arbeite daran vom Morgen bis zum Abend, dass ich fast davon grau werde« schrieb Carl von Linné (1707–1778) an einen Freund. Gemeint war jenes zweibändige Werk, in welchem der schwedische Botaniker erstmals allen ihm bekannten Pflanzenarten einen zweiteiligen Namen gab. Der erste Name bezog sich auf deren Gattung, der zweite auf die Art. Das in Latein verfasste Werk über die Pflanzenarten erschien 1753 und sollte Schule machen. Bis heute wird die gesamte Flora und Fauna auf diese Weise klassifiziert.

PORTUGAL
⬡ MADEIRA BOTANICAL GARDEN

Über der Hafenstadt Funchal thront einer der schönsten Gärten Madeiras. Dank stets milder Temperaturen wächst hier eine Vielfalt an Tropenflora. Bekannt ist der Garten auch wegen seiner japanischen und chinesischen Stilelemente – und wegen seiner vielen Palmfarne. Der Ausblick ist atemberaubend. Gut 600 Meter über dem Meeresspiegel gelegen, schweift der Blick weit über die tiefblaue Bucht von Funchal bis an den Horizont des Atlantiks. Kein Wunder, dass der englische Konsul Charles Murray Ende des 18. Jahrhunderts hier ein Stück Land erwarb und eine Villa mit großem Garten erbauen ließ.

In Giverny pflanzte der große Impressionist Claude Monet einen »Garten der Farben«, den er im Alter als sein größtes Meisterwerk bezeichnete. Nachdem Monet allerdings den berühmten Teich mit den Seerosen angelegt hatte, gab es für ihn kein anderes Motiv mehr, das ihn derartig faszinierte.

GRIECHENLAND

SCHÄTZE DES BODENS SAMMELN

Unberührt und ursprünglich war und bleibt größtenteils die Inselgruppe der Sporaden an der Ostküste Griechenlands, irgendwie schien dort die gute alte Zeit stehen geblieben zu sein. Die »griechische Karibik«, wie diese Region auch oft genannt wird: Wer die langen Sandstrände einmal gesehen hat, versteht, wie die vier Inseln zu diesem Spitznamen kamen. Skiathos ist davon das kleinste Eiland, ihr Boden ist fruchtbar und urwüchsig. Wer die Natur lesen lernen möchte, folgt der Nase bei einer Kräuterwanderung.

Oben: Die zarten Zisträschen sind nicht nur optisch eine Freude, als Tee getrunken, hilft die Pflanze bei Magen- und Hautproblemen.

Links: Die Biene möchte nur an den süßen Nektar der Thymianblüte, der Mensch nutzt dagegen gerne ihre heilsame Wirkung bei Erkältungen oder Atemwegserkrankungen.

● **REISE-INFOS**
Wo? Nördliche Sporaden
Wie? Direktflug, entspannter per Autofähre oder Flying Dolphins
Info: www.hikingskiathos.com und www.griechenland.de/skiathos/

HEILKRÄUTERWANDERUNGEN AUF SKIATHOS
Ein deutscher Naturheilkundler auf der Insel Skiathos zeigt Wanderfreudigen ab Mai auf seinen selbst ausgebauten Wegen Heilkräuter, die hier zahlreich wachsen und erklärt die Wirkung für Körper und Seele durch die entsprechende Zubereitung – von Kamille über Zistrose, Melisse und Weißdorn bis zu Meerfenchel. Bei den kurzweiligen Seminaren

erhält man zusätzlich eine Infomappe, sein Inselführer enthält wertvolle Tipps.

STADT SKIATHOS

Griechenland wie aus dem Bilderbuch! Der religiöse Mittelpunkt der Insel ist die Kathedrale Trion lerarchon mit ihrem vorstehenden Glockenturm. Weltlicher zeigt sich das Wohnhaus des Dichters Alexandros Papadiamantis, es ist heute ein Museum. Der alte Hafen ist Zentrum der Fischerei, für die Autofähren existiert ein neuer, tieferer Anlaufplatz. Unbedingt anschauen: Burg Bourtzi; sie liegt auf einer Insel vor der Stadt im Meer.

ACHTSAME PAUSE

THE FINAL STEP // Wunderschön gelegen mit Blick übers azurblaue Meer serviert die Küche wohlschmeckende Fisch- und Fleischgerichte mit griechischen und internationalen Anleihen.

// www.finalsteprestaurant.com

PAPADIAMANTI-STRASSE

Wer auf Skiathos auch nachts etwas erleben will, steuert diese Straße an. Dort schlägt das Herz der Szene; Clubs, Diskos und Kneipen reihen sich aneinander, Tavernen laden zum Schmaus und Boutiquen preisen modisch und künstlerisch gestaltete Lieblingsstücke an, die sich auch jenseits des Urlaubslebens gut tragen lassen.

KLOSTER PANAGIA EIKONISTRIA

Ganz so einfach machen die Heiligen es den Menschen nicht, sie zu sehen. Als Maria sich entschlossen hatte, sich auf Skiathos zu zeigen, erschien sie zunächst als helles Licht mitten im Wald. Drei Tage lang versuchte ein Mönch, den Grund für dieses Licht zu finden. Kam er näher, verschwand das Leuchten. Er fastete und betete eine Nacht durch und versuchte es am nächsten Tag noch einmal. Das Licht war verschwunden, doch an der Stelle, an der er es gesehen hatte, fand er eine Ikone der Jungfrau.

Sie ist heute Zentrum des Klosters Panagia Eikonistria, das 1655 dort errichtet wurde. Während die Sonne draußen gleißend hell leuchtet, macht sich drinnen gedämpfte Stille im abgedunkelten Raum breit. Das bringt nicht nur die Ikonen besser zur Geltung, sondern auch das Licht, das durch die Kuppel fällt.

Inselstädtchen wie Skiathos sind mit ihren ziegelgedeckten Häusern architektonisch vom Festland geprägt.

Jedes Jahr am 21. November kommen die Menschen auf der Insel zusammen, beten, feiern und entzünden Feuer. Dann feiern sie die Schutzpatronin des Klosters.

● STROFILIAS-SEE

Reiher tauchen ihre langen Schnäbel ins Wasser, Enten fliegen manchmal auf, vor allem aber formt das stille Wasser den perfekten Spiegel des blauen Himmels: Der See Strofilias bietet allen eine schöne, stille Abwechslung, die von der Weite des Meeres genug haben und etwas Rückzugsraum brauchen.

● EVANGELISTA-KLOSTER

An der nördlichen Spitze der Insel liegt dieses aus Natursteinen errichtete Kloster. Es geht zurück auf das Jahr 1794 und stellt eine Reminiszenz an die romanische Kultur dar. Es ist das einzige aktive Kloster der Insel.

● LALARIA-STRAND

Mit den weißen Kieseln und dem markanten Felsbogen im Wasser ist dieser Strand schon spektakulär. Doch dann setzt das Meer noch einen auf dieses Schönheitsidyll drauf mit seinem kristallklaren Wasser, das sich an dieser Stelle in abwechselnd schönen Grün- und Türkistöne bricht.

ACHTSAME PAUSE

SCHÖNE SOUVENIRS // Kunsthandwerk von Skiathos lässt sich in vielen kleinen Läden der Insel finden. Erste Adresse für Qualität aber ist Archipelago. Im Geschäft warten Unikate von Künstlern der Insel, viele Dekoobjekte und Geschirr aus Keramik warten auf neue Besitzer.

// archipelagos-skiathos.gr

● KOUKOUNARIES-STRAND

Wenn einem ein guter Ruf vorauseilt, ist es manchmal schwer, die Erwartungen zu erfüllen. Doch Koukounaries tut viel dafür, seine Top-Position in der Hitliste der schönsten Strände des Landes zu verteidigen. Mit seinem

Es lohnt sich, durch die kleinen Gassen zu wandeln, die einem Gewirr gleichen und Besuchern schnell die Orientierung nehmen. Dafür aber steht man überraschend vor einem schönen Laden oder wird in ein Café gelockt.

goldenen Sand, den Sonnenschirmen und dem angrenzenden Pinienwald bleibt er ein Traumziel für Urlauber.

● DIE BUCHT VON KANAPITSA

Wie kleine Mondsicheln sehen sie auf der Landkarte aus, die Strände von Kanapitsa. Immer wieder unterbrechen felsige Ausbuchtungen die Szenerie und sorgen für markante Abwechslung. Mit seinem flach abfallenden Wasser ist dieser Bilderbuchstrand ideal für Familien.

● INSELHOPPING

Die vier Nördlichen Sporaden haben jede ein ganz eigenes Gesicht. Wer es sich leisten kann, sollte die Möglichkeit nicht auslassen, Inselhüpfen zu planen und einige Tage auf den einzelnen Inseln verweilen. Fähren fahren täglich zwischen den Inseln, nur Skyros ist weniger gut angebunden und oftmals am besten vom Festland aus erreichbar.

SKOPELOS

Wenn der Begriff »griechische Karibik« zutrifft, dann auf diese Insel. Die kleinen, bunt getünchten Häuser umschließen die Bucht und reihen sich wie eineTreppe an dem bis zum Meer reichenden Gebirgsarm auf. Skopelos-Stadt ist Hauptort der Insel und verzaubert seine Besucher mit dem typischen Gewirr schmaler Gassen, mit strahlend weißen Stränden und türkisblauem Wasser. Besonders betörend sind die duftenden, schattigen Wälder im Inselinneren.

ALLONISOS

Die drittgrößte der Nördlichen Sporaden ist bekannt dafür, dass es dort etwas gibt, was vie len Menschen im Alltag fehlt: vollkommene Ruhe und Beschaulichkeit. Außer der Natur und ein paar Wochenendausflüglern gibt es nichts. Wirklich nichts! Nur Aleppo-Kiefern,- Feigen- und Mandelbäume, die Natur ist sowohl im Wasser als auch an Land intakt.

SKYROS

Die ruhige der Nördlichen Sporaden, dieser Titel würde auf Skyros auch zutreffen. Die kleine Insel hat bislang noch nicht viel Infrastruktur für den Tourismus aufgebaut. Wer etwas erleben will, der schlendert durch die Inselhauptstadt, fährt zu einem der Strände, lässt sich den berühmten Hummer der Insel servieren oder wandert einfach über die grüne Insel und hofft, wilde Ponys zu treffen.

Koukounaries leitet sich von dem griechischen Wort für Kiefernbäume ab. Der traumhafte Strand liegt 16 Kilometer von der Inselhauptstadt entfernt.

NOCH MEHR RIECHEN!

DEUTSCHLAND
⬡ PILZE SAMMELN IM NATURPARK SCHÖNBUCH

Durch die besondere Zusammensetzung des Baumbestands haben sich im Schönbuch Bodenverhältnisse entwickelt, die für Pilze ideal sind. Mehr als 800 verschiedene Arten wurden gezählt. Sogar der seltene Steinpilz findet hier gute Bedingungen. Sammler kommen voll auf ihre Kosten – und zwar das gesamte Jahr über. Selbst im tiefsten Winter sind noch Pilze wie der Samtfußrübling oder der Austernseitling zu finden.

ITALIEN
◯ DUFTENDE KRÄUTER SAMMELN AUF ELBA

Elba ist eine Insel, die duftet wie kaum eine zweite. Sie ist wie eine Komposition verschiedener Noten. Die Würze der sommerwarmen Pinien erfüllt die gesamte Insel. Hinzu kommen an manchen Stellen süße Spuren blühender Zitrusbäume, intensiv riechende Mimosen, süßlich-reif duftende Kaktusfeigen und überall diese Kräuter: Wilder Fenchel, Thymian, Beifuß und Oregano versprechen dem Inselbesucher höchstes Sammelglück.

ITALIEN
◯ TRÜFFEL SAMMELN IN UMBRIEN

Umbrien ist berühmt für seine Trüffel. Weißer oder schwarzer Trüffel, Wintertrüffel und Muskattrüffel – die Sorten sind vielfältig. Im Herbst beginnt die Saison des weißen Trüffels. Interessierte können an einer organisierten Trüffelsuche teilnehmen. Nach erfolgreicher Suche werden die Edelpilze dann meist bei einem gemeinsamen Essen verkostet. Ufergebiete des Flusses Nera und Böden am Monte Subasio sind besonders ergiebige Orte.

DEUTSCHLAND
◯ GOLDWASCHEN AM EDERSEE

»Gold ist da, wo man es findet«, sagen die Experten. In Alaska, Kalifornien, am berühmten Klondike River in Kanada – und auch in den verschiedenen Bächen im Gebiet der Eder in Hessen und Nordrhein-Westfalen. Beim Goldwäscherkurs im Claim (ausgewiesene Stelle, um Gold legal zu schürfen) von Edertal-Mehlen können auch engagierte Anfänger die entsprechende Technik erlernen. Es gibt stundenweise Kompaktkurse oder Tickets für den ganzen Tag. Eine theoretische Einführung ist immer dabei.

Der schwarze Trüffel ist am meisten zu finden, weiße Trüffel hingegen sind rar. Sie wachsen meist in Symbiose mit Bäumen und deren Wurzeln. Expertentipp: Wenn um die Eiche, Buche oder Kastanie herum kein Gras wächst, deutet das auf verborgene Schätze im Erdreich hin.

FREIHEIT PER FAHRRAD

»Kos ist lieblich, angenehm zu wohnen und reich an Wasser«, so beschrieb der Dichter Herodas in der Antike seine Insel. Kos liegt weniger als fünf Kilometer von der türkischen Küste entfernt und erscheint wie ein letzter griechischer Gruß – Besucher erleben hier eine harmonische Vermengung der beiden Kulturen. In der Luft liegen orientalische Düfte.

● REISE-INFOS

Wo? Insel des Dodekanes, östliche Ägäis
Wie? per Flug
Info: www.kosurlaub.de und
www. kosbikeactivities.com

GRIECHISCHE INSEL KOS VOM SATTEL AUS GENIESSEN

Kos gilt als Fahrradinsel. Sie ist groß genug, um ausreichende Touren zusammenzubekommen und doch klein genug, um den Überblick zu behalten. Schließlich ist die Insel nur zehn Kilometer breit und 42 Kilometer lang und dabei sehr flach. Also ideal für Radfahrer. Die Strecken sind gut ausgebaut, empfehlenswert sind Touren von Kos-Stadt nach Mastichari oder rund um den Salzsee Alikés. Wer kein eigenes Rad mitgebracht hat, leiht sich eines.

● KOS-STADT

Im Zentrum der Insel mit seinen 19 000 Einwohnern begeistert vor allem die Altstadt mit ihren Kirchenkuppeln, Minaretten, Moscheen, Herrenhäusern und Museen, aber auch der Mandáki-Hafen lohnen Abstecher.

PLATANE DES HIPPOKRATES

Hat er hier gesessen, den berühmten Eid ersonnen und seine Schüler erstmals die Worte schwören lassen? Man weiß es nicht, wahrscheinlich aber ist es, denn Hippokrates stammt von der Insel Kos. Der berühmteste Arzt der Antike und Begründer der Medizin hat auf jeden Fall auf der Insel gewirkt. Die Platane soll einst von ihm gepflanzt worden sein. Wahrscheinlich ist der völlig ausgehöhlte Baum, der auf der Platia Platanou alle Blicke auf sich zieht, ein Ableger der Hippokrates-Platane.

AUSGRABUNGSSTÄTTEN

Manchmal muss die Erde beben, damit alte Schätze wieder ans Tageslicht treten. So war es etwa mit der Agora. An jener Stelle befand sich einst das mittelalterliche Stadtzentrum, bis ein Erdbeben 1933 die Gebäude einriss. Zutage kam dabei die antike Agora mit einem Aphrodite-Tempel. Sehenswert sind darüber hinaus die westlichen Ausgrabungsstätten mit Thermen, Nymphäum und Gymnasium in Kos-Stadt.

● ASKLEPIEION

Orte, die Heilung versprechen, waren stets beliebt bei den Menschen. So auch dieser Tempel, der dem Heilgott Asklepios gewidmet war. Es stammt aus dem 4. Jahrhundert v. Chr. und schon Hippokrates soll dort gewirkt haben. Zeitweise wurde sie tatsächlich als Kuranlage und medizinische Heilanstalt genutzt. Die Stätte, die unter anderem antike Badehäuser enthält, erstreckt sich über mehrere Terrassen und ist mit Marmortreppen verbunden.

Links: Die gut erhaltenen Säulen von Asklepieion gehören vermutlich zu dem einstigen Tempel, an dem zuweilen auch Tieropfer dargebracht wurden.

Rechts: Man kann sich auf Kos bei den örtlichen Verleihstationen einfach nur ein Fahrrad mieten oder auch an geführten Touren teilnehmen.

● KEFALOS

Der rund 2000 Einwohner zählende Ort im Westen von Kos liegt etwas abseits der großen Touristenströme und präsentiert sich als beschauliches kleines Dorf.

● DIE SCHÖNSTEN STRÄNDE

MARMARI

Mit seinen 14 Kilometern zählt er zu den längsten Stränden der Insel. Der Sandstrand ist touristisch gut erschlossen mit Bars, Kiosken und Sonnenliegen. Besonders beliebt ist diese Ecke bei Surfern, denn der Meltemi-Wind lässt sich an diesem Strand besonders gut nutzen.

TIGAKI

In die Top-Liste der schönsten Strände von Kos gehört Tigaki. Sein feiner weißer Sand, auf dem gelegentlich Bäume Schatten werfen, ist beliebt bei Familien, da das Wasser flach abfällt und Nichtschwimmern etwas Sicherheit gibt. Tavernen, Bars und Liegen lassen es an nichts mangeln.

MASTICHARI

Mit seinem gleißend weißen Sand und der vorgelagerten Insel ist Mastichari ein gern besuchter Platz auf der Insel, Sonnenanbeter fühlen sich wohl, auch Wassersportaktivitäten werden angeboten. Vor allem in der Saison geht es trubelig zu.

Oben: In der unmittelbaren Nachbarschaft von Kefalos finden sich die Überreste des antiken Astypalaia, der ersten Hauptstadt von Kós und wahrscheinlich der Geburtsort von Hippokrates.

Unten: Antimachia liegt in 140 Meter Höhe auf einer zerklüfteten Hochebene. Bereits in der Antike war der Ort besiedelt. Besonders sehenswert sind die Überreste des Kastells Palea Antimachia, der größten Burgruine auf Kos.

● GÄRTEN VON ZIA

Duftend grüne Gärten zwischen den Häusern, leuchtend weiße Fassaden, an denen Rankpflanzen emporklettern und alte Handwerkskunst in den Läden – Zia gehört zu den idyllischsten Dörfern der Insel und lockt mit ursprünglichem Charme. Besonders beliebt sind die Sonnenuntergänge von den Terrassen der vielen Restaurants.

● ANTIMACHIA

Windmühlen sind eines der Wahrzeichen der Insel. Schon aus dem Flugzeug heraus lässt sich die Windmühle Antimachia sehen. Sie ist heute zum Museum umfunktioniert, in dem immer noch Mehl gemahlen wird. Etwas weiter entfernt befindet sich die Ruine einer alte Festung aus dem 14. Jahrhundert.

NOCH MEHR RIECHEN!

KROATIEN
○ MIT DEM RAD BRAC ERKUNDEN

Wer gern versteckte Buchten oder schöne Waldlichtungen entdeckt, muss flexibel sein. Glücklicherweise ist die Insel mit einem guten Radwegenetz ausgestattet, sodass man nicht auf das Auto angewiesen ist. Für passionierte Mountainbiker sind ebenso Routen dabei wie auch für die kleine Familienradtour.

NIEDERLANDE
○ FAHRRADHAUPTSTADT AMSTERDAM

Wie sollte es auch anders sein in dieser Stadt, in der die Zweiräder eine ebenso ikonografische Rolle einnehmen wie die Tulpen? Durch die vielen engen Gassen und Brücken ist es sowieso besser fürs Vorankommen geeignet als ein Auto. Zum Verleih gibt es überall in der Stadt genügend Fahrräder, auch Stadtführungen auf dem Sattel werden angeboten.

DÄNEMARK
○ DAS IDYLLISCHE ÅRHUS MIT DEM RAD BEREISEN

In Århus, wo Fahrräder zum alltäglichen Stadtbild gehören, kommen Radfahrer auf ihre Kosten. Markierte Wege und ein neues Ampelsystem machen die Stadt zum regelrechten Radfahrparadies. Die Fahrt auf der Ringstraße ermöglicht einen Überblick über die Innenstadt und ihre Sehenswürdigkeiten. Aber auch stadtauswärts kann das umliegende Land an der frischen Luft per Rad erkundet werden.

DEUTSCHLAND
○ AUF EINER DER VELOROUTEN HAMBURG KENNENLERNEN

Wer keine Lust hat, auf Bus und Bahn zu warten, nimmt das Rad, denn die Stadt bietet Routen, die auch bewerkstelligt werden können, wenn man kein Radprofi ist. Bislang vierzehn Velorouten führen vom Rathausmarkt zu den äußersten Stadtteilen.

○ RADTOUR AUF DEM WIKINGER-FRIESEN-WEG

Die malerische Landschaft im Norden lässt sich wunderbar mit dem Fahrrad auf dem Wikinger-Friesen-Weg erkunden. Er führt von der Nord- bis zur Ostsee auf einer Länge von rund 180 Kilometern quer durchs Land. Der mit einem blau-roten Wikingerboot markierte Weg misst insgesamt 180 Kilometer.

Während der westliche Abschnitt des Wikinger-Friesen-Wegs durch das Land der Friesen führt, radelt man auf der Ostseeseite auf den Spuren der Wikinger. Er verbindet die Städte Sankt-Peter-Ording und Maasholm.

Solche verführerischen Cup Cakes sind in Saint Peter Port auf der Kanalinsel Guernsey an Marktständen zu kosten.

SCHMECKEN

Gourmets dieser Welt wissen es längst: Essen bedeutet nicht einfach nur Nahrungsaufnahme, sondern Gaumenfreuden und Geschmackserlebnisse, man darf den Bissen förmlich auf der Zunge zergehen lassen.

SCHOTTLAND

MEHR ALS EINE SCHNAPSIDEE

Die schottischen Isle of Lewis und Isle of Harris sind wie Dr. Jekyll und Mr. Hyde der Äußeren Hebriden: Zwei Teile derselben Insel sind so gegensätzlich, dass ihnen ihre Bewohner zwei Namen – Lewis und Harris – gegeben haben, obwohl sie nur von einem bescheidenen Gebirgszug und von keinem Meer getrennt werden. Der besondere Geschmack des Gins mit seiner charakteristischen Küstennote rührt vom zugegebenen Zuckertang, der von einem einheimischen Taucher aus Unterwasserwäldern geerntet wird.

Oben: In den Kupfer-kesseln wird die Maische aus Getreide mehrfach gebrannt, die Kessel bilden das Kernstück der Destillerien.

Links: Danach folgt die mindestens dreijährige Lagerung des Schnapses in Eichenfässern, was zu den unterschiedlichen Aromen führt.

● REISE-INFOS

Wo? Inselkette der Äußeren Hebriden
Wie? Aus Edinburgh, Glasgow, Aberdeen oder London fliegen Propellermaschinen nach Stornoway
Info: www.harrisdistillery.com

GIN- UND WHISKYTASTING AUF DER ISLE OF HARRIS

Ein Abstecher in die Isle of Harris Distillery im kleinen Dorf Tarbert auf Harris muss sein, um den Herstellungsprozess des Island Malt kennenzulernen. Gekennzeichnet wird die Brennerei mit einem einladenden Torffeuer, das immer brennt. Probieren ist während der Führung (10 Pfund/Person) ausdrücklich erlaubt: Gin und Whisky stehen bereit. Der Isle of Harris Whisky »The Hearach« wird übrigens komplett auf der Insel destilliert, gereift und abgefüllt.

● LEWIS AND HARRIS

Die Isle of Lewis ist der Nordteil dieses Zwitterwesens, ein flaches, baumloses Land voller Torfmoore, das im Vergleich zum Süden dicht besiedelt ist. Seit 5000 Jahren leben Menschen auf der Isle of Lewis, auf der es nicht nur mit den Standing Stones of Callanish die größte megalithische Kultstätte der Britischen Inseln, sondern auch zahllose Menhire und Steinkreise aus einer rätselhaften Vergangenheit gibt. Typisch für Harris im Süden ist dagegen die unwegsame und dünn besiedelte Gebirgslandschaft, die auch ihre Reize hat.

● BUTT OF LEWIS

Am Butt of Lewis ist nicht nur der nördlichste Punkt der Insel erreicht, sondern natürlich gleichzeitig der nördlichste Fleck der Äußeren Hebriden. Bizarre Felsen stehen vor den Klippen im Meer und trotzen den Wellen.

Der Leuchtturm, mit dessen Bau man im Jahr 1859 begann, muss die schwersten Stürme aushalten, die Großbritannien überhaupt kennt. Das bekam er schon vor der Fertigstellung zu spüren, als ein Schiff mit Baumaterial vor der Küste kenterte, gegen die Felsen geschlagen wurde und sank. Könnte man weit genug sehen, würde man bis zur Spitze Grönlands im Westen oder zu den Färöer-Inseln im Norden schauen. Die nächste Ortschaft liegt von der Spitze des Butt of Lewis mehr als einen Kilometer entfernt. Dort ist auch die kleine St Moluag's Church zu finden, ein sehenswertes Kirchlein aus Natursteinen mit Schieferdach.

● WESTERN COAST

Zwar ist der Norden von Lewis im Gegensatz zum südlichen Inselteil eher flach, auf Klippen braucht dennoch niemand zu verzichten. Auch nicht auf Menhire, wenn auch die bekanntesten in der Inselmitte liegen. An der Westküste steht der ausgesprochen beeindruckende Trushel Stone. Ein Stück weiter, bei Arnol, wartet ein Kleinod, das Blackhouse Museum. Blackhouse nennt man die für die Gegend typischen Behausungen, in denen Menschen und Vieh unter einem Dach gelebt haben. Das Exemplar in Arnol ist komplett ausgestattet. Selbst das Feuer im Zentrum des Hauses wird noch heute in Gang gehalten. Übrigens gehörte die zweigeteilte Insel in den Zeiten der Wikinger zu Norwegen. Einige nordisch klingende Ortsnamen erinnern daran.

● STANDING STONES OF CALANISH

Der wohl schönste Steinkreis Schottlands: Die Felsmonolithen von Callanish auf Lewis, westlich von Stornoway, sind eine prähistorische Stätte von Weltrang. Exakt 47 Menhire kann man noch heute besichtigen, zwischen 3000 und 1500 v. Chr. wurden sie in verschiedenen Etappen von Menschenhand aufgestellt. Die Monolithen bestehen aus Lewis-Gneis, einer für die Insel typischen Gesteinsart. Die kreis- und strahlenförmig angeordneten Steine bilden ein von vier Steinreihen unterbrochenes »Sonnenkreuz«. Besonders beeindruckend ist die Nordallee der Anlage, die aus zwei fast pa-

rallel verlaufenden Steinreihen besteht und bei einem durchschnittlichen Abstand von 8,20 Metern eine Länge von 82 Metern aufweist.Im Zentrum befindet sich ein Kreis aus 13 Menhiren, mit einem großen Zentralstein in der Mitte: Er ragt 4,75 Meter in die Höhe,

wiegt etwa fünf Tonnen und bildet die Begrenzung einer kleinen Kammer mit einem neolithischen Gemeinschaftsgrab. Umgeben ist er von 13 weiteren Monolithen, die einen Ring mit einem Durchmesser von elf bis 13 Metern bilden. Die Megalith-Kultstätte von Callanish ist durchaus vergleichbar mit Stonehenge in Südengland und gilt als das Wahrzeichen der Western Isles. Vermutlich kann man den gesamten Komplex als großes astronomisches Observatorium ansehen.

● SOUTH HARRIS

Die sogenannten »Inseln« Isle of Lewis und Isle of Harris erfahren ihre Trennung zwischen Loch Rèasort und Loch Seaforth. Der südliche Teil der Doppelinsel ist landschaftlich viel spektakulärer als der Norden. Die höchsten Berge der Hebriden findet man hier, die tiefsten Fjorde und die schönsten Strände – doch kein fruchtbares Land, sodass die Bauern früher mühselig ihre Äcker mit Seetang düngen mussten, damit wenigstens ein paar Kartoffeln wuchsen. Und trotzdem genießt die Isle of Harris nicht nur im Vereinigten Königreich ewigen Ruhm. Denn von hier stammt der Harris-Tweed. Ursprünglich war er das grobe Leinen der Bauern und Seeleute. Mitte des 19. Jahrhunderts aber machte Lady Dunmore, in deren Besitz große Teile der Insel waren, den Stoff bei den gehobenen Ständen Britanniens populär – und zu einem Verkaufsschlager auf der ganzen Welt.

Links: Obwohl die St Clement's Church heute nicht mehr als Kirche genutzt wird, verspricht ein Besuch bleibende Eindrücke, etwa von der Grabstelle im Innenraum und von den Schnitzereien im Stein, die Geschichten erzählen.

Oben: Vor der westlichen Küste der Isle of Lewis schäumen die Wellen um die wie im Meer verloren gegangenen Felsen.

ACHTSAME PAUSE

HARRIS HOTEL // Das 1865 erbaute, familiengeführte Landhaus ist in die reizvolle Naturlandschaft von Trabert eingebettet und bietet stilvolles Wohnen.

// www.harrishotel.com

BLUE REEF COTTAGES // Wer Einsamkeit sucht, wird in diesen Cottages fündig. Die luxuriösen Öko-Unterkünfte im abgelegenen Scaristo sind ausgestattet mit Sauna und Jacuzzi und begeistern mit atemberaubenden Panoramablicken.

// www.stay-hebrides.com

ACHTSAME PAUSE

ST KILDA // Eine Bootstour führt an den 1930 verlassenen Archipel St. Kilda, der aus den fünf Inseln Hirta, Dùn, Soay, Boreray und Levenish besteht. Jahrtausendelang lebten hier Hunderte Menschen in völliger Isolation. Forscher, die von St. Kilda ebenso fasziniert sind wie seine seltenen Besucher, glauben heute, dass die Gegend ursprünglich »sunt kelda« genannt wurde, was »süßes Brunnenwasser« auf Norwegisch heißt und sich auf die Quelle Childa bezieht, die auf der Hauptinsel Hirta entspringt. Von der UNESCO als Natur- und Kulturerbe anerkannt, ist ein Ausflug hierher eine Reise in die Vergangenheit und zugleich ein unvergessliches Erlebnis für die Zukunft.

ST CLEMENT'S CHURCH

Abgeschieden steht die St Clement's Church ganz im Süden der Insel nur wenige Meter von der Meerenge des Sound of Harris entfernt. Erbaut im frühen 15. Jahrhundert vom Clan der MacLeod, sollte der Bau mit dem kreuzförmigen Grundriss als Grabstätte dienen. Tatsächlich kann man heute die Grabstellen des 8., 9. und vermutlich auch des 10. Chief of MacLeod sehen.

Besonders die des 8., Alasdair Crotach MacLeod of Dunvegan and Harris, ist reich verziert: die zwölf Apostel, Trompete spielende Engel, ein Schiff unter vollen Segeln und nicht zuletzt Alasdair selbst in seiner Rüstung, von Löwen flankiert.

LUSKENTYRE SANDS

An der Westküste von North Harris türmen sich im Hinterland überwucherte Karstlandschaften auf und der ständige Wetterwechsel sorgt für ein beeindruckendes Farbspiel. Noch mehr fasziniert das azurblaue Wasser, das in den schneeweißen Sandstrand von Luskentyre übergeht und dem Panorama der Karibik Konkurrenz macht. Nur Baden ist bei einer Wassertemperatur von 7 °C keine so gute Idee, höchstens mit Neoprenanzug. Delfine und Seehunde aber fühlen sich sichtlich wohl, und auch wilde Pferde sind oft in den Dünen rund um Luskentyre unterwegs.

NOCH MEHR SCHMECKEN!

SCHOTTLAND
○ WHISKYTRAIL

Bei Tomintoul beginnt der berühmte 110 Kilometer lange Malt Whisky Trail of Speyside, eine gut ausgeschilderte Strecke, die an sieben Whiskybrennereien vorbeiführt – darunter finden sich so berühmte Namen wie Glenlivet, Glenfiddich und Glenfarclas.

GRIECHENLAND
○ RAKI AUF KRETA KOSTEN

Raki gehört in Kreta auf den Tisch. Der aus Trester gewonnene Schnaps erinnert ein wenig an italienischen Grappa. Viele Familien brennen noch heute schwarz und servieren eigene Mischungen. Wer es offizieller möchte, besucht eine Destillerie in den Dörfern, etwa in Spili oder vertraut auf die Gastfreundschaft der griechischen Kellner.

ÖSTERREICH
○ MOST TRINKEN IM MOSTVIERTEL

Südlich der Donau erstreckt sich ein malerisches, seit alters intensiv landwirtschaftlich genutztes Hügelland. Charakteristisch ist der einzigartige Bestand an hunderttausenden Apfel- und Birnbäumen. Aus ihren Früchten wird jener Haustrunk gepresst, der der Region den Namen Mostviertel gab. Während einer Kellereiführung in der Destillerie Farthofer taucht man in die Geschichte des regionaltypischen Birnenmostes ein. Die Eigenkreation des Hauses betört den Gaumen. Nach der Führung empfiehlt sich ein Spaziergang im Birnengarten mit seinen 12 000 Mostbirnbäumen.

ITALIEN
○ GRAPPA AM GARDASEE GENIESSEN

Der hochprozentige Tresterbrand wird vor allem in Norditalien produziert, und zwar durch direkte Destillation des Tresters, also der ausgepressten Weintrauben, nicht der Weine – deren Einsatz ist für echten Grappa streng untersagt. Die italienischen Produzenten haben sich von der Europäischen Union verbriefen lassen, dass nur Grappa italienischer Herkunft diesen Namen tragen darf. Für den Grappa gelten Reinheitsgebote, das schließt jedoch die Lagerung in Eichenfässern, um das Destillat zu verfeinern, nicht aus. Alter Grappa muss mindestens sechs Monate im Holzfass und danach noch sechs Monate unter Luftabschluss lagern. Erlaubt sind auch aromatisierende Zugaben von Kräutern wie Wacholder oder von Früchten wie Brombeeren.

BELGIEN
○ WACHOLDERSCHNAPS GUSTIEREN IN HASSELT

Was dem Schotten sein Whisky, ist dem Belgier sein Genever. Wer mehr zu der Geschichte des Wacholderschnapses erfahren möchte, besucht das Nationale Genevermuseum in einer alten Brennerei. Dort wird von den üppigen Zeiten berichtet, als eine holländische Garnison für den größten Umsatz der Destillerie sorgte und von mageren Jahren, als Melasse statt Malz oder Gerste verwendet werden musste. Im Oktober lockt das alljährliche Genever-Fest.

Es gab Zeiten, da wurde der beliebte Wacholderbranntwein Genever nur noch in Hasselt destilliert. Heute wird exportiert, aber der Schnaps schmeckt in Originalkulisse einfach nochmal besser als zu Hause.

GROSSBRITANNIEN

GENUSSVOLL SCHLEMMEN AUF DEN KANALINSELN

Oben: Mont Orgueil Castle (12. Jahrhundert) liegt oberhalb des kleinen Ortes Gorey auf Jersey und war schon im Hundertjährigen Krieg eine uneinnehmbare Festung.

Links: Vor allem vor Jersey liegen ertragreiche Austernbänke, die durch die Nähe zum Festland geschützt vor zu starken Wellen gedeihen können.

Rechts: Selbst so simple Gerichte wie Bohneneintopf verwöhnen hier die Geschmacksknospen, denn das Gemüse kommt frisch geerntet von den eigenen Feldern.

Mal schnell noch etwas essen – das scheint es auf den Kanalinseln nicht zu geben. Wie für alles nehmen sich die Insulaner auch für das Essen gern Zeit. Die Küche verbindet bei überragender Qualität das Beste aus Frankreich und England. Zu eigenen Spezialitäten gehören Jersey Royal Potatoes und der Eintopf Guernsey Bean Jar sowie Jersey Cream zu den Scones.

● **REISE-INFOS**
Wo? Inseln im südwestlichen Ärmelkanal
Wie? Fähren vom französischen St-Malo und dem englischen Poole
Info: www.kanalinseln-info.de und www.jersey.com

EXQUISITE GOURMETFREUDEN

Die fünf bewohnten Kanalinseln Jersey, Guernsey, Sark, Alderney und Herm verbinden das Beste zweier Nationen: französisches Savoirvivre gepaart mit britischer Eleganz und Gartenbaukunst. Die fünf Eilande liegen zwar nur einen Steinwurf von Frankreich entfernt, gehören aber zur britischen Krone. Feinschmecker kommen auf den Kanalinseln ganz auf ihre Kosten. Das umgebende Gewässer liefert fangfrischen Fisch, darunter die begehrten Austern und Hummer.

Lokale Milch-, Gemüse- und Getreidesorten bilden nicht nur schmackhafte Beilagen, sondern auch eigene Speisen wie Eintöpfe, die mit ihrem Aroma die Sinne verwöhnen.

● JERSEY

Wer einmal auf Jersey war, will nie wieder weg. Kein Wunder, dass die Regierung den Zuzug reglementiert. Die mit 118 Quadratkilometern größte und mit rund 100 000 Einwohnern bevölkerungsreichste Kanalinsel bietet alles, was das Herz begehrt: einsame Strände, dramatische Klippenformationen, ein durch den Golfstrom bedingtes mildes Klima und Großstadtflair in der Inselhauptstadt St. Helier.

ST. HELIER

Die rege Hauptstadt der Insel ist klein genug, um sie zu Fuß zu erkunden. Vom beeindruckenden Jachthafen aus kann gemütlich an der Hafenpromenade flaniert werden, um dann stadteinwärts zwischen georgianischen Häuserfassaden durch kleine Gassen zu schlendern, die in nett angelegten Parks münden. Wenn der Magen langsam anfängt zu knurren, kommt die breit gefächerte Essensszene der Stadt zu Hilfe: Ob auf regionalen Street-Food-Märkten, in den viktorianischen Markthallen, in schmucken Hafenrestaurants oder in sternegekrönten Lokalen: Die abwechslungsreiche Küche St. Heliers stillt jeden Hunger.

ST. AUBIN

Das verträumte Fischerdorf zieht sowohl Einheimische als auch Urlauber mit seinem maritimen Flair in den Bann. Steile, kopfsteingepflasterte Gassen führen vorbei an alten Kaufmannshäusern aus dem 18. Jahrhundert an den Hafen, der von charmanten Restaurants und traditionellen Pubs gesäumt ist.

ST. BRELADE'S BAY

Die Bucht St. Brelade's im Süden der Insel ist mit goldenem Sand und sicheren Schwimmmöglichkeiten nicht nur einer von Jerseys beliebtesten Stränden, sondern wurde 2019 sogar zum drittbesten Strand der Britischen Inseln gewählt.

ST. OUEN'S BAY

Der sieben Kilometer lange Sandstrand im Westen von Jersey begeistert mit seinen perfekten Bedingungen nicht nur Surfer, sondern lockt mit der Schönheit seiner Sanddünen Les Mielles, die seit den 1970er-Jahren unter Naturschutz stehen, auch Naturfreunde an.

● GUERNSEY

Guernsey ist mit 65 Quadratkilometern die zweitgrößte Insel des Archipels der Kanalinseln und ein echtes Schmuckstück. Rau, dramatisch und aufregend ist die Steilküste im Süden, wo große Wellen gegen die zerklüfteten Felsen krachen Der Norden und der Westen sind bedeutend sanfter und bestechen mit puderfeinen Sandstränden, zart rosafarbenen Felsen und sich im Wind neigendem Dünengras. Dank des Golfstroms herrscht mildes Klima, in dem sogar Bananenstauden, Palmen und andere Tropenpflanzen vor urenglischen Cottages gedeihen.

SAINT PETER PORT

Das Herz von Guernsey schlägt an der Ostküste, in der Hauptstadt Saint Peter Port. Die hügelige Altstadt, die von der 1048 urkundlich erstmals erwähnten Stadtkirche dominiert wird, lädt mit zahlreichen Einkaufsmöglichkeiten und charmanten Lokalen zum Bummeln und Verweilen ein.

Die Gezeiten verändern das Gesicht von Jersey. Sandflächen tauchen aus den Fluten auf, um nur wenige Stunden später wieder in ihnen zu versinken ... so wie an der zerklüfteten Küste in Beauport im Südwesten der Insel.

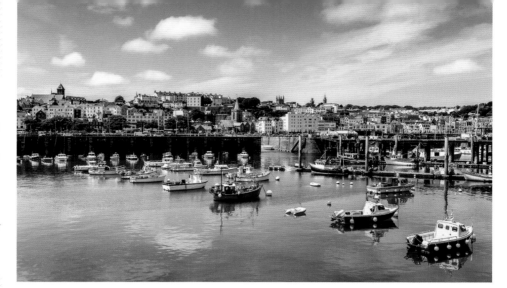

Saint Peter Port mit seinem Hafen ist die bedeutendste Stadt von Guernsey. Hier findet man jede Menge Lokale, die köstliches Sushi, Steak und Seafood anbieten, am beliebtesten sind die Plätze mit Aussicht auf das Meer oder die Uferpromenade.

● SARK

Die Insel Sark thront in gut 100 Meter Höhe erhaben auf einem Felsplateau. Das Eiland ist gerade einmal 5,5 Quadratkilometer groß, bietet Seglern jedoch ruhige und abgeschiedene Ankerbuchten. Autos sind verboten, so schaukeln Besucher und Bewohner in Pferdekutschen über die Insel.

GARTEN DER LA SEIGNEURIE

Wunderschöne Gärten findet man nahezu überall auf den Kanalinseln, das milde Klima begünstigt das Wachstum von subtropischen Pflanzenarten. Ein ganz besonders schöner Garten findet sich um das Anwesen La Seigneurie auf Sark. Inmitten diesem Meer aus Blüten und Farben thront das Herrenhaus in grauem Jersey-Stein.

● HERM

Palmen, Sandstrand, tropische Pflanzenarten. Herm ist die karibischste der Kanalinseln. Kein Wunder, dass man sie auch als Paradies bezeichnet. Doch auf dem Gebiet dieses Paradieses gelten Regeln, die so manches Schmunzeln auslösen werden – wenn nicht gar Unverständnis. Autos sind verboten, Fahrräder ebenso. Das einzige Hotel der Insel besitzt nicht nur keine einzige Uhr, auch Telefon und Fernseher sucht man vergebens. Einen öffentlichen Friedhof gibt es hier nicht, denn mit Eintritt in die Rente muss man die Insel verlassen und darf nur als Tourist wiederkehren. Für eine Stippvisite also überaus interessant.

● ALDERNEY

Auf einen ersten Blick könnte man sie für Pinguine halten: schwarze Flügel, weißer Bauch, orangeroter Schnabel. Es sind Papageitaucher, die die Küste Alderneys bevölkern. Wer nicht nur romantische Felsen und waldige Täler entdecken möchte, kann den Leuchtturm Mannez oder das Inselmuseum besuchen oder Schiffswracks aus der viktorianischen Zeit begutachten.

ACHTSAME PAUSE

AUF DEN SPUREN VON VICTOR HUGO WANDELN // Kaum ein Zitat über die Kanalinseln ist berühmter und treffender als das Victor Hugos: Die Inseln seien »ein Stück Frankreich, das ins Meer gefallen ist und von England aufgesammelt wurde«. Sein Wohnhaus Hauteville House mit der originalen Einrichtung ist heute als Museum zu bewundern. Eines seiner bekanntesten Werke, »Les Misérables«, hat er hier verfasst.

NOCH MEHR SCHMECKEN!

SLOWENIEN
⬡ OPEN KITCHEN FOOD MARKET IN LJUBLJANA

Wenn im März die ersten frühlingshaften Sonnenstrahlen die Menschen nach draußen locken, beginnt die Street-Food-Saison. Beim Food-Event Odprta kuhna (offene Küche) im schönen Ljubljana treffen sich bei gutem Wetter jeden Freitag von Mitte März bis Oktober Tausende Fans der Open-Air-Küche. Köche aus den angesagtesten Restaurants Sloweniens beweisen auf dem Marktplatz Pogačarjev ihr Können. Einfach nur lecker!

ÖSTERREICH
⬡ KULINARISCHE KLASSIKER

In Sachen Kulinarik bietet die österreichische Küche gerne bodenständige und deftige Hausmannskost, auf der Speisekarte der gemütlichen »Beisl« stehen da Gulasch, Tafelspitz, Backhendl-Salat und Knödel aller Art. Ebenso vielseitig zeigen sich die süßen Varianten von Grießnockerl, Germknödel bis Kaiserschmarrn, die man auf Hütten oder in den Kaffeehäusern genießt. Bei Kaiserschmarrn gibt es nur einen Streitpunkt: verführerische Nachspeise oder unwiderstehliche Hauptspeise? Auch das berühmte Wiener Schnitzel aus Kalbfleisch mit Eier-Mehl-Panade genießt internationale Beliebtheit.

DEUTSCHLAND
⬡ NORDFRIESISCHE AUSTERN

Sie leben zwischen Amrum, Föhr und Sylt im Watt – wilde Austern. Doppelt bis dreimal so groß wie ihre Zuchtschwestern schmecken sie zudem nussiger und »meeriger«. Von September bis Mai dürfen sie gesammelt werden – aber nur unter Aufsicht eines lizenzierten Fischers. Die übrigen Monate sind tabu, da laichen die hartschaligen Meeresbewohner. Sie gehören übrigens zur Spezies Pazifische Felsenauster und sind wohl eingewandert. Zwar gab es bereits ab dem 17. Jahrhundert Austernvorkommen in der Region – die sogenannten »Holsteiner«, die schon Dänenkönig

Das ist nicht einfach gefälliges Streetfood, das ist gelebte Kulinarik, die den Gaumen verwöhnt und gleichzeitig eine einmalige Atmosphäre in die Stadt Ljubljana zaubert.

Die Sylter Royal Austern kann man auch online bestellen, sie kommen dann frisch verpackt im Spankörbchen von der Insel nach Hause geliefert. Stilechter genießt man die besonderen Meeresfrüchte aber direkt vor Ort, garniert mit einer frischen Brise.

Friedrich II. und später auch dem Dichter Heinrich Heine mundeten. Aber dann hatte Packeis in mehreren harten Wintern die Molluskeln scheinbar auf immer zerrieben. Um 1970 gelang Fischerei-Wissenschaftlern dann die Aufzucht japanischer Austern bei Sylt. Inzwischen gibt es dort, in der Binselbucht vor List, wieder beachtliche Kulturen. Nordfriesische Austern gibt es zum Beispiel auf Sylt. »Sylter Royal« ist die eingetragene Marke der Dittmeyer's Austern-Compagnie auf Sylt – Deutschlands einziger Austernzucht mit eigener Probierstube.

ITALIEN
○ SÜDTIROLS DEFTIGE DELIKATESSEN

In Südtirol schmeckt's. Wer im Vinschgau wandert, am Salten bikt und in den Dolomiten klettert oder Ski fährt, der hat Appetit. Südtirols Küche bietet da Passendes für den Gaumen. Für unterwegs passt die Kaminwurz oder ein Stück Speck in den Rucksack, zusammen mit dem würzigen Vinschgauer Brot. Oben auf der Alm kocht die Sennerin dann richtig auf: Als Erstes wird »a saure Suppn«, Brennsuppe mit Kutteln, gelöffelt. Als Hauptspeise empfiehlt sich ein Tris: »Schlutzkrapfen« – Teigtaschen, meist mit Spinatfüllung –, Knödel mit Speck, Marillen oder Zwetschgen und als Drittes eine Kartoffelzubereitung. Beliebt sind auch die »Südtiroler Tirteln«, in Fett gebackene Teigblätter, meist mit Kraut oder Topfen gefüllt. Für süße Gelüste stehen Apfelstrudel und alle möglichen Sorten von Krapfen bereit. Dazu je nach Vorliebe DOC-Wein aus Südtirol oder heimisches Bier.

ITALIEN
○ SCHLEMMEN AUF SIZILIEN

100 Kilogramm Nudeln soll jeder Sizilianer pro Jahr verspeisen. Ob man dieser Zahl im Urlaub nacheifern sollte, ist fraglich, doch zumindest sollte man nicht abreisen, ohne einmal Pasta gegessen zu haben. Auch weitere typische Spezialitäten sollte man sich nicht entgehen lassen: Arancini, gefüllte Reisbällchen, oder die Schichttorte Cassata – und natürlich Fisch.

MALTA
○ GEMÜSEKAMMER UND KULINARIK AUF GOZO

Gozo ist die Gemüsekammer der Nachbarinsel Malta und liefert mehr als die Hälfte des Bedarfs an Obst und Gemüse für die große Schwester. Erdbeeren oder Tomaten, alles schmeckt sonnenverwöhnt süß. Besonders lecker sind die Tomaten, die hier noch auf althergebrachte Weise sonnengetrocknet werden. Der Unterschied ist einfach schmeckbar. Im Landgut Ta Mena gibt es nicht nur einen Bauernladen und ein angeschlossenes Restaurant, dort können Besucher auch an Führungen teilnehmen, um Wissenswertes zur Produktion zu erfahren, inklusive Verkostung. Auch zu Wein und Oliven gibt es schlemmertaugliche Touren.

RUMÄNIEN

VERGNÜGLICHE WEIN-VERKOSTUNG

Die historische Landschaft in Rumänien liegt zwischen den Südkarpaten und der Donau und wird durch den Fluss Alt in die Große und die Kleine Walachei geteilt. Der Weinanbau hat in Rumänien, vor allem in der Kleinen Walachei sowie rund um die Stadt Craiova, eine lange Tradition. Aber auch in Bukarest, der Hauptstadt, die zur Großen Walachei zählt, gibt es charmante Orte der Weinverkostung.

● REISE-INFOS
Wo? Walachei im südlichen Rumänien
Wie? Per Flug nach Bukarest, dann weiter mit Bus oder Zug gute Verbindungen
Info: www. urlaub-in-rumänien.de und www.abelswinebar.ro

WINETASTING IN DER WALACHEI
In den Karpaten, dem wohl noch unberührtesten Gebirge Europas, sind Naturreservate und Nationalparks eingerichtet worden. Und in deren Ausläufern erstreckt sich die Walachei, in deren Hängen seit Jahrhunderten Weinreben kultiviert werden. Die Klimabedingungen sind mit den heißen und trockenen Sommern ideal. Allerdings wird der Großteil der Weine von den Einwohnern des Landes selbst konsumiert. Deshalb sind rumänische Weine auch weitgehend unentdeckt und sollten unbedingt probiert werden.

In der Hauptstadt Bukarest gibt es verschiedene Möglichkeiten der Verkostung. Entweder besucht man eines der zahlreichen, urigen Lokale in der Innenstadt und probiert, was die Weinkarte neben bodenständiger Hausmannskost bietet. Oder man schließt sich einer privaten Führung an, dann bekommt man neben den Gaumenfreuden auch noch Wissenswertes zur jahrtausendealten Geschichte des Weinanbaus in Rumänien.

● NATIONALPARK PIATRA CRAIULUI
Hier also soll es gewesen sein, hier soll der schreckliche Dracula sein Unwesen getrieben haben: im Piatra-Craiului-Gebirge, das sich im

Südwesten Transsilvaniens erstreckt und zu dessen Füßen Schloss Bran liegt. Es wird mit viel Tamtam als Residenz des historischen Vlad III. vermarktet, Fürst der Walachei, genannt Dracula, der »Sohn des Drachens«, den sie aber »Sohn des Teufels« nannten, weil er ein Menschenschinder und Gotteslästerer allerersten Ranges war.

Dabei hat das Piatra-Craiului-Gebirge genügend andere Attraktionen, die ganz real sind – darunter allein 216 Schmetterlingsarten, vier Dutzend Arten von Bergorchideen und über 1300 unterschiedliche Pflanzenarten. Bären, Wölfe und Luchse sind die eigentlichen bluthungrigen Lebewesen in dieser Bergwelt, die nach Westen hin fast senkrecht abfällt und 700 Höhlen in ihren Flanken versteckt.

Links: Die Prahova ist ein Fluss in Rumänien, in dem nach ihm benannten Tal gedeihen erlesene Weinreben.

Rechts: Dracula ist in den Piatra-Craiului-Bergen nur Legende, umso mehr real ist aber der gleichnamige Nationalpark als unberührtes Naturparadies.

*Sobald man die Stadtgrenze des trubeligen
Bukarest verlassen hat, empfängt den Besucher
eine historische und einsame Landschaft und
immer wieder weitläufige Hänge mit Weinreben.*

● BUKAREST

Für Rumänien erfüllt Bukarest in jeder Hinsicht die Funktion eines Zentrums, politisch, wirtschaftlich und kulturell. Wer hier lebt, hat nicht nur die besten Verdienstmöglichkeiten im Land, er kann auch all die Vorzüge der Metropole genießen: Museen, Theater und Hochschulen, Ausgeh-, Einkaufs- und Freizeitmöglichkeiten.

Seit 350 Jahren ist Bukarest Hauptstadt, denn 1659 hatte es Târgovş endgültig als solche abgelöst. Aber bereits im 15. Jahrhundert residierten hier die stolzen Fürsten der Walachei. Zur königlichen Residenz wurde Bukarest 1877 in der neu geschaffenen Monarchie. Einst wurde die Stadt »Paris des Ostens« (Micul Paris) genannt aufgrund ihrer kosmopolitischen Hochkultur und des dominierenden französischen Einflusses in ihrer Architektur. Während der Diktatur Ceauşescus wurden allerdings historische Stadtviertel weiträumig zerstört, um Platz für seinen monumentalen Zuckerbäckerstil zu schaffen.

PARLAMENTSPALAST

Mit dem »Haus des Volkes« hat sich der kommunistische Diktator Ceauşescu ein Denkmal gesetzt, das wahrlich nicht zu übersehen ist. Rücksichtslos ließ Ceauşescu ein ganzes Altstadtviertel abreißen, um seine »Kathedrale der Macht« im neoklassizistischen Stil zu errichten. Die Baukosten waren immens angesichts der Dimensionen (450 000 Quadratmeter Nutzfläche), der aufwendigen Innengestaltung mit Prunksälen und Galerien sowie des unterirdischen Bunkersystems und der protzigen Umgebung des Palastes. Von 1984 bis 1989 waren Zehntausende damit beschäftigt, das zweitgrößte Gebäude der Welt zu errichten. Die neue Regierung ließ den Bau vollenden und machte ihn zum Sitz des Parlaments. Der zu Stein gewordene Größenwahn des Diktators entwickelte sich immerhin zur Touristenattraktion.

ACHTSAME PAUSE

FREILICHTMUSEUM DIMITRIE GUSTI // Im Norden von Bukarest wurde ein typisch rumänisches Dorf aus alten Bauernhäusern errichtet. Das Muzeul Naţional al Satului »Dimitrie Gusti« gibt einen umfassenden Einblick in die bäuerliche Kultur und Baukunst Rumäniens. // www.muzeul-satului.ro

Rechts: Anfang des 19. Jahrhunderts als Herberge und Schenke erbaut zählt Hanul lui Manuc heute zu den schönsten Baudenkmälern Bukarests.

STADTZENTRUM, CALEA VICTORIEI

Die beste Orientierung im weiträumigen Zentrum bietet die Calea Victoriei, Bukarests Prachtboulevard, der sich, gesäumt von teilweise pompösen Bauwerken des 19. und beginnenden 20. Jahrhunderts, von Nord nach Süd quer durch die gesamte Innenstadt zieht.

Der Name »Siegesstraße« geht zurück auf 1877/78, als sich Rumänien die staatliche Unabhängigkeit erkämpft hatte und nach Jahrhunderten der türkischen und österreichisch-ungarischen Herrschaft ein selbstständiges Königreich wurde. Selbstverständlich wurde damals auch der neoklassizistische Königspalast (Palatul Regal; 1937) gebaut. Ebenfalls an der Calea Victoriei findet sich, im klassizistischen Bau der früheren Hauptpost, das hochinteressante Nationale Geschichtsmuseum mit der Schatzkammer der walachischen Fürsten.

NATIONALES KUNSTMUSEUM

Einen Streifzug durch 1000 Jahre rumänische Malerei unternimmt man im Nationalen Kunstmuseum im ehemaligen Königspalast. Besonders sehenswert sind die Ikonen im spätbyzantinischen Stil.

LIPSCANI-VIERTEL

Wer den Charme des alten Bukarest erleben will, der macht sich auf in das Altstadtviertel rund um die Lipscani-Straße, einst das wichtigste Wirtschaftszentrum der gesamten Walachei. Alle möglichen Handwerker, vom Schuster bis zum Goldschmied, betrieben in den eng bebauten Gassen ihre Werkstätten, doch den meisten Profit machten hier, am Schnittpunkt zwischen Orient und Okzident, die Kaufleute.

HANUL LUI MANUC

Auf dem einstigen Areal des Fürstenhofes liegt ein besonders malerisches Bauwerk: Hanul lui Manuc, was man mit Schenke und Herberge des Manuc übersetzen könnte. Anfang des 19. Jahrhunderts wurde es im Stil einer Karawanserei mit großem Innenhof, hölzernen Laubengängen und umfangreichen Kellergewölben erbaut und dient auch heute wieder dem traditionellen Zweck als Hotel und Restaurant.

● NATURPARK COMANA

Der Park im Kreis Giurgiu südlich von Bukarest ist seit dem Jahr 2004 ein staatlich anerkanntes Naturschutzgebiet. Er beherbergt über 200 verschiedene Pflanzenarten, darunter auch die Pfingstrose.

● CRAIOVA

Eine sehr sehenswerte Stadt in Südoltenien: Im Haus des Statthalters aus dem 17. Jahrhundert befindet sich das Volkskundemuseum. Die 1651 von Fürst Matei Basarab gestiftete Demetriuskirche wurde im 19. Jahrhundert umgestaltet.

● NONNENKLOSTER HOREZU

Das Kloster Horezu gilt als ein Meisterwerk des »Brâncoveanu-Stils« – einer Kunstrichtung, die auf den Fürsten Brâncoveanu zurückgeht. Sie nimmt west- und osteuropäische Einflüsse auf und kombiniert sie mit der orthodoxen Volkskunst. Die meisterhaften Fresken, mit denen der Innenraum des Gotteshauses ausgestaltet wurde, sind an byzantinischen Vorbildern orientiert. Sie stammen von walachischen und griechischen Künstlern.

NOCH MEHR SCHMECKEN!

DEUTSCHLAND
⬡ DEUTSCHE WEINSTRASSE UND MOSELWEINSTRASSE

Die Deutsche Weinstraße zieht sich von den pfälzischen Gemeinden Bockenheim und Grünstadt über Bad Dürkheim, Neustadt und Maikammer bis südlich von Bad Bergzabern, fast an die Grenze zum Elsass. Auf gut 80 Kilometern führt die schon vor mehr als ebenso vielen Jahren ins Leben gerufene touristische Route damit durch das zweitgrößte der 13 deutschen Weinbaugebiete. Gut dreimal so lang ist indes die Moselweinstraße. Sie beginnt in Perl und schlängelt sich über Trier bis zum Deutschen Eck in Koblenz durch die älteste Weinregion der Republik.

⬡ WEINERLEBNISLAND RHEINHESSEN

Rheinhessen ist das größte zusammenhängende Weinbaugebiet Deutschlands, und so wundert es nicht, dass sich das gewachsene Kulturland auch als Weinerlebnisland sieht. Um das »Land der 1000 Hügel« näher kennenzulernen, bieten sich die Wanderwege an, die oft durch reizvolle Weinberglandschaften führen. Und natürlich spielen die geselligen Weinfeste eine ebenso große Rolle wie die Winzer und Winzerinnen in dieser Region.

ITALIEN
⬡ SÜDTIROLER WEINSTRASSE

Wein wird entlang der Südtiroler Weinstraße schon seit Jahrtausenden produziert. Böse Zungen behaupten, das Wasser des Kalterer Sees werde im Weinort Kaltern als Tafelwein ausgeschenkt. Wahr ist, dass sich im größten und wärmsten Badesee des Landes herrlich schwimmen lässt, dass sich in den 15 Weinanbaugemeinden zwischen Nals und Salurn, mit Bozen, Eppan und Kurtatsch, Rebanlagen in der sogenannten »Pergola-Form« finden, die der Einheimische schlicht »Pergl« nennt. Charakteristisch für diese Region sind die Vernatsch-Reben, aus denen der Kalterer-See-Wein gekeltert wird, den die Bauern mit Schürze verlesen und den sie auch mit Schürze trinken.

⬡ TÖRGGELEN IN SÜDTIROL

Wenn die Tage allmählich kürzer werden, beginnt für Weinliebhaber in Südtirol eine besondere Jahreszeit: Nachdem der Wein geerntet und gepresst ist, wird der neue Jahrgang probiert. Traditionell wurde das Ende der Erntezeit mit kleinen Festen gefeiert und Helfer wie Weinhändler nutzten die Möglichkeit, um die Erzeugnisse der Winzer zu probieren. Für gewöhnlich fanden die Verkostungen in den Weinkellern statt, wo die Presse stand. Diese – in Südtirol »Torggl« genannt – verlieh der Tradition des Törggelen ihren Namen. Zwischen Anfang Oktober und dem ersten Adventswochenende öffnen die Buschen- und Hofschenken Weinliebhabern ihre Pforten. Man kostet edle Tropfen und genießt dazu hausgemachte Spezialitäten.

ACHTSAME PAUSE

TAG DER OFFENEN WINZER-HÖFE // Eine der bekanntesten deutschen Weinlagen aus Rheinhessen ist der Niersteiner »Rote Hang«. Probieren kann man diese Spitzenweine bei der Weinpräsentation »Wein am Rhein« im Juli, dem »Winzerfest« im August oder bei den »Tagen der offenen Winzerhöfe« im September jeden Jahres.

SPANIEN
◯ WEINPARADIES RIOJA

Viele der bekannten spanischen Weine kommen aus den Weingütern, spanisch »Bodegas«, des Rioja, aus den Tälern und Ebenen nördlich und südlich von Logroño, der Hauptstadt der Provinz, wo ausgezeichnete Rotweine der Rebsorte Tempranillo in Eichenfässern reifen. Die Weingüter des Rioja Alta stehen für harmonische Weißweine und im Rioja Baja keltert man meist sehr alkoholreiche Weine. Der Name entstammt dem Fluss (Río) Oja, einem Nebenfluss des Ebro, der einen Großteil dieser Landschaft durchfließt.

Auf 43 000 Hektar wird von über 20 000 Winzern Weinbau betrieben; damit gehört La Rioja zu den bedeutendsten Weinregionen in Europa.

◯ WEINPROBE AUF MALLORCA

Nachdem die Reblaus Ende des 19. Jahrhunderts über 90 Prozent der Reben vernichtet hatte, wurde der Weinbau so gut wie eingestellt. Doch erlebte er in den vergangenen zwanzig Jahren einen enormen Aufschwung. Nachdem man sich wieder darauf besonnen hatte, dass Wein ein wesentlicher Teil der Kulturgeschichte Mallorcas war, wurden in Anbau- und Kellereitechnik viel Geld investiert. Man pflanzte neue Reben wie Chardonnay und Cabernet Sauvignon und pflegte das noch vorhandene Rebgut wie Prensal blanc, Manto negro und Callet. Die Weine, die heute in den fast 60 Kellereien gekeltert werden, halten längst jedem internationalen Vergleich stand. Doch für den Export kann nicht genügend produziert werden und so sollte man den Wein auf der Insel genießen. Entweder in einem der vielen Restaurants oder authentischer in den Weinkellereien.

SCHWEIZ
◯ WEINWANDERN UM CHUR

Von Chur aus gelangt man auf dem 40 Kilometer langen Wanderweg Bündner Rheintal in die umliegenden Weinbaugemeinden des Kantons Graubünden. Gleich Perlen auf einer Kette reihen sich hier die kleinen Dörfer in der herrlichen Kulturlandschaft am Rhein aneinander. Auch verschiedene Rundwanderwege mit kürzerem Umfang stehen zur Verfügung, zum Beispiel Trimmis/Zizers (vier Kilometer), Malans/Jenins (zehn Kilometer) oder Maienfeld/Fläsch (zehn Kilometer). Die malerische Landschaft und die bezaubernden kleinen Ortschaften tun der Seele gut.

Während der Wanderung verlocken zahlreiche Restaurants mit erlesenen Weinen der Regionen und bestem Essen zu einer Rast. Ein besonderes Erlebnis ist diese Wanderung natürlich im Herbst zur Zeit der Weinlese, die hier übrigens »Wimmlet« heißt.

Der Weinbau in Südtirol reicht bis weit in die rätische Vorzeit zurück. Später wurden die Weine in Fässern bis nach Rom versandt. Heute verkaufen sich Südtiroler Weine wie Sauvignon oder Blauburgunder in alle Welt.

ITALIEN

SÜSSE VERFÜHRUNG IN PERUGIA

Die Hauptstadt der Provinz als auch der Region Umbrien liegt auf einem Höhenzug zwischen dem Tibertal und dem Trasimenischen See. Perugia hatte schon in etruskischer Zeit große Bedeutung und hat diese bis heute nicht verloren. Wer sich zwischen den Entdeckungen der Kulturschätze mit Süßem verwöhnen möchte, findet hier eine perfekte Adresse. Das Haus der Schokolade, aus dem die beliebten »Bacis« stammen.

Oben: Das Besondere an »Baci« sind nicht nur die traditionellen Rezepturen des Schokoladenpralinés, auch ist jedem »Kuss« ein Zettelchen mit Zitaten und Sprüchen zu Liebe und Freundschaft beigelegt.

Links: Die Basilika San Domenico ragt aus der Stadtsilhouette von Perugia hervor. Die Kirche ist die größte von ganz Umbrien.

● REISE-INFOS

Wo? Hauptstadt von Umbrien
Wie? Flug nach Florenz oder Rom und per Bus weiter oder im Auto auf Italienreise
Info: www.baciperugina.com

BACI DI PERUGINA NASCHEN

Die wohl bekannteste Spezialität der Firma Perugina sind die kleinen blau verpackten »Baci«, Schokoladenküsse, die seit Jahrzehnten als süßer Gruß oder zum Kaffee gereicht werden. In der »Casa del Cioccolato«, dem Perugina-Schokoladen-Museum in Perugia, kann man die Geschichte des Betriebs und der Schokoladenherstellung verfolgen und am Ende die Leckereien auch probieren. Unterdessen gibt es neben der klassischen Nuss-Nougat-Mischung verführerische Alternativen mit Amaretto oder dunkler Schokolade.

● PERUGIA

Wie die meisten italenischen Städte betört Perugia mit kostbaren historischen Bauten, welche der Altstadt mit ihren engen Gassen und den pittoresken Plätzen ihr ganz spezielles Flair geben. Durch die Università per Stranieri, die Ausländeruniversität, ist Perugia ein Zentrum junger Menschen aus aller Welt geworden. Die Studenten lassen Perugia höchst lebendig wirken, was einen reizvollen Kontrast zur historischen Altstadt bildet.

PIAZZA IV NOVEMBRE

Mittelpunkt der Altstadt von Perugia ist auch heute noch die Piazza IV Novembre. Hier fließen seit dem Jahr 1278 die Wasser der Fontana Maggiore, die durch ein raffiniertes Röhrennetz von den Hügeln rund um die Stadt gespeist wird. An der Nordseite des Platzes

führt eine Treppe zum gotischen Dom San Lorenzo. Der im 13. Jahrhundert erbaute mächtige Palazzo dei Priori war im Mittelalter Sitz von insgesamt zehn Prioren. Die zur Piazza IV Novembre gerichtete Fassade wird von einer schwungvollen Freitreppe und einem schönen Portal geschmückt. Im Inneren des Palasts befindet sich heute die Galleria Nazionale dell'Umbria mit Werken umbrischer Künstler.

● ASSISI

Die umbrische Kleinstadt, gelegen am westlichen Ausläufer des Monte Subasio, wäre sicherlich nicht so bekannt, wenn mit dieser Ortschaft nicht ein außerordentlicher Heiliger untrennbar verbunden wäre: Giovanni Bernardone, der als Franz von Assisi den Namen seiner Heimatstadt seit Jahrhunderten in alle Welt trägt. Assisi ist eine bezaubernde, mittelalterliche Gemeinde mit einer vorbildlich restaurierten malerischen Altstadt samt der Festungsruine Rocca Maggiore. Der größte Anziehungspunkt von Assisi sind zweifellos das Kloster und die Basilica di San Francesco, die am nordwestlichen Ende der Stadt prachtvoll auf einem Hügel thronen. Die Basilika aus dem 13. Jahrhundert wurde als Grabeskirche des beliebten Heiligen errichtet und besteht aus zwei übereinandergebauten Kirchen. Mit ihren beeindruckenden Temperafresken, die Szenen aus dem Leben des heiligen Franziskus zeigen, steht sie als Weltkulturerbe unter dem Schutz der UNESCO. Am besten besucht man die Basilika noch vor den Massen gleich am frühen Morgen oder am späteren Nachmittag.

● KLEINE ORTE WIE PACIANO UND GUBBIO BESUCHEN

Die Einzigartigkeit Umbriens liegt in den zahlreichen mittelalterlichen Städtchen der Region, die herrlich in das grüne Hügelland eingebettet sind. In den verwinkelten Gassen von Paciano, mit seinem historischen Dorfkern und den erhaltenen Stadtmauern, ist die römisch-etruskische Vergangenheit bis heute gegenwärtig. Nicht umsonst zählt das Dorf zur Vereinigung der »borghi più belli d'Italia«, der schönsten Dörfer Italiens. Auch Gubbio ist als eine der ältesten Städte Umbriens unbedingt sehenswert und birgt zahlreiche architektonische Schätze.

NOCH MEHR SCHMECKEN!

Die Konditorei Kormuth in Bratislava ist legendär. Neben den süßen Verführungen in der Auslage, lässt auch die opulente Inneneinrichtung jedes romantische Herz höher schlagen.

ÖSTERREICH
⬡ LINZER TORTE

1653 wurde die leckere Torte erstmals erwähnt. Das Rezept ist wahrscheinlich viel älter. Heute ist das Gebäck aus Mehl, Butter, Zucker, Ei und Mandeln mit Johannisbeergelee und dem typischen Teiggitternetz obendrauf weltberühmt. Kein Café, keine Konditorei in Linz, das sie nicht anbietet.

⬡ MOZARTKUGELN IN SALZBURG

Süßer Exportschlager ist natürlich die Mozartkugel. 1890 zum 100. Todestag des weltberühmten Komponisten Wolfgang Amadeus Mozart im Jahr 1891 kreiert, dürfte die mit Nougat und dunkler Schokolade umhüllte Marzipanpraline auf der Liste der Urlaubsmitbringsel ganz weit oben stehen.

BELGIEN
⬡ SCHOKOLADENKUNSTWERKE IN HASSELT

Im Boon Chocoladehuis entstehen nicht einfach nur Pralinen, sondern regelrechte Schokoladenkunstwerke. Man kann die Leckerbissen auch verkosten, aber allein die Herstellung ist schon ziemlich vielversprechend.

POLEN
⬡ MARTINSHÖRCHEN IN POSEN

Fast jede Stadt hat ihre eigenen Spezialitäten, für die sie berühmt ist. Im Fall Posens sind es die Martinshörnchen: Plunderteig, der mit Weißmohn gefüllt wird und mit Zuckerguss bestrichen ist. Besonders am Martinstag (11. November) laufen die Öfen in Posen heiß, um der Tradition gemäß die süßen Stücke zu backen und gemeinsam zu vernaschen.

SPANIEN
⬡ HEISSE SCHOKOLADE AUF MALLORCA

Die Xocolatería Ca'n Joan de S'aigo ist in Palmas Altstadt eine historisch berühmte Adresse, seit 1700 werden hier hausgemachte Eissorten hegestellt. Berühmt ist aber vor allem die sämige Trinkschokolade

SLOWAKEI
⬡ SINNESERLEBNIS KONDITOREI KORMUTH IN BRATISLAVA

Die Konditorei Kormuth serviert hausgemachte Kuchenspezialitäten nach traditionellen Rezepten der Donau-Monarchie. Zudem verführt die Einrichtung schon alle Sinne.

ZYPERN

DIE KRAFT DER OLIVEN

Olivenbäume werden auf Zypern bereits seit 4000 Jahren als Nutzpflanze kultiviert. Die immergrünen, bis zu 15 Meter hohen Bäume prägen maßgeblich das Landschaftsbild der Insel. An der Südküste Zyperns, unweit des malerischen Dorfes Anogyra, liegt der Olivenpark Oleastro. Dort können Besucher der Geschichte des Ölbaums, seinem Anbau und der Veredelung von Früchten zu eingelegten Tafeloliven oder duftenden Ölen nachspüren.

● **REISE-INFOS**
Wo? 40 Kilometer südöstlich von Paphos
Wie? Flug nach Paphos, weiter mit Mietauto
Info: www.oleastro.com.cy

OLIVENPARK OLEASTRO
Oleastro hat sich auf die ökologische Verarbeitung mit hochwertiger Kaltpressung spezialisiert. So bleiben die natürlichen Aromen, Farben und die wichtigen antioxidativen Polyphenole der grünen Früchte erhalten. Im angeschlossenen Restaurant werden traditionell zypriotische Gerichte mit den Zutaten aus der eigenen Produktion zubereitet.

Wie viele Dinge, die gut und wertvoll sind, braucht es Zeit und Geduld, um Oliven ertragreich ernten zu können. Vom neu bepflanzten Olivenbaum bis zur ersten Ernte dauert es in der Regel 30 Jahre.

● NATIONALPARK PETRA TOU ROMIOU
Der Nationalpark Petra tou Romiou zwischen Paphos und Limassol mit seinen spektakulären Felsformationen gehört zu den schönsten Küstenabschnitten Zyperns. Die Landschaft bildet hier ein vielgestaltiges Relief aus Küste, Tälern und Bergen. Und über allem schwebt der Geist der Aphrodite-Sage.

Zuerst die Fakten: Der Nationalpark liegt im Südosten des Bezirks Paphos, umfasst eine Fläche von 3,51 Quadratkilometern und weist aus geologischer Sicht interessantes Kalkgestein auf – der vielleicht schönste und spektakulärste Küstenabschnitt Zyperns mit geologisch interessanten Felsformationen. In einer Bucht mit grobkörnigem Strand und Abertausend glatt polierten Kieseln, ragen einige Kalksteinfelsen aus dem Meer. Der größte, an einen mächtigen Keil erinnernde Fels, heißt Petra tou Romiou oder Fels der Römer.

ACHTSAME PAUSE

NIKI'S HOUSE // Klein, gemütlich, warmherzig. Keine seelenlose Hotelburg, sondern ein sehr persönliches Ambiente.　　**// nikishouse.com**

CASALE PANAYIOTIS // Was für eine gute Idee, diese kleinen Steincottages in eine Spa- und Hoteloase umzuwandeln, ohne ihnen den traditionellen Charme zu nehmen! Im Inneren erwarten die Gäste moderner Luxus und stilsichere Gestaltung.
　　// casalepanayiotis.com

● PAPHOS

Im 4. Jahrhundert v. Chr. wurde am Ort der heutigen Stadt das antike Neu-Paphos gegründet; hier gab es ein Heiligtum der Aphrodite. Die Reste von Befestigungsmauern, Grabanlagen und von aufwendigen Mosaiken zeugen von der Bedeutung des antiken Paphos als Handelsplatz bis in die Zeit der Römer hinein. In den Königsgräbern von Paphos sind hohe Beamte der einstigen ptolemäischen Verwaltungsstadt bestattet. Diese Gräber schlug man aus dem Fels heraus, und sie weisen Atrien mit Pfeilergalerien auf. Die meisten wurden in die Wände gemeißelt. Eines der prächtigen römischen Fußbodenmosaiken im Haus des Theseus illustriert den Kampf zwischen Theseus und dem Minotaurus.

● BLAUE LAGUNE

Das sonnenverwöhnte Zypern liegt im Levantischen Meer, jenem östlichen Teil des Mittelmeers, der mit dem Pliniusgraben eine Tiefe von 4384 Metern erreicht. Das Wasser ist glasklar und von außergewöhnlicher Qualität. Zypern ist daher berühmt für seine Badebuch-

Die beeindruckenden Bodenmosaiken mit christlichen und weltlichen Motiven sind in dem archäologischen Park von Paphos zu bewundern.

ten. Manche sind so abgelegen, dass man sie nur per Boot erreichen kann. Ein besonderes Naturjuwel ist die Blaue Lagune im äußeren Westen der Akamas-Halbinsel. Ein felsiger Küstenabschnitt mit einer winzigen Bucht. Dort changiert das Wasser zwischen Türkisblau und Smaragdgrün und ist auch auf großer Distanz zum Strand noch so klar, dass der Meeresboden zu sehen ist.

● AKÁMAS-HALBINSEL

Manchmal hat Militär auch sein Gutes. In diesem Fall den Schutz einer Landschaft, die seit dem Abzug der Armee unter Naturschutz steht. Der Westzipfel von Zypern ist wild und unberührt und bietet nicht nur Vögeln Unterschlupf. Auch die selten gewordenen Mönchsrobben fühlen sich hier wohl und räkeln sich in einer Bucht, während weiter südlich die umgangssprachlich Suppenschildkröten genannten Grünen Meeresschildkröten ihre Eier im Sand der Lára-Bucht ablegen.

In den warmen Monaten oft nur ein schmaler Bach, sucht sich der Avgas seinen Weg durch die Halbinsel, an seinem Ufer lässt es sich bei milden Temperaturen im Frühling und Herbst herrlich wandern. Gesäumt ist der Weg von Sträuchern und Blumen, die in leuchtenden Farben erblühen. Auf diesem Pfad erreicht man schließlich die etwa drei Kilometer lange Avakas-Schlucht. Bis zu 30 Meter ragen ihre hellbeigen Wände in den zypriotischen Himmel, teilweise ist die Schlucht nur vier Meter breit. Die Wanderung ist sehr lohnenswert.

● ARCHÄOLOGISCHER PARK KATO PÁFOS

Wer wohnte wohl hier, in den römischen Villen mit ihren bezaubernden Bodenmosaiken? Und wer waren die Beamten aus ptolemäischer Zeit, von denen nur ihre prächtigen Gräber geblieben sind? Der zum UNESCO-Weltkulturerbe gehörende Park schlägt einen eindrucksvollen Bogen durch zypriotische Geschichte bis zum Mittelalter, es braucht mehrere Stunden, ihn zu erschließen. Die größte Anziehungskraft auf Besucher geht wohl von den vier römischen Villen – den Häusern des Dionysos, Theseus, Aion und Orpheus –

aus, denn hier finden sich die prachtvollen Mosaikböden, für die der Park berühmt ist. Dargestellt werden durch sie Szenen aus der griechischen Mythologie.

● ÓMODOS

Ein Ort, der schon seit Jahrzehnten in vielen Reiseführern als schönstes Dorf Zyperns angepriesen wird, hat es nicht leicht. Fast alle, die nach Zypern kommen, machen einen Abstecher hierher, wo ein Kloster den Dorfmittelpunkt bildet, von dem alte Gassen abzweigen und sich wunderschöne Fotomotive aufdrängen. Authentizität lässt sich gut vermarkten. Wer keine ungestörte Idylle erwartet, sondern landestypische Mitbringsel erwerben möchte, ist hier genau richtig.

● BEMALTE KIRCHEN IM TRÓODOSGEBIRGE

Versteckt im zyprischen Hauptgebirge Tróodos liegen zahlreiche Kirchen und Kapellen, die mit prächtigen byzantinischen Wandmalereien aus dem 11./12. Jahrhundert ausgeschmückt sind. Zehn über mehrere Dörfer ver-

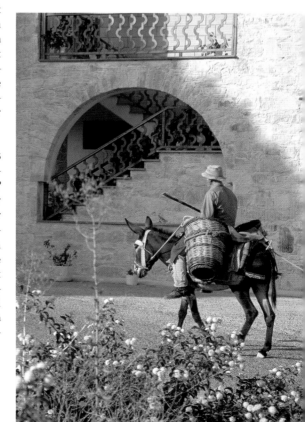

Das Dorf Ómodos scheint einem Bilderbuch entsprungen. Hier ticken die Uhren noch langsamer als andernorts auf der Welt.

streute Gotteshäuser gehören zum Welt-
erbe der UNESCO: Stavros tou Agiasmati,
Panagia tou Arakou, Timios Stavros, Agios
Nikolaos tis Stegis, Panagia Podithou,
Panagia Phorbiotissa, Kirche des heiligen Jo-
hannes Lampadistis, Panagia tou Moutoulla,
Erzengel-Michael-Kirche und Ayia Sotira tou
Soteros.

● ARCHÄOLOGISCHE MUSEEN

Auf Zypern scheint jede Region ihr eigenes
Archäologisches Museum zu haben. Zahlreiche Funde der wertvollen Ausgrabungen
prägen die Insel.
Im Archäologischen Museum des Bezirks Lar-
naka beispielsweise werden Töpferwaren mit
Zinnglasur sowie aus Elfenbein und Alabas-
ter gefertigte Exponate ausgestellt, die von
den internationalen Handelsbeziehungen der
Zyprioter erzählen. In jenem des Bezirks Le-
mesos hingegen dreht sich vieles um den
Aphrodite-Kult mit weiblichen Terrakotta-
figuren oder Opfergaben. Auf eine rätselhaf-
te Silbenschrift trifft man im Museum des
Bezirks Paphos.

ACHTSAME PAUSE

**7 ST. GEORGES TAVERN IN
PAPHOS //** Abends findet sich hier
ohne Reservierung kaum ein Plätzchen, denn diese Taverne ist berühmt für ihr großes Meze-Angebot.
Meze sind typisch zypriotisch: Es
gibt keine Speisekarte, sondern
viele Kleinigkeiten werden zu einem
Festpreis gereicht. Die überaus
herzliche Atmosphäre und der
große Sitzbereich im Freien sind
weitere Pluspunkte dieser ge-
schmackvoll eingerichteten Taverne.
// 7stgeorges.com

*Die Fresken der Kirche
Panagia Phorbiotissa
aus dem 12. Jahrhun-
dert gehören zu den
wertvollsten aus der
byzantinischen Zeit.*

NOCH MEHR SCHMECKEN!

SPANIEN
○ ÖLMÜHLE BESUCHEN AUF MALLORCA

Das Tal von Sóller ist berühmt für Oliven. Früher war das daraus gewonnene Öl eine Haupteinnahmequelle. Die Mühle Can Det aus dem 16. Jahrhundert kann besichtigt werden.

KROATIEN
○ ÖLMÜHLE BESUCHEN AUF CRES

Auf der ganzen Insel laufen laut blökend Schafe frei herum. Wo andernorts die Bauern darüber lamentieren würden, freut man sich hier auf Cres. Denn die Schafe tragen nicht unerheblich dazu bei, dass die vielen Olivenbäume so prächtig gedeihen. Von Hand gepflückt, werden die Früchte in traditioneller Weise in Ölmühlen zu Olivenöl verarbeitet. Manche der Mühlen sind für interessierte Besucher geöffnet, so die der »Poljoprivredna zadruga« in der Inselhauptstadat Cres.

○ OLIVEN PFLÜCKEN WIE DIE BAUERN IN HVAR

Wer einmal den Alltag eines Olivenbauern hautnah miterleben möchte oder Angst hat, sich im Urlaub zu langweilen, kann auf Hvar selbst mitanpacken, sobald im Herbst die Ernte der Oliven beginnt. Dann lassen sich die Bauern vieler Olivenhaine nämlich gern helfen beim Pflücken der Früchte. Die gemeinsame Arbeit macht nicht nur Spaß, man wird dafür sogar entlohnt – wie es nicht anders sein kann mit selbst gemachtem Olivenöl.

GRIECHENLAND
○ OLIVENÖLVERKOSTUNG IN LITHAKIA AUF ZAKYNTHOS

In Exo Hora wächst ein Olivenbaum, der schon 1000 Jahre oder älter ist und noch immer Früchte trägt. Er ist auf jeden Fall einen Blick wert, ebenso wie die Urlauber unbedingt eine Olivenölverkostung machen sollten, etwa in Lithakia, wo eine Olivenpresse inzwischen

zum Museum ausgebaut wurde und Besucher in die verschiedenen Stationen der Ölherstellung einweiht.

○ MUSEUM UND VERKOSTUNG IN DER OLIVE FACTORY IN PARGA

Epirus ist Olivenanbaugebiet. In Parga befindet sich die »Paragaea Parga Old Olive Oil Factory«. Das Museum demonstriert traditionelle und moderne Herstellungsverfahren von Olivenöl inklusive Verkostung.

ITALIEN
○ FLÜSSIGES GOLD IN DER TOSKANA

Wenn im Herbst die letzten warmen Sonnenstrahlen die sanften Hügel in ein goldenes Licht tauchen, beginnt in der Toskana die Olivenernte. Überall in den Olivenhainen sieht man Menschen mit Leitern, Körben und Netzen. Besucher, die ursprüngliches Landleben erfahren möchten, sind herzlich eingeladen, bei der Ernte mitzuhelfen. Dabei wohnt man in einer Ferienwohnung auf einem Landgut, feiert mit den Einheimischen und genießt Brot, Wein und frisch gepresstes Olivenöl.

Zu Hause benutzt man das Öl fast täglich in der Küche. Doch den Wert von Olivenöl weiß man erst richtig zu schätzen, wenn man bei den sorgfältigen Herstellungsschritten dabei gewesen ist.

APHRODITE, GÖTTIN DER LIEBE

PETRA TOU ROMIOU, FELSEN DER APHRODITE

Hier an dieser Stelle soll dereinst die Göttin der Liebe und der Schönheit, Aphrodite, dem Meer entstiegen sein. Das Volk der Zyprer verehrte sie kultisch. Die hiesige Flora steht ganz im Zeichen der Göttin: Die Wildrose war ihr Lieblingsduft, der Granatapfelbaum steht für Fruchtbarkeit, und die Tamariske symbolisiert Schönheit und Jugend.

Die griechische Mythologie kennt sie als Göttin der Liebe, der Schönheit und der sinnlichen Begierde: Aphrodite, eine der zwölf Gottheiten auf dem Olymp. Um ihre leiblichen Eltern und ihre Geburt ranken sich zahlreiche Legenden, von denen eine mit Zypern verwoben ist. Denn der griechische Dichter Hesiod sieht in Aphrodite die letzte Tochter des Uranos. Ihm hieb auf Geheiß Gaias der gemeinsame Sohn und Titan Kronos die Hoden ab und warf sie achtlos ins Meer. Blut und Samen vermischten sich mit dem salzigen Wasser, das ringsum aufschäumte und dem vor der Küste Zyperns die göttliche Aphrodite entstieg. Als »Schaumgeborene« ist die Göttin, nach deren Willen sich Menschen ineinander verlieben, seither bekannt.

SPÜREN

Die Haut ist das größte Sinnesorgan des Menschen, diesem Umstand können wir Rechnung tragen, indem wir uns auf die Gefühle konzentrieren, die uns beim Berühren von heißem Quellwasser oder kaltem Schnee durchströmen.

FINNLAND

WARM GEBETTET IN EIS UND SCHNEE

Ein Hauch von Arktis weht durch das finnische Lappland, und in einem Moor ist die Markierung des Polarkreises zu sehen. Das ist eine Landschaft für Outdoor-Fans, die auch Einsamkeit mögen, denn mit durchschnittlich zwei Einwohnern pro Quadratkilometer trifft man außerhalb der Orte nur selten jemanden. Eine ideale Landschaft also, um sich für eine oder mehrere Nächte in Eisiglus einzumieten, warm eingekuschelt in Felldecken und allen möglichen Komfort, der Alltagssorgen schnell in weite Ferne rücken lässt.

● **REISE-INFOS**

Wo? Nördlichstes Finnland
Wie? Flug über Helsinki nach Rovaniemi
Info: www.arcticsnowhotel.fi und
www.visitfinland.com

ARCTIC SNOW HOTEL IN ROVANIEMI

Wohlig eingehüllt in warme Decken und über sich die atemberaubenden Farben einer Polarnacht. Dieses Vergnügen kann man sich im Arctic Snowhotel Sinettä in Rovaniemi gönnen. Die Glas-Iglus sind aus einer stabilen Stahl- und Holzunterkonstruktion gebaut, über die sich eine Plexiglaskuppel erhebt, die einen ungehinderten Panoramablick auf den Himmel zulässt. Natürlich ist es im Innenraum gemütlich warm, und die Sternenschau kann nach Sonnenuntergang beginnen.

Die meisten Gäste kommen zwischen Ende August und Anfang April, um die Polarlichter zu sehen. Bei klarem Himmel ohne Luftverschmutzung und mit etwas Glück hat man zu dieser Zeit auch die größten Chancen, das einzigartige Schauspiel zu beobachten.

Das Hotel bietet als besonderen Service einen Schalter im Iglu, wenn er angestellt ist, wird man vom örtlichen Nightwatch informiert, sobald Lichter zu entdecken sind. Und dann ist es soweit: Am an sich schon wunderschönen von Sternen übersäten Himmel beginnen sich zuerst blassgrüne Schlieren zu bilden, deren Farbintensität sich immer mehr steigert. Die Bewegungen sind fließend und gleichen einem Tanz. Und man muss dazu nicht mal das Bett verlassen, das Glasdach offenbart die Szenerie wie eine große Leinwand.

Ein tolles Erlebnis bildet auch der Besuch im Restaurant oder in der Bar mit dem kunstvollen Ambiente aus Eis und Schnee.   .

● **ROVANIEMI**

Die finnische Stadt Rovaniemi liegt fast unmittelbar am Polarkreis und hat sich selbst zur Heimat des Weihnachtsmannes ernannt. Hier gibt es das Santa Claus Village mit allerlei spaßigen Erlebnisbereichen rund um den Mann mit dem roten Mantel und dem weißen Rauschebart. Selbst der Flughafen von Rovaniemi ist von der Internationalen Zivilluftfahrtorganisation als offizieller Weihnachtsmann-Flughafen anerkannt worden. Wer dann genug hat vom verspielten Zauber, entdeckt in

Links: Die Magie der Himmelslichter wird im Arctiv Snow Hotel auch als Raumkonzept genutzt, die Farben der Zimmerbeleuchtung orientieren sich an der Natur.

Rechts: Polarlichter begeistern nicht nur durch ihr Farbenspiel, sie können auch die unterschiedlichsten Formen annehmen, wie beim Blick durch ein Kaleidoskop.

Der abendliche Spaziergang durch das romantisch illuminierte Rovaniemi, entfacht die perfekte Weihnachtsstimmung.

Rovaniemi auch noch andere kulturelle oder kulinarische Highlights, darunter gegrillter Weißfisch und sautiertes Rentier, zubereitet mit schmackhaften Wildkräutern.

● KULTURZENTRUM KORUNDI

Abseits des Trubels um Santa Claus und seinen Helfern bietet sich ein Besuch im Kulturzentrum Korundi an, das in der alten Depothalle der Finnischen Post untergebracht ist. Der Name Korundi leitet sich von dem hier häufig vorkommenden Mineralstein Korund ab. Auf dem Programm stehen regelmäßig Konzerte des Lapland Chamber Orchestra.

● MUSEUM ARKTIKUM

Das Museum erzählt die regionale Geschichte Lapplands und erklärt die Faszination Arktis mit zaleichen Exponaten, Fotos und beeindruckenden Filmbeiträgen. Nebenan gibt es einen kleine Shop, in dem man handgemachte Souvenirs aus Finnland erwerben kann.

● HUSKY & CO

Rovaniemi ist idealer Standort, um die Natur zu entdecken, es geht in entlegene Wildhütten, um dort Rentierschlitten zu fahren oder auf Schneeschuhen zu wandern. Man kann ein Husky-Gespann über funkelndes Weiß jagen oder ein flottes Schneemobil über gefrorene Seen heulen lassen. Und nicht vergessen: Die dunklen Winterhimmel bilden die Kulisse für die magischen Nordlichter.

● ARCTIC TREEHOUSE HOTEL

Wer auf den Geschmack gekommen ist und noch eine andere naturnahe Übernachtungsmöglichkeit in Rovaniemi sucht, der kann sich im ebenfalls sehr luxuriös eingerichteten Arctic Treehouse Hotel einmieten. Diese nestartigen Baumhäuser mit riesigen Panoramascheiben mitten in der Natur versprechen herrliche Erlebnisnächte.

ACHTSAME PAUSE

ROKA KITCHEN AND WINE BAR //
Das stylish eingerichtete Lokal im Herzen von Rovaniemi verbindet verschiedene europäische Kulinarikeinflüsse zu gelungenen Kreationen der experimentellen Küche, gerne auch als Tapas in kleinen Portionen zum Probieren. Dazu wird eine erlesene Auswahl an Weinen gereicht.
// www.rokawinebar.fi/en

NOCH MEHR SPÜREN!

FINNLAND
○ ARCTIC RESORT IN KAKSLAUTTANEN

Der Polarkreis liegt 250 Kilometer südlicher, zum Nordkap sind es 460 Kilometer. »Wir sind von allem weit weg«, so der Besitzer Jussi Eiramo. Und in der Tat will die Einöde kein Ende nehmen in Kakslauttanen, wo er mitten in Lappland seit den 1970er-Jahren eine der ungewöhnlichsten Unterkünfte Finnlands führt: das Kakslauttanen Arctic Resort mit urigen Blockhütten und dampfenden Saunen. Doch die meisten wollen in den Glasiglus nächtigen, die zur Winterzeit wie leuchtende Kokons im Schnee liegen.

DEUTSCHLAND
○ IGLU-DORF ZUGSPITZE

Eine tolle Möglichkeit, um der winterlichen Gipfelromantik ganz nah zu kommen und sie auch bei Nacht zu erleben, ist eine Übernachtung im Iglu und das 2600 Meter hoch über dem Meeresspiegel auf Deutschlands höchstem Gipfel, der Zugspitze.
Jedes Iglu ist anders gestaltet, am schönsten sind die Verzierungen im Restaurant beziehungsweise der Bar. Hier kann man sich mit Käsefondue für die Nacht stärken oder mit heißen Getränken einheizen.

○ IGLU LODGE OBERSTDORF

Auch im Allgäu, dem Wander- und Wintersportparadies am südlichsten Zipfel Deutschlands, lädt die Iglu Lodge in Oberstdorf auf 2000 Höhenmetern zu einer Auszeit in der romantischen Schnee- und Eiswelt der Alpen ein. Es gibt 2-er oder 4-er Iglus, Fass-Saunen und natürlich eine coole Bar. Perfekt für eine Auszeit der besonderen Art.

SCHWEDEN
○ EISHOTEL JUKKASJÄRVI

Das Eishotel Jukkasjärvi wird jedes Jahr im Winter etwa 200 Kilometer nördlich des Polarkreises aus Schnee und Eis neu aufgebaut, mit Empfangshalle, Eiskirche und einer Eisbar. Neben den Standard-Eiszimmern, die mit einem Eisbett und kuschelig warmen Rentierfellen ausgestattet sind, gibt es auch Kunstsuiten, die von internationalen Eiskünstlern geschaffen wurden.

○ IGLOO ÅRE

Rund um den 1420 Meter hohen Hausberg Åreskutan erstreckt sich eines der größten und schönsten Skigebiete Skandinaviens. Hier lädt im Winter das Igloo Åre zu einer romantisch frostigen Übernachtung ein, mit ein wenig Glück unter einem Himmel voller Polarlichter.

Inmitten der finnischen Winter-Wonder-Landschaft locken die leuchtenden Glasiglus des Arctic Resort Kakslauttanen zur Nachtruhe.

ISLAND

ABTAUCHEN IN HEISSEN QUELLEN

Wasserdampfschwaden hüllen alles ein, nur für Sekunden reißt der Wind Löcher in den weißen Vorhang. Ringsum schwarze Lavafelder, und mittendrin der See mit zartblauem, milchig-trübem Wasser, auf dem die Köpfe der Badenden nur schemenhaft auszumachen sind. In der Blauen Lagune auf Island kann der Körper bei 40° Celsius regenerieren.

● REISE-INFOS
Wo? Insel aus Feuer und Eis
Wie? Flug nach Reykjavík, dann per Shuttle-Bus
Info: www.guidetoiceland.is

BLAUE LAGUNE BEI GRINDAVÍK
Seit 1978 nutzt ein Geothermalkraftwerk nördlich von Grindavík die Energie des Vulkansystems Svartsengi zur Heißwasser- und Stromerzeugung für die umliegenden Orte und den Flughafen. Von Anfang an wurde das stark mineralienhaltige Abwasser in einAuffangbecken inmitten eines Lavafeldes geleitet, wo es durch Algen, Mineralsalze und Kieselsäure eine hellblaue, milchig-trübe Farbe bekam.
Dies war der Anfang der Blauen Lagune – zunächst vor der Kulisse des rauchenden und zischenden Svartsengi-Kraftwerks. Bald fand man dann auch noch heraus, dass das Wasser gut zur Behandlung von Hauterkrankungen ist. Schnell wurde das Becken zu klein, weshalb die Blaue Lagune in einen zwei Kilometer entfernten größeren Badesee umzog. Mittlerweile ist aus ihr ein edles Thermalbad geworden, das

Schnell erkannte man, welch wohltuende Wirkung ein Bad in diesem Auffangbecken hat. Heute ist das Thermalbad weltberühmt und egal welche Wetterlage – klarer Himmel oder mystische Wolkenfelder – hier einzutauchen ist immer ein Erlebnis für Körper und Seele.

jedes Jahr Besucher aus aller Welt in seinen wohligen Bann zieht.

● REYKJAVÍK
Von der Landnahme durch Ingólfur Arnarson bis zur Verleihung der Stadtrechte 1786 war Reykjavík nur ein großes Dorf. Seit diesem Gründungsjahr zieht die Stadt die Menschen magisch an. Heute ist Reykjavík das unumstrittene wirtschaftliche, kulturelle und politische Zentrum Islands. Nach dem Zweiten Weltkrieg steigerte sich die Stadt in einen regelrechten Bauboom, der erst mit der Wirtschaftskrise erlahmte.
Die alten, mit Wellblech verkleideten Häuser mussten modernen Bürotürmen und Apartmenthäusern weichen. Gleichzeitig breitete sich die Stadt immer mehr aus, neue Vorstädte wurden in die Lava gesetzt, was dazu führte, dass Reykjavík heute praktisch mit den Nachbarstädten Kópavogur, Garðabær und Hafnarfjörður zusammengewachsen ist. Mittlerweile leben rund zwei Drittel der Isländer im Großraum Reykjavík, und ein Ende der Landflucht ist nicht abzusehen.

HALLGRÍMSKIRKJA

Die Hallgrímskirkja auf einem Hügel ist das größte Kirchengebäude Islands und weithin sichtbares Wahrzeichen der Hauptstadt. Für eine weite Aussicht über die Stadt bietet sich die Aussichtsplattform des Glockenturmes an. Das 1986 zur 200-Jahr-Feier der Stadt eingeweihte Gotteshaus wurde nach dem Pfarrer und Dichter Hallgrímur Pétursson (1614–1674) benannt.

Der nicht unumstrittene Kirchenentwurf stammt vom ehemaligen Staatsarchitekten Guðjón Samúelsson, der auch das Hauptgebäude der Universität, das Nationaltheater, den katholischen Dom und die Kirche in Akureyri entwarf. Die Hallgrímskirkja ist sein letztes Werk. In der Architektur der Betonkirche wollte Samúelsson die immer wiederkehrenden Motive der isländischen Landschaft zum Ausdruck bringen: Die Betonpfeiler an der Front symbolisieren Basaltsäulen, die weiße Farbe erinnert an einen Gletscher.

KONZERTHAUS HARPA

Das 2011 eröffnete Konferenzzentrum und Konzerthaus Harpa ist das neueste Wahrzeichen der isländischen Hauptstadt. Entworfen hat es das Kopenhagener Architekturbüro Henning Larsen, die ungewöhnliche Fassade stammt von dem isländischen Künstler Ólafur Elíasson.

In dem asymmetrisch-kubischen Gebäude direkt am Meer haben das isländische Symphonieorchester und die isländische Oper ihre Spielstätte. Die vier Konzertsäle sind in unterschiedlichen Farben analog zu den Naturwundern Islands gehalten.

● REYKJANES-HALBINSEL

Die Halbinsel Reykjanes bildet den südwestlichen Zipfel Islands, den geologisch jüngsten Teil der Insel. Hier begann mit der Landnahme von Ingólfur Arnarson die Besiedlung Islands. Seit der Landnahmezeit wohnen auf Reykjanes Menschen, nicht, weil hier der Boden für Ackerbau und Viehzucht besonders geeignet wäre, die vielen guten Anlegestellen waren schon immer wichtiger zum Überleben.

So konnten die Bewohner der Bauernhöfe selbst im Winter zum Fischen fahren. Heute ist keine andere Region Islands so dicht besiedelt wie Reykjanes, denn neben der Hauptstadt Reykjavík gibt es noch weitere größere Orte. Wer mit dem Flugzeug ankommt und in

Die Hallgrímskirkja ist nicht nur von außen ein innovativ und künstlerisch anspruchsvolles Gotteshaus. Auch im Inneren entdeckt man außergewöhnliche Details wie beispielsweise das Taufbecken aus transparentem Acrylglas.

ACHTSAME PAUSE

KALDI BAR // Zur Happy Hour versammeln sich Kreative in dem schummrigen Brauereiausschank, um das naturtrübe Kaldi zu genießen und bei leiser Hintergrundmusik mit Freunden zu philosophieren. // www.kaldibar.com

CAFÉ LOKI // Gleich gegenüber von der Hallgrímskirkja locken hier herzhafte Düfte aus der Küche zu einer Einkehr. Traditionelle Gerichte stehen auf der Speisekarte. // www.loki.is

Keflavík landet, der ist meist von den kahlen, trostlosen Lavaflächen in der Umgebung enttäuscht. Es ist aber sofort ersichtlich, dass die Halbinsel ihren Namen »Rauchspitze« oder »Rauchhalbinsel« vollkommen zu Recht trägt.

KEFLAVÍK

Der Name der Stadt – Treibholzbucht – geht wahrscheinlich auf den ersten Siedler Ingólfur Arnarson zurück, dessen Sklaven auf der Suche nach seinen Hochsitzpfeilern in der Bucht Unmengen von Treibholz fanden. Heute ist Keflavík die größte Stadt von Reykjanes und besitzt den zweitgrößten Hafen Islands. Außerdem gibt es eine große Werft sowie mehrere Fischverarbeitungsbetriebe. Auch der internationale Flughafen hat viel zum Aufschwung der Stadt beigetragen. Von 1951 bis 2006 war Keflavík Standort der in Island stationierten US-Streitkräfte.

Rund um den alten Hafen sind einige der historischen Gebäude aus der Zeit, als Keflavík noch Handelsstadt war, erhalten geblieben. Im schön sanierten roten Holzgebäude, in dem früher der dänische Kaufmann Peter Duus residierte, befindet sich heute ein maritimes Museum mit einer beeindruckenden Sammlung von Modellschiffen.

GEOTHERMALGEBIET SELTÚN

Auf der Halbinsel Reykjanes liegt das spektakuläre Solfataren- und Fumarolengebiet von Seltún. Fauliger Schwefelgeruch zieht durch die Luft, es brodelt und zischt. Ein breiter Holzplankenweg mit Infotafeln erschließt das rauchende, dampfende Feld. So wird die Gefahr minimiert, versehentlich auf brühend heiße Erde zu treten oder in eine der siedenden Quellen zu greifen. In allen Rot- und Ockertönen im Wechsel mit Blaugrau schimmert der durch die Dämpfe zerfressene, schmierige Boden rundherum. Gelbe Schwefelblüte hat sich neben den Solfataren auf dem Gestein abgesetzt, bis 1880 wurde sie hier abgebaut und für medizinische Zwecke verkauft.

HAFNIR

Einst war Hafnir einer der wichtigsten Fischereistandorte auf der Halbinsel Reykjanes. Heute erinnert in dem kleinen Dorf mit rund 150 Einwohnern nur noch der verschlafene Hafen an diese Zeit. Sehenswert sind die kleine dunkle Kirche und das Meeresaquarium. In der Nähe der Kirche liegt ein rund drei Tonnen schwerer Anker, der von dem Geisterschiff »Jamestown« stammt, das hier 1881 bei einem Sturm angetrieben wurde.

Das Hochtemperaturgebiet Gunnuhver südlich von Hafnir: Beinah feurig wirken die heißen Dampfschwaden bei niedrig stehender Sonne, dabei handelt es sich auch hier nur um feinste Wassertropfen in der Luft. Diese Naturphänomene zu bestaunen ist spektakulär.

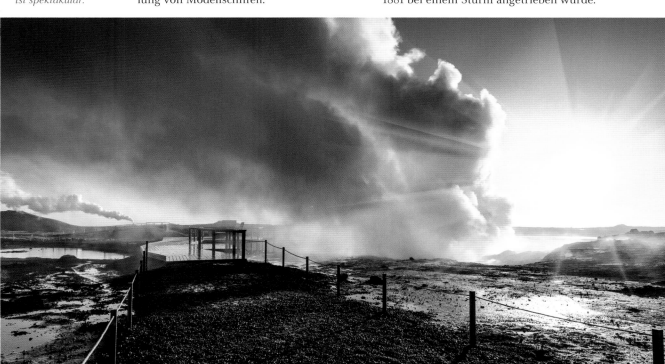

*Auf einem Hügel erhebt sich der »Reykjanesviti«, der
im Jahr 1878 als Islands erster Leuchtturm errichtet wurde.
Als Vorposten Reykjavíks steht er auf der Südwestspitze
der großen Insel, um Schiffe zu warnen, die an der Felsenküste der Halbinsel Reykjanes stranden könnten.*

NOCH MEHR SPÜREN!

Schlucht. Dort strömen ein Wasserfall aus den Felsen und eine Quelle, deren Wasser 90 Grad hat. Rund um diesen Platz haben schon die Menschen der Frühzeit Becken aus dem Gestein getrieben, damit man sich dort entspannen kann. Eine andere Oase für Körper und Seele bildet der Negombo Thermalpark in der malerischen Bucht von San Montano nahe des Ortes Lacco Ameno.

⬡ FÜR KÖRPER UND GEIST IM TOSKANISCHEN SATURNIA

Die Thermalquellen von Saturnia sind sowohl bei Touristen als auch bei Ortsansässigen ein beliebtes Ziel, denn ihr heißes, schwefelhaltiges Wasser gilt als Garant für ein entspannendes Badeerlebnis. Bereits Dante lobte in seiner Göttlichen Komödie das 37 Grad warme Heilwasser, von dem 800 Liter pro Sekunde aus der Quelle sprudeln, in höchsten Tönen, und seine Faszination ist bis heute ungebrochen.

⬡ AUF VULCANO IN EINEM FANGOTÜMPEL MIT HEILENDEM SCHWEFELSCHLAMM SITZEN

Für einen Tagesausflug auf die Liparische Insel Vulcano kommt man aus zwei Gründen: den aktiven Krater des Vulkans bestaunen, in dem der Schwefeldampf einzigartige Muster beim Kristallisieren gebildet hat. Nahe dem

ITALIEN
⬡ NATÜRLICHE THERMALBÄDER DER INSEL ISCHIA

Ischia verfügt über eine ganze Menge dieser naturbedingten Thermalbäder, beim Urlaub auf der Insel sollte man sich Zeit für ein paar Besuche nehmen. Ganz in der Nähe des Maronti-Strandes befindet sich die Badeanstalt Cava Scura. Ein antiker Platz, an dem schon die Römer gekurt haben, liegt in der kleinen

Links oben:
Der für körperliche
Ruhepausen ange-
legte Negombo
Thermalpark, ist
eines der zahlrei-
chen Kleinode auf
Ischia.

Links unten: Nur in
einem gesunden
Körper wohnt ein
gesunder Geist!
Warmes Wasser
entspannt Muskeln
und verzerrte
Sehnen.

Hafenbecken lockt zudem das Schlammbad Vasca di Fanghi mit seinen verschiedenen natürlichen Pools und heißen Quellen.

In so einem Fangotümpel sitzen und Wärme und Wasser arbeiten lassen – diese Kombination macht Vulcano zu einem einzigartigen Erlebnis. Der heiße Schwefelschlamm soll sich mildernd auf Probleme mit Gelenken und der Haut auswirken. Er tut aber auch an kühleren Herbsttagen einfach nur gut. An dieser Stelle befindet sich auch ein kleiner Strand, und die heißen Quellen münden direkt ins Meer.

GRIECHENLAND
⬡ DEN QUELLEN VON EDIPSOU AUF EUBÖA ENTSTEIGEN

In natürlichen Pools am Ende des Ortes Edipsou im Norden der Insel finden Urlauber Becken, in denen sie auf einfache Art und Weise kuren können: Dort sammelt sich das bis zu 45 Grad warme Wasser und lädt zum Bad direkt am Kiesstrand. Es ist ein wunderbares Schauspiel aus kleinen Sprudeln, Dampf und Felsenbecken. Wer es luxuriöser haben möchte, besucht das Spa des Thermae Sylla Wellness-Hotels.

⬡ EIN WARMES BAD IN DEN THERMEN GENIESSEN AUF IKARIA

Schon die Römer genossen das warme Wasser der Insel, um ihre Leiden zu stillen. Ob es hilft, ist wissenschaftlich nicht bewiesen, doch gerade in der Vor- und Nachsaison, wenn die Luft

abends kühl ist und auch das Meer keiner Badewanne gleicht, ist ein Bad in den heißen Quellen eine gute Idee. Und bei manchem wurde auch eine Linderung von Haut- oder Gelenkproblemen festgestellt.

◯ EMBROS-THERMEN AUF KOS

Auf dem Weg von Kos-Stadt nach Agios Fokas kommt aus Felsspalten nach Schwefel riechendes Wasser aus dem Gestein: Die Embros-Thermen sind vulkanischen Ursprungs, ein aus Natursteinen angelegtes Becken sorgt dafür, dass Kurgäste in das 49 Grad warme Wasser eintauchen können. Auch im Meer sprudeln die heißen Quellen empor und sorgen für außergewöhnliche Schnorchelerlebnisse.

IRLAND

MIT DEN GEDANKEN WANDERN

Der 764 Meter hohe heilige Berg Irlands ist benannt nach dem Nationalheiligen der Insel. Viele Legenden ranken sich um das Leben des heiligen Patrick (ca. 389–461), über dessen Herkunft es keine historisch verlässlichen Berichte gibt. Ähnlich wie Buddha soll Patrick 40 Tage lang ohne Nahrung und Wasser auf dem Berg meditiert und gebetet haben. Er hat damit vielen Versuchungen widerstanden, innere Kämpfe gegen eigene Dämonen gefochten und wohl letztendlich so etwas wie Erleuchtung erlangt.

● REISE-INFOS

Wo? Im Westen der Republk Irland
Wie? Flug nach Dublin, weiter mit dem Bus, Zug oder Mietwagen
Info: www.ireland.com

PILGERN AUF DEN CROAGH PATRICK

Er sieht aus wie von Menschenhand geschaffen, so gleichmäßig und eben: Der Croagh Patrick ragt wie ein Kegel aus der Landschaft. Schon von Weitem wirkt er mit seiner Gleichmäßigkeit so erhaben, dass er unweigerlich die Blicke auf sich zieht. Kein Wunder, dass der heilige Patrick, der Schutzpatron der Insel, sich ebenfalls wie magisch von dem Berg angezogen fühlte.

Im Jahr 441 entdeckte er diesen Berg für sich. Über die Religionsschranken hinweg zeigt sich, dass Heiligengeschichten oft sehr ähnliche Elemente aufweisen. Geläutert und geistig wiedergeboren errichtete Patrick auf der Spitze des Berges eine kleine Kapelle und kehrte zurück in die Zivilisation, um den Menschen zu helfen und um das Christentum zu verbrei-

ten. Irland und der heilige Patrick sind untrennbar miteinander verbunden. Doch wer war eigentlich dieser Heilige, dem zu Ehren am 17. März viele Iren und sogar irischstämmige US-Amerikaner sich grüne Kleeblätter ins Gesicht malen?

Sankt Patrick ist eigentlich in Großbritannien in einer römischen Familie aufgewachsen, wurde jedoch im Alter von 16 Jahren entführt und als Sklave nach Irland gebracht. Dort lernte er die irische Sprache und studierte die Gewohnheiten der Menschen seiner neuen Heimat. Im Alter von 22 Jahren gelang ihm die Flucht, er setzte nach Gallien über. Dort studierte er Theologie und wurde Mönch, doch die irische Kultur hatte sich längst in sein Herz eingeprägt. So kehrte er freiwillig zurück, um dort zu missionieren und zu predigen. Er gründete Schulen und Klöster und brachte das Evangelium auf die Insel.

Man muss aber nicht strenggläubig sein oder dieser Heiligenlegende huldigen, um diesen Weg zu gehen. Man kann die Wallfahrt auch für sich nutzen, um Gedanken zu sortieren.

Oben: Auf dem heiligen Berg Irlands soll schon Sankt Patrick meditiert haben. Heute führt ein Pilgerweg auf den Gipfel an der Westküste, mit fantastischen Panoramen auf die irische Landschaft.

Links: Der freie Blick zum Gipfel des Croagh Patrick ist der treue Begleiter der Pilger.

die sich einst hier befunden hat. In der Nähe befindet sich das Grab eines Mörders, der einen Priester umgebracht haben soll. Heute wächst eine stattliche Esche auf dem Grab, das ihre Wurzeln in zwei Teile gebrochen haben. Der Ort markiert den ursprünglichen Anfangspunkt des Pilgerweges.

● BALLINTUBBER ABBEY

Der Weg auf den Spuren des heiligen Patrick folgt einer uralten Route durch die Grafschaft Mayo, die schon früher als Pferdekutschenstraße die Dörfer um den Berg mit dem Königssitz Connacht verbunden hat. Möglicherweise war auch diese Verbindung ein Grund, warum der irische König Cathal O'Conor im 13. Jahrhundert Ballintubber Abbey errichten ließ. Die Abtei ist das Highlight der ersten Pilger-Etappe.

Sanft wellt sich die Landschaft auf dem Weg, der sich über Wiesen schlängelt. Wie überall in Irland sind auch hier Schafe gerne die Wegbegleiter; manchmal grasen sie in der Ferne, manchmal kreuzen sie den Weg des Pilgers. Nach einiger Zeit wird dem Wandernden auffallen, dass immer wieder Steinplatten am Wegesrand zu finden sind. »Cloch Phádraig« werden sie genannt, Reste alter Straßen, die zum heiligen Berg geführt haben. Die Straßenführung hat sich inzwischen geändert, und der Pilger genießt auf seinem Weg die Einsamkeit und Weite der Landschaft.

● AGHAGOWER

Rund 16 Kilometer misst der zweite Abschnitt der Strecke, der in Aghagower beginnt. Der Ort hat sich um ein altes Kloster gebildet, das von Patrick gegründet worden sein soll. Schon von Weitem ist ein Rundturm sichtbar. Er stammt aus dem 10. Jahrhundert und diente einerseits Pilgern als Landmarke, andererseits aber auch als Rückzugsort und Ausguck bei feindlichen Angriffen. Der Rundturm, der sich malerisch über die Ruinen des alten Klosters erhebt, bildet einen schönen Stopp. Wer sich genauer auf dem Gelände umsieht, findet auch noch alte Becken, die einst als Waschbecken für Pilger gedient haben sollen. Die Hälfte der

»Abbey that refused to die« (»Abtei, die nicht sterben wollte«), so lautet der kämpferische Beiname für dieses Gotteshaus. Tatsächlich ist sie die einzige Kirche Irlands, die noch von einem irischen König in Auftrag gegeben und nicht zerstört wurde.

● BALLINTOBER

Der Name des Ortes Ballintober stammt vom irischen Begriff »Baile an Tobair« ab, was so viel heißt wie Dorf der Quelle. Diese Quelle ist natürlich dem heiligen Patrick geweiht, denn er soll in dieser Quelle die Iren zu Christen getauft haben. Bis heute, so erzählt es die Sage, sind in einem Stein nahe an der Quelle »St Patrick's Well«, die Abdrücke des Knies des heiligen Patrick zu sehen, da er so oft an der Quelle zugegen war. Und nicht nur deshalb ist die Kirche ein wichtiger Ort für die Iren: Im Kirchengarten erzählen die Ruinen und ein Waschbecken von der alten Pilgerherberge,

ACHTSAME PAUSE

MATT MOLLOY'S // Im nahe gelegenen Westport gibt es eine Kultkneipe, in der es fast jeden Abend Livekonzerte mit irischen Bands zu hören und zu sehen gibt. »Matt Molloy's« ist ihr Name. Zwar verabschiedet man sich dann von der besinnlichen Wanderung, doch irische Kultur live zu erleben, rundet die Reise authentisch ab.
// www.mattmolloy.com

Strecke ist geschafft. Wer nun übernachten will, muss einen Schlenker über Westport machen. Dort befinden sich die nächsten Hotels und Pensionen.

● WESTPORT

Nur zehn Kilometer östlich des Berges Croagh Patrick liegt die Ortschaft Westport. Von hier aus machen Besucher den Berg als markanten Landschaftspunkt aus und können sogar die Kapelle auf seinem Gipfel erblicken. Westport ist eine der wenigen Städte Irlands, die auf dem Reißbrett geplant wurden. Bevor Ende des 18. Jahrhunderts der Bau der Stadt in Auftrag gegeben wurde, befand sich hier nur ein kleines Dorf namens Cathair na Mart. Damals war das prächtige Westport House der wichtigste Arbeitgeber der Menschen. Auch heute zählt das Herrenhaus, das seit den 1960er-Jahren ein Museum ist, zu den wichtigsten Sehenswürdigkeiten – ein Piraten-Abenteuerpark für Kinder zieht Familien an. Westport selbst lädt ein in Cafés und Restaurants, in denen Gastfreundschaft großgeschrieben wird.

● MURRISK ABBEY

Auf der nächsten Etappe gewährt der heilige Berg immer wieder Blicke. Die Landschaft ist flach und lässt Fernsicht zu. Je länger man geht, desto öfter gerät Croagh Patrick in Sicht-weite. Doch die Nähe täuscht: Es ist noch eine Tagesetappe zu gehen. Immer wieder kommen einem Ansammlungen von Steinen ins Blickfeld, doch einer davon ist etwas Besonderes: Der große, flache Boheh Stone ist mit den typisch frühzeitlichen Schnecken- und Sonnensymbolen verziert, die an Graffiti erinnern. Der Stein markiert eine Stelle, an der sich im April und August ein einzigartiges Naturschauspiel beobachten lässt: Es wirkt, als würde die untergehende Sonne den Berg hinabrollen. Schon bald erreicht der Pilgerpfad die Hänge des heiligen Berges.

Auch wenn der Berg gar nicht so steil aussieht, hat es der Aufstieg in sich und kann gut und gerne vier Stunden in Anspruch nehmen. Diese Zeit sollten Pilger unbedingt einplanen. Der Aufstieg erfolgt immer über Murrisk Abbey. Die Ruinen des Klosters strahlen eine schöne Stimmung aus, bei der sich noch einmal gut Kraft schöpfen lässt. Es stammt aus dem 15. Jahrhundert und wurde als Augustinerabtei gegründet. Wer sich das Ostfenster anschaut, kann noch die ursprüngliche Pracht erahnen.

● CROAGH PATRICK GIPFEL

Noch einmal verschnaufen, und dann gilt es, den heiligen Berg zu erklimmen. Schon von Weitem lässt sich der Pilgerweg als weißer

Der heilige Berg Croagh Patrick ragt auch hinter der Augustinerabtei Murrisk Abbey auf. Obwohl das Dach eingefallen und bis auf die Fassade kaum noch etwas erhalten ist, geht von dem Ort eine besondere Atmosphäre aus.

Pfad am Bergrücken erkennen. Unten grüßt eine St.-Patrick-Statue, die ganz in Weiß gehalten ist, die Pilger. Und dann geht es auf den Berg. Was von unten gar nicht so schlimm ausgesehen hat, erweist sich weiter oben als nur für Schwindelfreie geeignet. So manch einem könnte mulmig werden, wenn er entlang der flachen Steinbrocken nach unten schaut, denn an einigen Stellen geht es ganz schön steil bergab. Breit und steinig führt der Pfad direkt nach oben durch die baumlose Weite. Wer nicht grade am Hauptpilgertag im Juli unterwegs ist, wird kaum auf Besuchermassen treffen und mit etwas Glück die Landschaft und Aussicht für sich allein haben.

Doch die Mühe lohnt sich, denn oben erwartet den Pilger ein wundervoller Ausblick auf die Bucht von Clew und den Atlantik. Mehr als 100 Inseln liegen in dieser Bucht und zeichnen sich als blaue Silhouetten am Horizont ab. Auf der Bergspitze befindet sich ein Steinensemble, das als Bett Patricks gilt und von Pilgern hoch verehrt wird. Jetzt noch einen Gang zur weißen Kapelle auf dem Gipfel des Berges, bevor der Abstieg beginnt.

In Murrisk informiert ein Besucherzentrum über den Croagh Patrick. Ein nahe gelegenes Kloster diente im Mittelalter als Pilgerherberge, heute sind nur noch Ruinen davon übrig. Sie breiten sich malerisch am Fuß des heiligen Berges aus und vermitteln dem Pilger einen würdigen letzten Eindruck, bevor er seinen Rucksack für die Rückreise schultert.

ACHTSAME PAUSE

THE WYATT HOTEL // Wer hier eincheckt, versteht sofort, was den Charme von Westport ausmacht. Die Stadt gilt als äußerst beliebter Ort mit hoher Lebensqualität. Diese kann man in den Hotelzimmern genießen, alles ist hell und freundlich und stilvoll. Wer sich abends nicht in die berühmte Musikkneipe »Matt Molloy's« aufmachen will, kann auch in der »Cobblers Bar« vom Hotel bei einem Drink und Musik den Tag ausklingen lassen. **// www.wyatthotel.com**

WESTPORT COUNTRY LODGE // Für viele Pilger auf dem Weg zum heiligen Berg ist das die ideale Unterkunft, denn man hat von fast allen Zimmern einen fantastischen Blick auf Croagh Patrick. **// www.westportcountrylodge.ie**

NOCH MEHR SPÜREN!

ENGLAND, FRANKREICH, SCHWEIZ, ITALIEN
⬡ VIA FRANCIGENA

Die Via Francigena von Canterbury bis Rom steht, obwohl älter, im Schatten des heute weitaus berühmteren Jakobswegs. Der Pilger ist meist allein mit sich und seinen Gedanken. Dabei durchstreift er die unterschiedlichsten Landschaften, die allesamt ihren eigenen Charme verbreiten, und quert vier Länder.

GRIECHENLAND
⬡ PAULUSWEG

Pilgerwege folgen meist alten Handelsstraßen, und das ist auch in diesem Fall so. Denn selbst der Apostel Paulus ist einst den alten Warenwegen gefolgt, als er sich aufmachte nach Mazedonien. Die Via Egnatia gilt als eine der wichtigsten historischen Verbindungen von West nach Ost. Sie sorgte für regen Warentausch zwischen Rom und Konstantinopel. Ihre Streckenführung beginnt in Albanien und führt über Nordmakedonien in die Türkei, insgesamt mehr als 1000 Kilometer Strecke. Aber als Teilstrecke empfiehlt sich der Abschnitt durch Griechenland von Florina bis Kavala, damit ist man gut zwei Wochen unterwegs.

Die Via Francigena durchstreift die landschaftliche Schönheit der Toskana, wie hier das Val d'Orcia mit seinen Zypressenhainen bei San Quirico d'Orcia.

DEUTSCHLAND
⬡ VIA REGIA

Schon im Mittelalter kreuzten sich wichtige Handels- und Pilgerwege in Leipzig. Einer davon war die Via Regia. Als Ost-West-Verbindung war sie eine wichtige Tangente zwischen Russland, den Ländern am Atlantik und der Nordsee. Nicht nur Handelsgüter folgten dem Verlauf, sondern auch Pilger. Einige machten sich auf diesem Wege über die Via Regia auf nach Santiago de Compostela. Eine hübsche Etappe geht nur von Görlitz nach Leipzig.

PORTUGAL, SPANIEN
⬡ CAMINHO PORTUGUÊS

Pilgern auf dem Jakobsweg muss nicht zwangsläufig in Spanien stattfinden. Jenseits der populären Route gibt es eine wunderbare Alternative in Portugal. Hier sind weder die Wege noch die Herbergen überfüllt. Und das Schöne daran ist, dass sich dieser Weg in zwei Wochen gut erwandern lässt anstatt wie die Variante in Spanien in fünf Wochen. Es gibt zwei Varianten – einmal die herkömmliche mit Vilarinho als erster Pilgerstation oder aber die Möglichkeit, entlang der Küste zu laufen. In Rates treffen beide Wege wieder zusammen.

Oben: Nicht nur Geologen geraten beim Anblick der Jurassic Coast, hier mit dem Felsentor Durdle Door, in Verzückung.

Links: Besonders wenn sich die Sonne am Morgen aus dem Meer erhebt, leuchtet das Gestein der Ladram Bay rot auf.

ENGLAND

ZEITZEUGEN AUS STEIN (BE-)SUCHEN

Die Jurassic Coast, eine 155 Kilometer lange, abwechslungsreiche Küstenlinie im Süden Englands, führt von Dorset nach Ost-Devon und wurde 2001 von der UNESCO zum Welterbe erklärt. Hier kann man nicht nur eine eindrucksvolle Fossiliensammlung betrachten, sondern auf geführten Touren auch selbst auf Fossilienjagd gehen.

● REISE-INFOS

Wo? Küste von Dorset und East Devon in Südengland
Wie? Flug nach London Heathrow oder Gatwick, dann mit Bus oder Zug, an der Küste pendelt der Jurassic Coaster
Info: www.jurassiccoast.org

JURASSIC COAST

Die außerordentliche landschaftliche Schönheit und die eindrucksvollen Felsformationen der Küste ziehen zahlreiche Erholungsuchende an und laden zu ausgedehnten Spaziergängen ein: An der Jurassic Coast, dem spektakulären Küstenstreifen von Dorset und Ost-Devon, präsentieren sich die Ablagerungen aus dem Trias, dem Jura und der Kreidezeit wie in einem aufgeschnittenen Sandwich.
Die Jurassic Coast erzählt mit ihren Fossilien und geologischen Formationen von rund 185 Millionen Jahren Erdgeschichte. Durch die Erosion werden ständig neue Fossilien freigelegt, die jeden Spaziergang zu einer wissenschaftlichen Expedition machen.

Bei jeder Wanderung stößt man auch heute noch auf die Spuren der Vorzeit. Idealer Ausgangspunkt ist Charmouth mit dem Heritage Coast Center. Am besten geeignet sind die Frühlings- und Sommermonate, wenn das raue Wetter einem klaren Himmel weicht.

● MAIDEN CASTLE

Geheimnisvoll ragen die grünen Wälle in den Himmel von Dorset. Warum die Bewohner am Beginn der Eisenzeit mit dem Bau solcher Hügelburgen begannen, ist nicht restlos erklärt – allein um Schutz vor Angriffen ging es wohl nicht. Bis 650 v. Chr. wurde die erste Befestigung mit zwei Toren errichtet. Indem man den Nachbarhügel mit einbezog, entstand dann ab etwa 450 v. Chr. die mit 19 Hektar Fläche größte Ringwallburg Europas.
Die Befestigung wurde um drei konzentrische Wälle mit Gräben ergänzt. Mit ihren 25 Meter Höhe beeindrucken sie noch heute die Besucher. Bis zur römischen Eroberung lebten die Durotrigen auf dem Mai Dun, was auf Keltisch »großer Hügel« bedeutet. Aus dem 4. Jahrhun-

dert sind noch die Fundamente eines römischen Tempels erhalten. Bald darauf muss die Anlage verlassen worden sein. Heute führt ein Rundgang mit Informationstafeln hindurch.

● SHERBORNE ABBEY

Schon in angelsächsischer Zeit wurde in Sherborne vom heiligen Aldhelm ein Bistum gegründet. Nach der normannischen Eroberung ging der Bischofssitz an Old Sarum verloren. Die Benediktiner durften bleiben, und so wurde aus der Kathedrale eine Abteikirche, die von Roger of Salisbury im normannischen Stil quasi neu errichtet wurde.

Leider sind nur wenige angelsächsische Elemente im Bereich der Westpforte erhalten. Im 15. Jahrhundert erfolgte die Umgestaltung mit einem hochgotischen Chor und Fächergewölben im Perpendikular-Stil. Das Verhältnis der Mönche zur Bevölkerung wurde indes immer schlechter. Im Zuge der Zwangsauflösung der

Klöster 1539 rettete Sir John Horsey die Kirche und verkaufte sie später an die Bürger von Sherborne als Pfarrkirche weiter.

● BOURNEMOUTH

Über zwölf Kilometer erstrecken sich die beliebten Strände an der Poole Bay, der wärmsten und sonnigsten Bucht in ganz England. Nirgendwo sonst fällt weniger Regen. Die 200-jährige Entwicklung von einem Dörfchen zur heutigen Stadt Bournemouth basiert allein darauf, eines der Top-Urlaubsziele der Insel zu sein. Gleich zwei Seebrücken ragen ins Meer:

Bournemouth Pier mit Theater und großem Vergnügungsangebot sowie der architektonisch reizvolle Boscombe Pier. Anziehungspunkt sind neben den Promenaden auch die sehr gepflegten und ansehnlichen Gärten und Parks, die sich entlang des Bourne durch das Stadtgebiet ziehen. Die Shoppingmöglich-

Purbeck at its best: Die historischen Bauten am Wareham Quay spiegeln sich verträumt im Wasser des Flusses Frome. Samstags findet hier ein bunter Markt mit frischem Fisch, regionalem Gemüse und Blumen statt.

Hufeisenförmig schmiegt sich die Bucht von Chapman's Pool. an die südwestliche Küstenseite der Isle of Purbeck.

keiten sind nahezu unbegrenzt, und die Vielfalt an Unterhaltung reicht vom Oceanarium über Museen und Konzerte bis hin zu diversen Festivals. Und für Kinder gibt es – vor allem im Sommer – jede Menge Spiel-, Sport- und Vergnügungsparks.

● ISLE OF PURBECK

Ruhig geht es zu auf der Isle of Purbeck, die in Wahrheit nur eine Halbinsel ist, die den Hafen Poole und die Strände von Bournemouth gegen das offene Meer abschirmt. Sie ist be rühmt für ihre Vielfalt an Wildblumen und hat zudem hübsche kleine Dörfer zu bieten. Die wohl schönste Wanderung findet entlang der Steilküste statt, die sich ab hier um die Südwestspitze Englands bis nach Somerset zieht, und mit ihr der 1014 Kilometer lange South West Coast Path.

Angelegt wurden die Wege einst für einen anderen Zweck. Hier patrouillierten die Männer der Coastguard und versuchten, die vielen Buchten und Siedlungen zu überwachen, deren Bewohner über Jahrhunderte vom Schmuggel lebten.

● CORFE CASTLE

Diese wunderschönen Ruinen im Zentrum der Isle of Purbeck bieten reichlich Stoff für Geschichten. Auf einem steilen Hügel gelegen, ließ sich von hier der Weg zum Meer gut kontrollieren. Schon in angelsächsischer Zeit gab es eine Befestigung. Der Legende nach wurde hier 978 König Edward der Märtyrer ermordet, dem später eine enorme Zahl von Wundern zugeschrieben wurde.

Die strategische Bedeutung des Castle erkannte auch Wilhelm der Eroberer. Er ließ eine der ersten Steinburgen Englands errichten, die schließlich im 12. und 13. Jahrhundert zu einer mächtigen Anlage ausgebaut wurde. Corfe Castle wurde öfters verkauft oder verschenkt und auch mehrfach belagert, militärisch konnte es jedoch nie eingenommen werden. Nachdem im Bürgerkrieg die Truppen der Parlamentarier zunächst zurückgeschlagen wurden, gelang im Jahr 1646 die zweite Belagerung – aber nur durch Verrat. Daraufhin wurde die Burg von den Siegern gesprengt, weshalb heute nur noch eine Ruine zu sehen ist, die schon Filmen als Kulisse diente.

NOCH MEHR SPÜREN!

DEUTSCHLAND

⬡ FOSSILIENSUCHE AM KREIDE-FELSEN RÜGEN

Drei Treppen führen vom Höhenweg der Stubnitz, wie die Waldlandschaft im Herzen des Parks heißt, hinunter an den Strand. Zu Füßen des Kliffs kann man mit Glück Fossilien finden. Sie haben in der Kreide kleine Ewigkeiten überdauert, bevor sie durch Wind und Wetter zum Vorschein kamen. Die beste Zeit, um versteinerte Seeigel, Schwämme oder versteinertes Holz zu finden, ist das Frühjahr.

DÄNEMARK

⬡ FOSSILENFUNDE IM BIOSPHÄREN-RESERVAT MØN

2017 ernannte die UNESCO die Ostseeinsel Møn mit den umliegenden Inseln Bogø und Farø zum ersten Biosphärenreservat des Königreichs Dänemark. Bekannt machten die Insel Møn vor allem ihre weißen Kreidefelsen, Møns Klint, die mit 128 Metern majestätisch über das Meer schauen und Dänemarks höchste Steilküste bilden.

Mehr als 70 Millionen Jahre sind sie alt und bergen Relikte der Urzeit: versteinerte Schnecken, Tintenfische oder Seeigel. Sechs Kilometer läuft die Kalksteinwand an der Ostsee entlang. Die Kreide, aus der das Kliff entstanden ist, wurde vor unvorstellbaren 70 Millionen Jahren auf dem Meeresgrund gebildet. Auffällig sind die schwarzen Linien auf dem hellen Kalk, die aus Feuerstein bestehen. Darin lassen sich besonders am Fuß der Klippen oder am Strand häufig Fossilien finden. Eine Attraktion ist die Haupttreppe mit 497 Stufen, die vom informativen Geo Center zum Strand hinunterführt. Dabei ist stets Vorsicht geboten, denn es können immer wieder große Kalkstücke abgehen und ins Meer stürzen.

ÄUSSERE HEBRIDEN/U.K.

⬡ STEINKREIS VON CALLANISH

Der wohl schönste Steinkreis Schottlands: Die Felsmonolithen von Callanish auf Lewis, westlich von Stornoway, sind eine prähistorische Stätte von Weltrang. Exakt 47 Menhire kann man noch heute besichtigen, zwischen 3000

In der bewaldeten Nordhälfte der Ostseeinsel Rügen entstand 1990 der Nationalpark Jasmund. Sein Kernbereich ist die Kreideküste mit 80 Millionen Jahre alten Relikten aus der Kreidezeit.

Das Biosphärenreservat in Dänemark vereint auf seiner rund 450 Quadratkilometer großen Fläche verschiedenste Landschaftstypen mit Moränen, Tälern und Küsten. Auf der Fläche über der Steinwand haben sich dank der Bodenbeschaffenheit und eingeschränkter Landwirtschaft artenreiche Biotope angesiedelt.

und 1500 v. Chr. wurden sie in verschiedenen Etappen von Menschenhand aufgestellt. Die Monolithen bestehen aus Lewis-Gneis, einer für die Insel typischen Gesteinsart. Die kreis- und strahlenförmig angeordneten Steine bilden ein von vier Steinreihen unterbrochenes »Sonnenkreuz«. Besonders beeindruckend ist die Nordallee der Anlage, die aus zwei fast parallel verlaufenden Steinreihen besteht.

SCHWEDEN
RAUKEN – STEINERNE RIESEN
Vor allem an den Küsten von Gotland, aber auch in den Wäldern im Landesinneren ragen merkwürdig geformte, bis über zehn Meter hohe Kalksteinsäulen in den Himmel, im Schwedischen »Raukar« genannt. Carl von Linné verglich die zumeist bizarren Steinskulpturen einmal mit »Statuen, Pferden und allerlei Geistern und Teufeln«.

Die sehenswertesten Exemplare stehen im Norden von Gotland und auf Fårö. Die »Jungfrau« an der Steilküste bei Lickershamn ist mit sieben Metern der größte Rauk Gotlands. Der Kalkstein, aus dem die Rauken bestehen, entstand übrigens vor rund 490 Millionen Jahren aus einem Korallenriff. Zu jener Zeit waren das heutige Baltikum und die Ostseeinseln von einem tropischen Ozean bedeckt.

SPANIEN
○ DOLMEN VON ELVILLAR
Als hätte sich ein Riese einen Tisch aus drei Steinen und einer Platte mitten in die Landschaft gebaut, so sehen die Dolmen von Elvillar und Leza aus. Sie sind Teil von insgesamt sieben Megalithplätzen, die aus der Jungsteinzeit stammen.

Alle diese Dolmen sind nach Süden ausgerichtet, über den genauen Zweck der Monumente rätseln Forscher bis heute. Waren es antike Gräber? Wurden sie für Rituale benutzt? Bekanntestes Monument ist die Chabola de la Hechicera (Hexenhütte), es gehört zu den best erhaltenen Steinzeitgräbern im Baskenland. Bei der Restaurierung des Denkmals legten Archäologen viele frühe Alltagsgegenstände wie Äxte, Keramiken und Schmuck frei.

○ HUELLAS DE DINOSAURIOS
Dre Era del Peladillo in Igea in der spanischen Provinz Rioja gehört zu den bedeutendsten Fundstätten von Dinosaurierspuren in Europa. Wie die Reptilien vor 150 Millionen Jahren gelebt haben, darüber lässt sich nur spekulieren; die riesigen Fußstapfen zu bewundern, die sie hinterlassen haben, ist aber ein besonderes Erlebnis.

PORTUGAL
○ CROMELEQUE DOS ALMENDRES
Unter den vielen Steinkreisen im Umkreis von Évora ist der Cromeleque von Almendres das auffälligste und größte Zeugnis aus dem Übergang des Neolithikums zur Kupferzeit, also des Zeitraums zwischen 4000 und 2800 v. Chr. Die 92 mit Ritzungen geschmückten Menhire stehen in einem doppelten Oval am Hang und bilden eine Art 70 auf 40 Meter messende Acht. Die Anlage ist der bedeutendste Steinkreis auf der Iberischen Halbinsel und ist 1000 bis 2000 Jahre älter als Stonehenge. Er orientiert sich aber ähnlich wie Stonehenge an astronomischen Fixpunkten wie der Sommersonnenwende und der größtmöglichen Entfernung des Mondes von der Erde. Da Granit in der Umgebung nicht vorkommt, müssen die Steine von weither an diese Stelle gebracht worden sein.

ENGLAND

AUF MÄRKTEN BUMMELN UND IN SHOPS STÖBERN

London ist Haupt- und Residenzstadt, britischer Regierungssitz, internationales Mode- und Finanzzentrum, eine Weltstadt im wahrsten Sinne des Wortes. Neben den kulturellen Schätzen, lernt man die Stadt auf ihren Märkten und Shoppingzentren am besten kennen, hier atmet die Seele der multikulturellen Metropole und es macht einfach Spaß, nach einmaligen Souvenirs Ausschau zu halten oder einfach nur das Flair zu genießen.

Oben: Neben feinen Delikatessen, Fleisch, Käse, Fisch werden in den Läden des Leadenhall Market auch edle Lederwaren, Schmuck und Designermode verkauft.

Links: Das Herz von Notting Hill ist die Portobello Road, die mit ihren zahllosen Läden, von Trödel bis zu Kleidung nahezu alles verkaufen. Beliebt sind vor allem Antiquitäten und nostalgische Produkte, die man in keinem Kaufhaus findet.

● **REISE-INFOS**
Wo? Hauptstadt von England
Wie? Direktflüge und per Zug
Info: www.london.de und www.visitlondon.com

STÖBERN UND SHOPPEN IN LONDON
LEADENHALL MARKET

Seit dem Mittelalter befindet sich an dieser Stelle ein Markt, auf dem die Landbevölkerung aus der Umgebung hauptsächlich Geflügel, Fleisch und Fisch verkaufen durfte. Die ersten Stände gruppierten sich um eine Stadtvilla mit bleiernem Dach (»lead« = Blei), das dem Markt den Namen verliehen hatte.

Aber erst im 17. Jahrhundert, nach dem Großen Feuer von London, wurde hier eine steinerne Halle errichtet. Das heutige prachtvolle Gebäude stammt allerdings aus dem Jahr 1881, ein farbenprächtiger viktorianischer Bau aus Eisen und Glas und dem Flair vergangener Zeiten. Selbst die Laden- und Restaurantfassaden entlang der kopfsteingepflasterten Passagen wurden im gleichen Stil beibehalten

SPITALFIELDS MARKET

Einer der ältesten Märkte Londons: Auf dem Old Spitalfields Market in der Nähe der Liverpool Street wird seit Jahrhunderten gehandelt, mittlerweile in einer Markthalle. Es gibt Obst und Gemüsestände, aber auch allerlei Schnickschnack, von nachhaltiger Kleidung bis zu regional produzierten Mitbringseln. Zeit zum Stöbern hat man hier sieben Tage die Woche.

SLOANE'S SQUARE UND KINGS ROAD

Bis 1830 war die King's Road eine private königliche Straße nach Hampton Court und ist noch heute bis hin zum feineren Sloane Square am östlichen Ende von manchen noblen Häusern gesäumt. Heute ist sie das Herz von Chelsea, eine Einkaufsstraße mit zahlreichen Boutiquen, Restaurants und Cafés. Aber das eigentliche Flair ist ihr Ruf als das Herz der Moderevolutionen, die von London aus die Welt eroberten.Hier eröffnete Vivienne Westwood ihre erst Boutique mit Punknote.

HARRODS

Harrods ist nicht einfach ein Kaufhaus, es ist ein Konsumtempel der Superlative und eine britische Institution. Auf einem Areal von etwa 1,8 Hektar und auf rund 93 000 Quadratmetern Verkaufsfläche verteilen sich insgesamt 330 Abteilungen und 28 Restaurants, in denen sich 5000 Angestellte und bis zu 300 000 Kunden täglich tummeln. Damit ist Harrods das größte Kaufhaus Europas und eines der größten der Welt. Das Motto des Konsumtempels lautet: »Omnia Omnibus Ubique« – Alles für alle und überall.

CAMDEN MARKET

Jeden Tag erwarten die Märkte im Bezirk Camden Town ihre Besucher. Über 100 Geschäfte präsentierenKleidung, Geschenkartikel und Ausgefallenes.

CAMDEN PASSAGE ANTIQUES MARKET

Eine Fülle von kleinen Läden und Märkten, die Antiquitäten aller Art anbieten. Donnerstags und freitags findet ein Buchmarkt statt, sonntags verkaufen Farmer Bio-Ware.

PORTOBELLO ROAD MARKET

Jeden Freitag und Samstag ist Flohmarkt auf der Portobello Road, viele Stände stehen die ganze Woche dort. Der Schwerpunkt sind schöne Antiquitäten.

● TOWER BRIDGE

Die 1894 eröffnete Tower Bridge gehört nicht nur zu den Wahrzeichen Londons, sondern sie ist auch ein Zeugnis der Ingenieurskunst der damaligen Zeit. Mitte des 19. Jahrhunderts war das Londoner East End so dicht bevölkert, dass eine Brücke notwendig wurde. Die Lösung war eine kombinierte Klapp- und Hängebrücke.

In beiden Türmen der Tower Bridge befindet sich eine Ausstellung zur Geschichte des Bauwerks. Ein weiterer Blickfang am Ufer der Themse ist der Brunnen mit dem Figurenensemble Mädchen und Delfin, erschaffen von David Wynne im Jahr 1973.

Dampfmaschinen setzten die Hydraulik in Gang, welche die Brücke innerhalb weniger Minuten öffnen konnte; heute geschieht dies mittels Elektrizität.

● ST PAUL'S CATHEDRAL

Stolz und unübersehbar thront die prachtvolle Kuppel der St Paul's Cathedral inmitten der Finanzpaläste der City. Bereits seit 1400 Jahren steht auf dem Ludgate Hill in der City eine christliche Kirche. Die heutige englisch-barocke St Paul's Cathedral ist bereits die fünfte Version und ohne Frage die prächtigste.

● WESTMINSTER PALACE

Die neugotische Fassade des Westminster Palace mit seinen charakteristischen Türmen, darunter auch der Glockenturm mit dem Big Ben, erweckt den Eindruck, als habe sie sich schon seit dem Mittelalter in der Themse gespiegelt. Tatsächlich befand sich seit dem 11. Jahrhundert an dieser Stelle ein Herrschaftssitz. Das heutige Gebäude, zusammen mit der Westminster Abbey eine Welterbestätte der UNESCO, wurde jedoch erst Mitte des 19. Jahrhunderts errichtet.

● TRAFALGAR SQUARE

Auf dem Trafalgar Square scheint sich die gesamte Geschichte des einstigen britischen Empire zu konzentrieren; hier spiegelt sich auch die Gegenwart des Landes mit all seinen Facetten. Der Platz im Herzen des West End wurde nach einer der wichtigsten Schlachten der Engländer gegen Napoleon benannt.

● PICCADILLY CIRCUS

In den Piccadilly Circus münden fünf verkehrsreiche Straßen, darunter Haymarket, Shaftesbury Avenue und Regent Street. Der weitläufige Platz gilt daher als Entrée in die Londoner Vergnügungsviertel West End und Soho und in die größeren Einkaufsstraßen.

● THE SHARD

Dieser »Splitter« ragt ganze 310 Meter in die Höhe und ist das neue Wahrzeichen in Southwark. Im Juli 2012 wurde das Gebäude eingeweiht, im Februar 2013 die Aussichtsterrasse der Öffentlichkeit zugänglich gemacht.

● BUCKINGHAM PALACE

Buckingham Palace ist der offizielle Sitz der königlichen Familie, allerdings nur werktags und außerhalb der Sommerferien. Offiziell zu besichtigen ist der Palast daher nicht – außer in den Sommermonaten, wenn Zimmer für die Öffentlichkeit zugänglich sind. Sehenswert ist auf jeden Fall das »Changing of the Guard«, die Wachablösung vor den Toren des Palasts.

Zwei Brunnen und die markante Nelsonsäule markieren den beliebten Trafalgar Square. Die Säule ehrt Admiral Nelson, der in der Schlacht von Trafalgar (1805) sein Leben verlor.

NOCH MEHR SPÜREN!

Der Mercato di Capo auf Sizilien ist der zweitgrößte Markt von Palermo. Frisches Obst und Gemüse gibt es in Hülle und Fülle.

FRANKREICH
⬡ ÜBER TRADITIONELLE MÄRKTE AUF KORSIKA SCHLENDERN

In vielen Ortschaften der Insel finden regelmäßig Märkte mit lokalen Spezialitäten statt, sonntags in Porto Vecchio oder Bastia, montags in Sainte-Lucie-de-Tallano und dienstags in Bonifacio. Einer der wohl schönsten ist der von Ajaccio (täglich, außer montags geöffnet).

DEUTSCHLAND
⬡ HAMBURGS FLOHMARKT IN DER FABRIK, MARKT DER VÖLKER ODER DER NACHTFLOHMARKT

Ob Antik- oder Trödelmarkt – die Hansestadt hat für jeden etwas: z. B. der Flohmarkt in der Fabrik, ein Markt in einer alten Fabrikhalle in Altona, der Wochenmarkt am Kulturzentrum MARKK oder einmal im Monat der Nachtflohmarkt in der Rindermarkthalle St. Pauli. Hier herrscht eine ganz kultige Atmosphäre.

DÄNEMARK
⬡ FLOHMARKT IN KOPENHAGEN AM ISRAELS PLADS

Man war nicht in Kopenhagen, wenn man keinen Flohmarkt besucht hat. Ein bekannter »Loppemarked«, wie es hier heißt, findet von Mai bis November jeden Samstagvormittag am Israels Plads statt. Hier findet man Trödel und Antikes. Bei schlechtem Wetter weicht man in die Remisen aus.

ÖSTERREICH
⬡ WOCHENMARKT LINZ

Einer der vielen Linzer Wochenmärkte ist der am Südbahnhof. Er ist der größte Grünmarkt Oberösterreichs. Neben Blumen, Obst, Gemüse, Käse- und Wurstspezialitäten gibt es noch allerhand anderes Feines zu entdecken und zu kosten: Delikatessen, Gebäck, Leckereien, Geschirr und Kräuter. Bistros, Cafés und Essstände locken zum Genießen vor Ort.

○ NASCHMARKT IN WIEN

Wiens größter innerstädtischer Lebensmittelmarkt – seine Wurzeln reichen bis ins späte 18. Jahrhundert – erstreckt sich rund 500 Meter weit von der Kettenbrückengasse bis zum Karlsplatz. Am östlichen Ende, nahe der Secession, sind der Markt, seine Waren und sein Publikum am erlesensten. In der Mitte des Marktes atmet man exotische Düfte und findet viele internationale Spezialitäten. Am Samstagvormittag wird in diesem Bereich auch ein Bauernmarkt und gleich daneben ein uriger Flohmarkt abgehalten.

BELGIEN
○ ANTIKMARKT IN TONGEREN

Jeden Sonntag zwischen 6 und 13 Uhr verwandelt sich Tongerens Stadtzentrum in ein Meer aus Antiquitäten. Im Angebot sind gebrauchte Möbel, Designerwaren, Trödel und Vintageartikel aller Art.

ITALIEN
○ IN MAILAND ANTIQUITÄTEN ENTDECKEN

Der große Antiquitätenmarkt findet an jedem letzten Sonntag im Monat am Naviglio Grande statt, dem ältesten und größten Kanal von Mailand. Auf zwei Kilometern reihen sich die Stände für Möbel, Porzellan, Tafelsilber, Schmuck und natürlich Bücher, Comics und Drucke.

Immer am letzten Sonntag im Monat verwandeln sich die Uferpromenaden des Naviglio Grande in Mailand zu einem großen Antiquitätenmarkt. Bücher, Möbel aus den 1950er-Jahren, Schmuck und Kleidung können erstanden werden.

Auch Lokale und Geschäfte in der Umgebung, darunter zahlreiche Kunstateliers, öffnen an diesem Tag, herrliche Stimmung für einen Bummelsonntag.

○ MARKTTAGE IN PALERMO AUF SIZILIEN

Im »Bauch Palermos« befindet man sich auf dem lebhaften Vucciria-Markt an der Piazza Caracciolo im Stadtviertel Loggia. Er ist der bekannteste Markt der Stadt und einer der ältesten Europas. Auf dem Mercato di Capo reihen sich wie in einem orientalischen Souk Stände und Geschäfte mit frischer Feinkost aneinander.

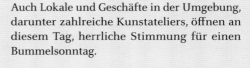

ACHTSAME PAUSE

WELTBUMMELTAG // Wer dem Welttag des Laufens nichts abgewinnen konnte, dem schlägt am 19. Juni die Stunde, denn heute soll nicht gerannt oder gejoggt, sondern einfach nur gebummelt werden. Gemeinhin wird dieser Feiertag als »Entschleunigungstag« angesehen, gern auch mit dem Verweis auf »Die 7 Geheimnisse der Schildkröte«. Diese »Geheimnisse« lassen allerdings nicht so recht Partystimmung aufkommen, weshalb man den Weltbummeltag natürlich auch beim gemeinsamen Shoppen feiern kann. Ein findiger Gewerbeverein im Münsterland hat die Aufforderung zum Bummeln noch um zwei interessante Partyelemente erweitert: »Bummeln, Shoppen, Schlemmen«!

NEUE WEGE GEHEN

Routine im Alltag erspart uns oft Zeit und Stress. Man weiß die Abfolge bestimmter Handlungen, ist geübt darin und damit effektiv, grundsätzlich gilt das durchaus als nützliche Angewohnheit. Doch wir sollten darauf achten, immer wieder Pausen von diesem Alltagstrott einzulegen. Im wahrsten Sinne des Wortes Schritt für Schritt, gewohnte Wege verlassen.

Schlagen wir ganz simpel mal eine andere Richtung ein, indem wir den geliebten Spaziergang im Stadtpark mal anders herum laufen. Bleiben wir neugierig und gehen nicht den schnellsten Weg nach Hause, machen einen Umweg und achten auf die unbekannten Häuser. Ideal sind natürlich Reisen, um gänzlich Neues zu entdecken. Wer da gerne im Süden verweilt, kann frei von drückendem Schuhwerk barfuß laufen. Sofort spüren wir uns dabei viel bewusster. Und wer mit Tieren unterwegs ist, lässt sich auf deren Rhythmus ein – Entschleunigung auf natürliche Art und Weise.

DEUTSCHLAND
AUF DEM RÜCKEN DER PFERDE

Der Schnee knirscht unter den Hufen, warme Luft strömt aus den Nüstern, unter der Sattel-
decke ist das Winterfell zu sehen. Während das Pferd vergnügt voranstapft, kann der Reiter
seinen Blick über die verschneite Elblandschaft oder bei einem Ausritt am Strand über das
blau-graue Meer streifen lassen. An verschiedenen Orten des Nationalparks Vorpommersche
Boddenlandschaft gibt es gesonderte Reitwege.

● REISE-INFOS
Wo? Reitställe entlang der Ostseeküste,
zwischen Ahrenshoop und Rügen
Wie? Anreise per Zug
Info: www.bernsteinreiter.de

REITEN AN DER OSTSEE
So darf man etwa den Darßer Urwald zu Pferde erkunden. In dem gesamten Bereich Fisch-
land/Darß gibt es zahlreiche Reiterhöfe, die
nicht nur Ausritte oder Unterricht, sondern
auch Kutschfahrten anbieten. Ein besonderes
Erlebnis stellt aber sicherlich ein Ausritt an
den geheimnisvollen Tagen im Winter dar.
Pferden macht in der Regel die Kälte weniger
aus als Hitze. Auf jeden Fall sollte der Reiter
sich gut einpacken. Auch die Reitstiefel sollten
Thermokleidung und dicke Strümpfe ergän-
zen, eventuell auch Taschenheizungen sind
ideal. So gelingt der Ritt durch die verschneite Landschaft am Ostseesaum perfekt.

*Pferdenarren und
Ponyliebhaber lassen
sich von kalten
Außentemperaturen
nicht von einem
winterlichen Ritt an der
Küste abhalten. Die
würzige Luft und die
unberührte Strandland-
schaft entschädigen für
alle Widrigkeiten.*

● NATIONALPARK VORPOMMERSCHE BODDENLANDSCHAFT

Von der Halbinsel Darß-Zingst zieht sich der größte Nationalpark von Mecklenburg-Vorpommern bis zur Westküste Rügens, ein Großteil der kleinen Insel-Schwester Hidden-see gehört ebenfalls dazu. Rund 680 Quadratkilometer Wasserfläche in Ergänzung mit etwa 125 Quadratkilometer auf den Inseln und an den Küsten des Festlandes bilden die geschützte Region. Schon im frühen 20. Jahrhundert wurden in dieser Region Naturschutzgebiete ins Leben gerufen.

Im Oktober 1990 wurde der Nationalpark offiziell gegründet. Neben dem Bodden selbst finden sich hier Dünen, Strände, Nehrungen und Seen. Es gibt Steil- und Flachküsten und urtümliche Waldgebiete mit Kiefern, Rotbuchen, Erlen und Birken. Nirgendwo sonst in Mitteleuropa rasten bis November so viele Kraniche wie hier. Überhaupt bietet sich Vogelfreunden hier ein Paradies. Über 100 Arten von Wasser- und Wattvögeln können beobachtet werden, darunter die Bekassine. Man erkennt sie an ihrem meckernden Gezwitscher, das ihr den Spitznamen »Himmelsziege« eingetragen hat. In den von der Ostsee abgetrennten Boddengewässern leben Barsche, Zander und Aale.

● KUNST UND GALERIEN IN AHRENSHOOP

Ende des 19. Jahrhunderts zogen die Künstler scharenweise ins Ostseebad Ahrenshoop, und eine Künstlerkolonie etablierte sich hier. Unter anderem waren auch Mitglieder der »Brücke« und des »Blauen Reiters« hier. Heute gibt es dort ein Kunstmuseum und diverse Galerien, die alte und neue Kunst, Grafiken und Fotografien zeigen.

Ahrenshoop wird von den leicht schiefen, reetgedeckten Häusern geprägt, als hätte der Wind als Baumeister assistiert.

ACHTSAME PAUSE

WALLENSTEINKELLER // Eine Reise in die Vergangenheit – aufbereitet mit kulinarischen Spezialitäten und einer Prise Humor. Das urige Kellerlokal in Stralsund bietet Speis' und Trank nach Art des Mittelalters. Das bedeutet nicht nur deftige Gerichte wie Gänsekeulen, Hühnerschlegel und Ochsenbraten; das beinhaltet auch, überwiegend mit den Händen zu essen. Schnaps und Honigmet beschließen das originelle Abendessen.

// www.wallensteinkeller.de

● FISCHLAND-DARSS-ZINGST

Noch vor 600 Jahren war der Darß eine Insel-
wildnis, die Piraten wie Klaus Störtebeker
als Schlupfwinkel diente. Nach und nach ver-
sandete das Labyrinth der kleinen und großen
Kanäle, doch die Ursprünglichkeit hat sich
bis heute erhalten: Insbesondere der dreiecki-
ge Darß mit seinem riesigen Urwald ist ein
Naturparadies. So wie am Weststrand mag
die gesamte Ostseeküste vor 1000 Jahren ausgesehen haben: Einer der letzten Natursträn-
de Deutschlands, der sich 13 Kilometer von
Ahrenshoop bis zum Leuchtturm Darßer Ort
im Norden und von dort westwärts bis nach
Prerow zieht. Dahinter liegt der Darßwald,
einst Heimat der letzten Wisente und schon
zur Schwedenzeit ein Jagdrevier.

Im Osten des Landzipfels von Fischland-Darß-
Zingst liegt Zingst. Das Ostseeheilbad bietet
Kultur und Unterhaltung, überzeugt aber ebenfalls mit Natur pur und einem schier endlosen Strand.

Das Goldstück des Darßwaldes, der fast bis ans Meer reicht, ist der malerische Weststrand.

● DARSSER LEUCHTTURM-WANDERWEG

Sandige Dünenkiefernwälder, versumpfte
Erlenbrüche und alte Buchenwälder – auf dem
»Leuchtturmweg« ist alles dabei. Der Rund-
weg startet an der Touristeninformation in
Prerow und führt über die Waldstraße am
Darß-Museum vorbei zum Bernsteinweg.
Ab dort markiert ein blauer Querstrich die
Route. Im unberührten Kiefernwald umfängt
Wanderer der charakteristische Nadelduft, be-
vor sie im weiteren Streckenverlauf ins lichte
Farbenspiel des Buchenwalds eintauchen.
Der Anlandungsprozess, der die Insel erschuf,
ist seit 3000 Jahren im Gange. Im Osten türmt
sich Sand auf, im Westen wird Land abgetra-
gen, Dünentäler und -berge entstehen, die
Insel wandert – mit jedem Schritt ist dies
spürbar. Wer sich im Wald rechts in Richtung
Darßer Ort hält, für den öffnet sich bald das
dichte Blätterdach.

Über einen Holzbohlensteg führt der Weg
durch die Dünenlandschaft zu einer von drei
Aussichtsplattformen. Der Ausblick über die
drei Strandseen ist herrlich. Getoppt wird er
vom Blick, den man vom Darßer Leuchtturm
werfen kann. Von 34 Metern Höhe aus liegen
einem die Ostsee, die Dünen und der gesamte Darßwald zu Füßen.

Wer sich gegen eine Fahrt mit der Kutsche ent-
scheidet und den Rückweg zu Fuß antritt, wandert auf Bohlen durch die eigentümliche Welt
des Darßer Urwalds zurück zum Ausgangspunkt.

Im hügeligen Nordteil der Insel Hiddensee, dem Dornbusch, steht das Wahrzeichen: der 28 Meter hohe Leuchtturm. Wenn es nicht zu windig ist, darf man über 102 Stufen nach oben steigen, um die Aussicht von dem Ziegelbau zu genießen.

● OZEANEUM IN STRALSUND

Ganz tief in die Welt der Meere kann man im Ozeaneum in Stralsund eintauchen. Ob man nun wissen will, was Meerwasser eigentlich ausmacht, wie viele Seehunde sich in der Ostsee tummeln oder welche Haie in der Nordsee schwimmen: Spannend und kundig wird dem Besucher die Unterwasserwelt nähergebracht. Stars des Ozeaneums sind natürlich die Aquarien inklusive Schiffswrack und zwei Ammenhaien. Selbst Humboldt-Pinguinen kann man bei ihrem putzigen Treiben zusehen. Riesig präsentieren sich die Walmodelle dem Zuschauer; sie sind hier in Ehrfurcht gebietender Lebensgröße zu sehen.

● DIE GORCH FOCK I BESICHTIGEN

Die »Gorch Fock« in Stralsund ist das erste Schulschiff dieses Namens, es wurde 1933 gebaut. Nach einer bewegten Geschichte wurde es kürzlich in einer Werft restauriert und wartet nun wieder am Hafen von Stralsund auf Entdeckung.

● RÜGEN

SASSNITZ

Die zweitgrößte Stadt Rügens wird vor allem von ihrem Hafen mit dem Leuchtturm geprägt; er kann sich im Winter, wenn der frische Ostseewind weht, auch mal völlig vereist zeigen. Die Fischerei bestimmte einst das Leben der Stadt Sassnitz, ein Museum erinnert heute daran. Noch heute ist es beliebt, fangfrischen Fisch von den Kuttern zu kaufen. Am Hafen gibt es auch ein Seefahrzeug anderer Art zu besichtigen: das englische U-Boot »H.M.S. Otus« wartet hier auf technikaffine Besucher.

JAGDSCHLOSS GRANITZ

Von Weitem wirkt es eher wie eine Burg – das im 19. Jahrhundert errichtete Jagdschloss des Fürsten Wilhelm Malte I. von Putbus. Im wahrsten Sinne des Wortes herausragendes Merkmal ist der 38 Meter hohe Mittelturm. Er ist ein Werk des berühmten Architekten Karl Friedrich Schinkel. Eine eiserne Wendeltreppe führt 154 Stufen nach oben, der Gang lohnt sich: Vom Turm aus hat man einen herrlichen Blick über die Insel Rügen.

NATIONALPARK-ZENTRUM KÖNIGSSTUHL

Wie entstanden nun die berühmten Kreidefelsen von Rügen? Im Nationalpark-Zentrum gleich am Königsstuhl findet man eine Antwort. Auf 2000 Quadratmetern wird nicht nur Erdgeschichte gezeigt, sondern auch eindrucksvoll und interaktiv in die Naturwelt der Klippen eingeführt.

Die 80 Millionen Jahre alten Relikte aus der Kreidezeit sind weltberühmt, seitdem der Maler Caspar David Friedrich 1818 sein Bild die »Kreidefelsen auf Rügen« schuf.

NOCH MEHR SPÜREN!

ISLAND
◯ ISLAND AUF DEM PFERDERÜCKEN

Das Land, das Feuer und Eis vereint, ist mit einem weiteren Wahrzeichen gesegnet – dem Islandpony! Anfänger wie Fortgeschrittene können das beliebte Tier für Ausritte nutzen. Schöne Touren führen zum Vulkan Hekla, nach Fjallabak oder Landmannalaugar. Im Gegensatz zu allen, die mit dem Auto das Land erkunden, ist man nicht auf befestigte Straßen angewiesen, sondern kann stattdessen kleine Pfade nutzen und an Flüssen entlang in flottem Tölt durch die Täler reiten.

Erfahrene Reiter können auf mehrtägigen Ritten das gesamte Hochland von Island durchqueren, übernachtet wird in Zelten oder Hütten.

DEUTSCHLAND
WANDERREITEN IM BAYERISCHEN WALD

Reiterferien sind für Pferdefreunde das Größte. Im Naturpark Oberer Bayerischer Wald ist alles vorhanden, was gelungene Ferien auf dem Rücken von Pferden ausmacht – von leichten Tagesetappen bis hin zu anspruchsvollen Berg- und Distanzritten, von der kleinen Wanderreitstation bis zur professionellen Reitsportanlage.

ZYPERN
◯ REITEN AUF ZYPERN

Vorbei an Olivenhainen mit Blick aufs ferne Meer führen die romantischen Ausritte zu Pferd, die bei Sonnenuntergang von den Betreibern der Eagle Mountain Range angeboten werden. Im Dipkarpaz Milli Parki wiederum wird den Wildeseln der Insel ein Schutzgebiet eingeräumt. Die Esel sind an Menschen gewöhnt und fressen Möhren aus der Hand.

FINNLAND
◯ FINNLAND IM SATTEL

Unweit von Sotkamo liegt der Pferdehof Kainuun Vaellustalli Oy. Hier kann man sich für eine oder zwei Stunden auf den Rücken eines Isländers schwingen und in gemütlichem Trab über die verschneite Landschaft reiten. Auch in Paltamo gibt es einen Hof, der Ausritte im Winter anbietet, nämlich der Hóll Stable.

DEUTSCHLAND

TIERISCH KUSCHLIGE WEGBEGLEITER

Im wildromantischen Naturpark Soonwald-Nahe sind sie der Clou beim Wandern: Eigentlich in Südamerika beheimatet, begleiten friedliche Lamas und Alpakas die Touren durch rheinland-pfälzisches Gebiet auf Schritt und Tritt, vermitteln »Natur pur« bei dieser besonderen Art der Mensch-Tier-Begegnung.

● REISE-INFOS

Wo? Der Hunsrück ist ein Mittelgebirge in Rheinland-Pfalz und Saarland.
Wie? Mit dem Auto bis Seibersbach, am Ende stehen Schilder zum Lamahof
Info: www.hunsrueck-lamas.de

LAMATREKKING IM HUNSRÜCK

Die freundlichen Tiere strahlen Ruhe und Gelassenheit aus, einmal auf deren Tempo eingelassen, bringt das die gesuchte Entschleunigung vom Alltag. Jeder Teilnehmer bekommt ein ausgewähltes Tier an die Hand, nachdem es den Proviant für das Picknick auf den Rücken geschnallt bekommen hat.

Wer allein wandern zuweilen langweilig findet, kommt in kuschliger Gesellschaft vielleicht auf den Geschmack. Mit etwas Glück lassen sich auch wild lebende Tiere wie Füchse, Graugänse, Reiher und Greifvögel auf den »tierischen« Wanderungen entdecken. Die attraktiven Touren werden zu jeder Jahreszeit durchgeführt und bieten deshalb ganz unterschiedliche, aber immer einzigartige Erlebnisse. Ob auf Halb- oder Tagestouren, zum Mittsommer oder im Herbst beim »Indian Summer«, sogar im Winter zur Glühweintour oder zum Weihnachtsmarkt – die sanften und gut ausgebildeten Lamas und Alpakas begleiten die Wanderer zu vielen Anlässen durch die beschauliche Natur des Hunsrück. Entweder abseits touristischer Pfade oder gezielt zu den unterschiedlichen Destinationen geht es von der Villa Autland in Seibersbach aus auf die Tour.

Bei manchen Terminen gibt es dem Anlass entsprechend auch nach der Wanderung auf dem Hof eine stimmungsvolle Bewirtung. Selbst »tiergestützte Therapien« werden angeboten. Übernachtungen sind in der nahen Umgebung möglich. Vor jeder Wanderung wird zunächst der persönliche Kontakt zu den eigentlich als Packtier bekannten Andentieren hergestellt. Bereits die erste Erfahrung mit den exotischen Wandergesellen steigert die Vorfreude auf die besondere Wanderung über die Hügel und durch die üppigen Wälder des Soonwaldes.

● NATIONALPARK HUNSRÜCK-HOCHWALD

Schon die Lage macht den Park zu etwas Besonderem. Er erstreckt sich nicht nur über die Bundesländer Saarland und Rheinland-Pfalz, sondern bildet im Dreiländereck Deutschland, Frankreich und Luxemburg gewissermaßen das Zentrum von Europa. Märchenhafte Felsformationen stehen Hangmooren und -brüchen gegenüber, der höchste Berg von Rheinland-Pfalz, der 816 Meter hohe Erbeskopf, gehört ebenso dazu wie Weinberge und tiefe Flusstäler. Man findet Kalk- und Sandsteinhänge. Nicht weniger eindrucksvoll ist der Reichtum der Tier- und Pflanzenwelt.

Waldhyazinthe, Arnika und einige seltene Orchideenarten erfreuen das Auge. Bekassine und Haselhuhn sind heimisch, ebenso das Braunkehlchen, der Raufuß- und der Steinkauz. Über die Wiesen und durch die Wälder huschen Fuchs, Dachs und Marder. Es gibt Schwarz- und Rotwild, auch Fledermäuse. Eine besondere Bewohnerin ist die Wildkatze, die sonst nicht mehr häufig anzutreffen ist. Nicht zuletzt findet man hier einige Nattern- sowie verschiedene Eidechsenarten und auch den Feuersalamander, diverse Krötenarten, Teich- und Kammmolch, die vor allem in den Tälern leben.

Oben: Die Skulptur »Windklang«, entwarf der Bildhauer C. Mancke, sie symbolisiert das Zusammenspiel von Natur mit den Elementen.

Unten: Im Entwicklungsnationalpark wird die Natur Schritt für Schitt sich selbst überlassen.

ACHTSAME PAUSE

SKULPTURENWEG ERBESKOPF //
Mit dem Skulpturenweg wurde ein barrierefreier Spazierweg mit derzeit vier Kunstwerken errichtet. Eines davon ist die 16 Meter hohe begehbare Skulptur »Windklang«.

Zwischen den kunstvoll gefertigten Säulen des Fastnachtsbrunnens im Renaissance-Stil erhebt sich der mächtige Dom von Mainz.

● NATIONALPARK-TOR ERBESKOPF

Die kostenfreie Ausstellung über den Nationalpark steht unter dem Motto »Willkommen im Urwald von morgen« und gewährt mit Animationen, Projektionen und Experimentierstationen einen interaktiven Einblick in die Natur des Nationalparks. Jeden Tag (außer Montag) stehen zudem Ranger zur Beantwortung von Fragen zur Verfügung.

● EHRBACHKLAMM

Von Emmelshausen auf dem Hunsrück fließt der Ehrbach, an dem noch einige Mühlen in Betrieb sind, hinunter zur Ruine Ehrenburg bei Brodenbach an der unteren Mosel. Höhepunkt einer Wanderung ist die wild- romantische Ehrbachklamm.

● SIMMERN

Die »Hauptstadt« des Hunsrücks beherbergt im Neuen Schloss (1708–1713) das Hunsrück-Museum mit naturkundlichen, kulturhistorischen Sammlungen. Zudem steht hier der Schinderhannes-Turm, in dem der Räuberhauptmann Johannes Bückler (1778–1803) vor seiner Hinrichtung gefangen gehalten wurde.

● HERRSTEIN

Über dem altertümlichen Hunsrückstädtchen mit seinen schmucken Fachwerkhäusern und romantischen Gässchen, der Schlosskirche und dem mittelalterlichen Uhrturm ragen die beiden Türme einer einstigen Burg auf.

● STEINKAULENBERG

In den Minen des Steinkaulenbergs oberhalb von Idar-Oberstein wurden bis Mitte des 19. Jahrhunderts Edelsteine abgebaut. Mittlerweile ist dort ein für Europa einzigartiges Schaubergwerk entstanden. Hobbymineralogen dürfen dort auch selbst ihr Glück versuchen.

● IDAR-OBERSTEIN

Wo die Idar in die Nahe mündet, liegt der Ort überragt von hohen Felswänden. Das Zentrum für Schmuck und Edelsteine zeigt im Museum rund 10 000 Exemplare aus aller Welt.

● BAD KREUZNACH

Ganz malerisch zeigt sich die Kur- und Weinstadt an der Nahe in »Klein-Venedig« und bei der alten Nahebrücke mit den beiden Brückenhäusern. In der Römerhalle locken herrliche Mosaikböden einer spätantiken römischen Villa (3. Jahrhundert).

● MAINZ

Knapp 200 000 Menschen leben in der Landeshauptstadt von Rheinland-Pfalz. Ihr Herz schlägt zwischen dem Rheinufer, der Zitadelle und dem ehemaligen Kurfürstlichen Schloss. Residenzstadt, Hauptstadt, Festungsstadt – Mainz war und ist lebendig.

ALTSTADT

Die Augustinerstraße unweit des Doms ist die Hauptstraße zum Bummeln in der Altstadt. Aber auch die Nebenstraßen, meist sind es kleine romantische Gassen, machen die Altstadt aus. Zum Beispiel der Kirschgarten mit malerischen Fachwerkhäusern und dem Marienbrunnen.

FASTNACHTSBRUNNEN

Mainz und die Fastnacht gehören zusammen. Um ihr ein Denkmal zu setzen, hat man 1964 einen Wettbewerb ausgeschrieben. Drei Jahre später war der Brunnen fertig, dessen Herzstück ein aus 200 Bronzefiguren bestehender Narrenturm ist.

NOCH MEHR SPÜREN!

DEUTSCHLAND

○ KAMELREITEN BAYERISCHES OBERLAND

Eine schaukelnde Karawane zieht durch den Schnee im bayerischen Oberland, und man muss zweimal hinsehen, um seinen Augen trauen zu können: Ja, es handelt sich tatsächlich um Kamele, die hier die oberbayerische Winterlandschaft dem gewohnten Wüstensand vorziehen. Die Bayern-Kamele leben im malerischen Mangfalltal, gemeinsam mit einigen Eseln und einer Herde Lamas.

Man kann sie in ihrem Beduinenzelt auf dem Kamelhof besuchen oder aber auch eines der über 30 Tiere zu einem Reitausflug nutzen. Dabei geht es auf den Wüstenschiffen gemächlich etwa anderthalb Stunden durch die hügelige Landschaft – ein herrlicher Trip zum Abschalten und Genießen. Stress fällt ab, wenn man sich dem ruhigen Geschaukel der sanften Kamele anvertraut. Wer lieber selbst laufen möchte, kann dies bei Trekkingtouren in Begleitung von Eseln oder Lamas tun, auch hierzu gibt es ein ganzjähriges Angebot.

○ BEI SAARBRÜCKEN MIT ESELN IN DIE NATUR

Grüne Natur genießen ist um Saarbrücken herum nicht schwer. Wer nicht einfach nur spazieren gehen möchte oder auch unter freiem Himmel die Hektik nicht losbekommt, kann an Eselwanderungen teilnehmen und sich von der unerschütterlichen Ruhe der Tiere anstecken lassen. Los geht es im Eselzentrum Neumühle in Heusweiler.

○ ESELWANDERUNG VOM HOFGUT HOPFENBURG IN MÜNSINGEN

Inmitten des Biosphärenreservats Schwäbische Alb stehen die Glamping-Unterkünfte der Hopfenburg: Die Jurten, Tipis, Safarizelte, Schäfer-, Heide- und Zirkuswagen sind eine außergewöhnliche Art zu logieren; sie bieten dennoch sämtlichen Komfort der heutigen Zeit.

Die mit viel Liebe eingerichteten Unterkünfte sorgen für eine angenehme Atmosphäre. Gerade für Familien mit Kindern sind die Spiel- und Sportmöglichkeiten attraktiv. Spezielle Ferienangebote wie Eselwanderungen, Bastelkurse und Ausflüge zu den Höhlen der Umgebung runden das Angebot ab. Für kulinarische Höhepunkte sorgen das Backhaus und der Hofladen.

○ ESELPFAD DURCH DAS BIOSPHÄRENRESERVAT SCHAALSEE-ELBE

Wandern in unversehrter Natur entspannt und ist gesund. Mit Tieren macht es noch mehr Spaß, vor allem, wenn sie so freundlich und ruhig wie Esel sind. Auf verschiedenen Routen kann man im gemächlichen Rhythmus mit den Huftieren durch das Biosphärenreservat Schaalsee streifen. Es gibt Schnupperkurse, Querfeldeintouren oder Kombinationen mit kulinarischen Verkostungen. Startpunkt und Eselhof liegen in dem beschaulichen Dorf Groß Bengerstorf.

Kamele und Dromedare leben nicht ausschließlich in nordafrikanischen Ländern. Im oberbayerischen Mangfalltal fühlen sie sich dank der liebevollen Pflege der Hofbetreiber auch sehr wohl.

Esel sind gar nicht so stur, wie es ihr Ruf behauptet. Als Lastentier sind sie treue Wegbegleiter und auch gelegentlichen Streicheleinheiten nicht abgeneigt.

GRIECHENLAND
⬡ ESELWANDERN AUF HYDRA

Maultiere, Pferde und Esel statt Autos, keine Hotelanlagen, Discos, Satellitenschüsseln und Leuchtreklamen – auf der einst wasserreichen Insel (daher ihr Name) scheint die Zeit stehen geblieben. Vielleicht zog sie deshalb schon ab Anfang des 20. Jahrhunderts viele Künstler und Vertreter des Jetsets an. Auf der gesamten Insel Hydra sind keine Autos erlaubt, somit dienen Esel als beliebtes Fortbewegungs- und Transportmittel, auf diese Weise lernt man das Eiland sehr authentisch kennen.

ITALIEN
⬡ LAMA- UND ALPAKATREKKING IN SÜDTIROL

Von Südamerika nach Südtirol – so lautet das Motto des Tratterhofes in Meransen, der neben anderen sportlichen Aktivitäten, Wellness und gemütlichen Übernachtungsmöglichkeiten seinen Schwerpunkt auf Wanderungen mit tierischer Begleitung verlegt hat. Die Kuscheltouren mit Lamas und Alpakas sind individuell zu buchen, man startet direkt vom Hof aus in das landschaftlich schöne Altfassatal. Die Tiere lassen sich gerne streicheln, sind aber von Natur aus etwas schreckhaft, man nähert sich also am besten langsam an.

ÖSTERREICH
⬡ ABENTEUER LAMA

Auch in Österreich haben sich die tierischen Weggefährten unterdessen niedergelassen, unter anderem in Ellmau oder in Fieberbrunn bieten Höfe zu allen Jahreszeiten kleine und größere Wanderungen mit Lamas und Alpakas durch das Kaisergebirge und durch die Kitzbüheler Alpen an. Das Besondere ist auch hier das Zusammenspiel von Mensch und Tier, automatisch passt sich der Wanderer dem Tempo des Tieres an. Wenn es am Wegrand mal frische Kräuter fressen möchte, macht man gerne eine kleine Pause. So geht Entschleunigen auf natürliche Art und Weise.

SCHWEIZ
⬡ ABENTEUER LAMA

Wo hohe Berge das Landschaftsbild bestimmen, sind heute auch die Höhenlagen gewöhnten Alpakas und Lamas anzutreffen. Im Zürcher Oberland bietet ein Hof in Bauma individuelle Touren an. Sie sind fast das ganze Jahr buchbar, nur für kurze Zeit jährlich im Mai ist geschlossen, dann werden die Tiere geschoren, um für den Sommer luftig genug zu sein. Wer also Wegebegleiter mit dicker Kuschelmähne sucht, sollte vor dem Friseurtermin eine Wanderung buchen.

FRANKREICH

EINTAUCHEN IN ZAUBERHAFTE UNTERWASSERWELTEN

Sanft wogt das gefährdete Neptungras mit den Bewegungen des Meeres. Die grüne Kinderstube zahlreicher Fische wie der schönen Goldstriemenbrasse oder der stoischen Zackenbarsche gehört zu den Höhepunkten eines derartigen Unterwasserausfluges. Es ist nicht leicht, im Süden Europas ein derart unberührtes Fleckchen zu finden. Die Goldenen Inseln vor Hyères, wie sie auch genannt werden, haben sich eine Unberührtheit bewahrt.

Oben: Der Frachter »Donateur« versank einst vor Porquerolles und ist heute ein Ziel für Taucher, die hier die Unterwasserwelt entdecken wollen.

Links: Farbenprächtig und artenreich zeigt sich der Meeresboden vor den südfranzösischen Eilanden. Auch die exotischen Skorpionfische sind hier zu sichten.

● REISE-INFOS

Wo? Inseln im südfranzösischen Mittelmeer
Wie? Fähren ab den Festlandorten Hyères, Cavalaire oder Lavandou
Info: www.provence-info.de und www.provence.de

SCHNORCHELN UND TAUCHEN VOR DEN ÎLES D'HYÈRES

Die Inselgruppe an der Côte d'Azur wird durch die drei Hauptteilande Porquerolles, Port-Cros und Île du Levant bestimmt. Vor allem Port Cros, wo ein Großteil der Insel und ein breiter Meeresgürtel seit Jahrzehnten vom Naturschutz behütet werden, ist ein zauberhaftes Paradies für Unterwasserexpeditionen. Aber auch das das deutlich erschlossenere Porquerolles vereint die Sanftheit der Côte d'Azur mit einem Hauch wilder Schönheit.

● PORT-CROS

UNTERWASSERLEHRPFAD

Der Unterwasserlehrpfad an der Plage de la Palud von Port-Cros wird durch sechs gelbe Bojen auf der Wasseroberfläche markiert, wo unter Wasser lehrreiche Informationen auf Taucher und Schnorchler warten, die zwischen Strand und den Rascas-Felsen einen maritimen Teil des Naturschutzgebietes Port-Cros erkunden.

PLAGE DE LA PALUD

Nicht nur für Schnorchler ist der Strand ein schönes Ausflugsziel, auch diejenigen, die einfach gern aufs Meer schauen oder sich sonnen, sind eingeladen, sich hier eine Auszeit zu gönnen. Außerdem gibt es einen Klippenwanderweg, der sehr zu empfehlen ist. Auch hier empfängt den Besucher eine einzigartige Naturidylle.

NATIONALPARK PORT-CROS

Das Besondere an den Wäldern auf Port-Cros ist gar nicht so sehr ein außergewöhnlicher Baum- und Buschbestand, sondern ihre Unberührtheit. Es sind vornehmlich Erdbeerbäume und Aleppo-Kiefern, die hier wachsen. Unter ihrem Schattendach entfaltet sich eine Atmosphäre wilder und wohltuender Einsamkeit, da die meisten Insel-Tagesbesucher sich schnorchelnd an den Stränden tummeln. Hin und wieder taucht ein Hobby-Ornithologe am Wegrand auf, geduldig das Objektiv ins dichte Grün gerichtet, wo im Frühjahr vor allem Zwergadler und Wanderfalken nisten.

● PORQUEROLLES

Die ursprüngliche Natur wird hier bewahrt, indem die Autos der Besucher auf dem Festland verbleiben müssen, die Wege sind nur per pedes oder mit dem Fahrrad nutzbar.

FORT DE L'ALYCASTRE

Ein Drache namens La Lycastre soll einst in der Bucht sein Unwesen getrieben haben, bis ein mutiger Jüngling ihn besiegt habe. Hoch oben thront seit fast 400 Jahren ein unter Richelieu errichtetes Fort zur Verteidigung Frankreichs, seine trutzigen Mauern überragen die alten Kiefern und sind weithin sichtbar. Die Ruine lässt die vielfältige Geschichte der Goldenen Inseln ahnen, auf denen Piraten und Heilige, Ritter und Räuber, Zyniker und Idealisten ihre Spuren hinterlassen haben.

PLAGE NOTRE-DAME

Es muss niemand in die Karibik fliegen, um Karibikgefühle zu kultivieren – es reicht die Plage Notre-Dame auf Porquerolles. Flacher

Auf Port-Cros gibt es keine Straßen, nur Fußwege, die von einer üppigen Vegetation mit Erdbeerbäumen, Rosmarin- und Myrtensträuchern umgeben sind.

ACHTSAME PAUSE

PORT-CROS: HOTEL LE MANOIR //
Ein wenig langsamer als draußen verrinnt die Zeit in dem historischen Gemäuer, dessen Räume schlicht, aber stilvoll möbliert sind. Einige berühmte Gäste haben hier schon genächtigt. Hervorragende provenzalische Küche. Nur einen Kilometer vom Strand entfernt.
// www.hotel-lemanoirportcros.com

An der Plage Notre-Dame auf Porquerolles werden karibische Träume wahr. Das Wasser leuchtet in den schönsten Türkistönen, in der Luft liegt sommerliches Flirren.

traumhafter Sandstrand, azurblaues kristallklares Wasser, eine warme Meeresbrise. Zwar sind es Pinien statt Palmen, die den Strand säumen, und es fliegen auch keine buntschnäbeligen Tukane zwischen ihren Zweigen, sondern nur einheimische Vögel, doch das Flair ist vor Ort einfach zauberhaft. Am besten mit dem Fahrrad anreisen, er liegt etwa vier Kilometer vom Dorf entfernt.

PLAGE D'ARGENT
Nahe am Dorf gelegener kleinkinderfreundlicher Sandstrand mit Toiletten und Restaurant. Leider liegen weder Geld noch Silberschätze im Sand, wie der Strandname suggeriert, dafür findet man auch hier Natur pur.

CALANQUE DU BRÉGANÇONNET
Winziges Stückchen Sandstrand im Südwesten der Insel, mit großer Schnorchelfläche entlang der Felsen.

● LEVANT
Die Île du Levant ist überwiegend militärisches Sperrgebiet, der Rest wird vor allem von FKK-Fans besucht.

PLAGE DES GROTTES
In der blauen Stunde zwischen Tag und Nacht würde es auf dieser Insel niemanden überra-

schen, eine Meerjungfrau auf einem der dem Strand vorgelagerten Felsen vorzufinden. Alles wirkt ein wenig verzaubert auf Levant, auch der kleine felsgesäumte Sandstrand, an dem Nacktsein Pflicht ist.

ACHTSAME PAUSE

ALLEIN UNTER PINIEN WANDELN // Ein Spaziergang abseits der Hauptwege zu den Stränden auf Port-Cros lässt an Robinson und seine Insel denken. Nur das Zirpen der Zikaden ist zu hören, die Luft flimmert und duftet intensiv nach Kiefern. Jene, die es einsam, wild und trotzdem heiß lieben, ohne Europa verlassen zu wollen, finden auf Port-Cros zahlreiche Momente tiefsten Glücks.

NOCH MEHR SPÜREN!

DEUTSCHLAND
○ SCHORCHELPARADIES SCHMALE LUZIN

Der Schmale Luzin befindet sich in der ursprünglichen Natur der Feldberger Seenlandschaft, die wiederum im Osten des Müritz-Nationalparks liegt. An seiner breitesten Stelle misst der flussartige Rinnensee lediglich 300 Meter, schlängelt sich dafür aber sieben Kilometer lang vom Breiten Luzin aus gen Süden. Kein Motorengeräusch stört hier die Stille: Das Befahren ist nur mit Elektrobooten erlaubt. Beim Örtchen Hullerbusch lässt es sich mit einer der letzten handbetriebenen Seilfähren Europas trockenen Fußes übersetzen. Wassersportler jedoch zieht es hingegen ins türkis glitzernde Nass, um die einzigartige Unterwasserwelt zu erkunden. Schnorchler kommen hier ebenso auf ihre Kosten wie Taucher, denn ein Highlight des Schmalen Luzins befindet sich in der sogenannten Hechtbucht, nahe am Ufer und in geringer Wassertiefe: Kaltwasserkorallen. Die sensiblen Süßwasserschwämme, auch als »Korallen des Nordens« bekannt, finden dort an den ins Wasser gefallenen Bäumen optimalen Lebensraum.

GRIECHENLAND
○ MEERESSCHILDKRÖTEN ENT-DECKEN VOR ZAKYNTHOS

Nach Korfu und Kefalonia bildet Zakynthos die drittgrößte Ionische Insel und liegt am weitesten im Süden. Ihre strahlend weißen Sandstrände, die eingerahmt von imposanten Steilhängen in das azurblaue Wasser der Ionischen See übergehen, ziehen Touristen aus aller Welt in ihren Bann. Sie sind aber nicht nur wie geschaffen für ein entspanntes Bad in der Sonne, sondern auch, um die Nester der

seltenen Unechten Karettschildkröte zu bewahren. Im Mittelmeer zählt der fünf Kilometer lange Kalamaki-Sandstrand zur wichtigsten Brutstätte der unter Artenschutz stehenden Tiere. Es ist einer Umweltschutzinitiative zu verdanken, dass der Nationalpark 1999 ausgewiesen wurde; dafür bedurfte es einiger Überzeugungsarbeit.

Mittlerweile sichern spezielle Metallgestelle die im Sand vergrabenen Schildkrötennester, die Strandabschnitte werden gesperrt, Motorsport ist untersagt. Zwischen Juni und August zieht es sie zur Eierablage an Land, wo sie sich aus gebührender Distanz beobachten lassen.

KROATIEN
⬡ SCHNORCHELN VOR DEN ELAPHITISCHEN INSELN

Das kristallklare Wasser rund um die größte der drei bewohnten Elaphitischen Inseln lädt zu stundenlangen Schnorchelausflügen entlang der Küste ein, um die zahlreichen Seeigel, knalligen Seesterne und Seegurken am Grund nebst einer bizarren Unterwasserfelsenlandschaft zu bewundern.

⬡ TAUCHEN IM NATIONALPARK KORNATI

Winzige bunte Fischchen verharren beinahe reglos im Wasser, nur Sekunden später schießen sie blitzschnell zur Seite, wo sie das Meer zu verschlucken scheint. Andere kommen in großen Schwärmen, bewegen sich ständig synchron, glitzern, wenn sie nahe der Oberfläche das Sonnenlicht trifft.

Es geht weiter hinab – auf Tauchstation an der kroatischen Adriaküste. Seichtere Stellen des Meeres geben die Farbenvielfalt schon beim Schnorcheln preis, für die wahren Unterwasserschätze müssen Urlauber jedoch tiefer gehen. Der Meeresgrund ist oft steinig, Korallenriffe zeichnen bizarre Muster und verteidigen sich ganz passiv, aber erfolgreich mit scharfen Kanten. Gelb und rot gefärbt, klammern sie sich an Felsen und bieten Seesternen und Kleinstlebewesen einen geschützten Lebensraum. Plötzlich huscht ein Oktopus auf, der in grazilen Bewegungen davonschwebt.

Welche farbenfrohe Pracht verpasst der Urlauber, der nie seinen Kopf unter Wasser vor Kroatien taucht: Langschnauzen-Seepferdchen, Meerpfau und Großer Roter Drachenkopf.

KROATIEN

REISEN UND GUTES TUN

Die nördliche Adriaküste ist ein Hotspot für Delfine, die für das ökologische Gleichgewicht eine enorm wichtige Rolle spielen. Doch Überfischung und Massentourismus setzen den Meeressäugern heftig zu. Die lokale Organisation Vivamar will ihnen helfen. Und benötigt dafür die Unterstützung von Flipperfreunden.

● **REISE-INFOS**
Wo? Zambratija, Istrien, Kroatien
Wie? Flug nach Triest (50 Kilometer entfernt) oder Pula (80 Kilometer)
Info: www.vivamar.com

DELFINE SCHÜTZEN IN KROATIEN

Keines der Meerestiere hat so einen guten Ruf wie der Delfin. Als »Engel der Meere« werden die grauen Tiere besungen und ihre »Weisheit« gepriesen. Selbst in mancher Therapiestunde werden sie eingesetzt. Sicherlich ist ihr »lächelnder« Mund ein Grund für ihr gutes Image – und ihre Fähigkeit zur Kommunikation mit Menschen. Doch ihr Bestand ist bedroht. Sie verenden in Schleppnetzen, verletzen sich bei Schiffskollisionen und finden wegen Überfischung und Meeresverschmutzung immer weniger Nahrung.

Auch im nördlichen Teil der Adria ist das so, wo im Golf von Triest und vor der kroatischen Küste Istriens noch etwa 220 Große Tümmler durchs Wasser pflügen. »Dies ist aufgrund seiner flachen und halbgeschlossenen geografischen Lage ein ökologisch sensibles Meeresgebiet«, meint die kroatisch-slowenische Meeresschutz-Organisation Vivamar: »Umso wichtiger ist es, den ökologischen Zustand von Bioindikatoren wie Delfinen zu überwachen.« Denn wo Delfine sind, ist das ökologische Gleichgewicht noch einigermaßen intakt.

Seit ihrer Gründung im Jahr 2002 ist die Organisation Vivamar damit beschäftigt, Information über Delfine zu sammeln und setzt dafür Freiwillige aus aller Welt ein. Vormittags lernen diese, wie man Daten erfasst und Delfine identifizieren kann. Nachmittags fahren sie von ihrer Basis im kroatischen Badeort Zambratija mit dem Boot aufs Meer hinaus, um als »Delfin-Detektive« die Großen Tümmler zu beobachten, Einzeltiere anhand der Flossenform zu identifizieren und ihre Lage per GPS festzuhalten. Zurück in der Basis werden all die Daten in einem System erfasst, das den Forschern wichtige Erkenntnisse gibt.

»Nachdem sie unserem Team geholfen haben, sehen die freiwilligen Helfer die Welt mit anderen Augen. Sie lernen mehr über den Status der Delfine und ihre Probleme«, sagt Vivamar und hofft, dass die Freiwilligen in ihrer Heimat zu Delfinbotschaftern werden. Deshalb sind ihr auch die Vorträge über die Biodiversität in der Adria so wichtig. Aber auch andere Eindrücke werden nach den zehntägigen Einsätzen bleiben: die unvergesslich schönen Sonnenuntergänge über dem Meer.

Bis zu sieben Meter hoch können Delfine wie der Große Tümmler aus dem Wasser springen.

Die als verspielt geltenden Delfine sind oft leichter im Meer auszumachen als die tiefer abtauchenden Wale.

● UMAG

Trotz seiner perfekten Lage am Südzipfel einer Bucht hat Umag in der Nähe seiner Altstadt nur wenig Sand- oder Kiesstrand zu bieten. Dennoch lohnt der Ausblick: Weiße Boote dümpeln auf tiefblauem Wasser, das in weiter Ferne mit dem Horizont zu verschmelzen scheint. Abends ist die Hafenstraße des ehemaligen Fischerdorfs romantisch illuminiert. Umag bietet seinen Besuchern vor allem Sport. Zwei Häfen, zahlreiche Tennisplätze – seit 1990 ist hier der Austragungsort der Croatia Open –, Wassersport sowie zahlreiche Rad- und Wandertouren ins weniger trubelige Landesinnere können unternommen werden.

● NOVIGRAD

Umag und Novigrad verbindet nicht nur ihre benachbarte Lage an der Nordwestküste, sondern auch, dass es sich hier um die beiden Orte handelt, in denen noch am häufigsten italienisch gesprochen wird. Der Badeort Novigrad zieht Besucher in seine Vergangenheit – in die verwunschenen Gassen der Altstadt, die zur Burgruine hinaufführen. Im 13. Jahrhundert ließ die Fürstenfamilie Gusii-Kurjakovii diese Festung errichten, die ein düsteres Kapitel birgt: Elizabeta Kotromani, die Witwe König Ludwigs I., war mit ihrer Tochter im Kerker gefangen, bis man sie 1387 ermordete. Während dieser Zeit stickte sie ein Gewand mit geistlichen Motiven, das noch heute in der Pfarrkirche Sv. Maria aufbewahrt wird. Von der Ruine aus schweift der Blick weit über die grüne Landschaft und über den verschlungenen Fjord, an dem die Stadt errichtet ist, bis hin zu dem modernen, kleinen Jachthafen.

● POREČ

Poreč ist Istriens unberührteste unter den Küstenstädten. Hier stören keine großen Hotels das Bild, vielmehr wird alles im alten Stil erhalten oder gebaut. Ein Spaziergang durch den Ort ist wie eine Zeitreise: ins Mittelalter, in die byzantinische Zeit, die römische und natürlich in die venezianische. Im Sommer öffnen Discos, Bars, auch FKK-Strände sind vertreten. Doch man findet dann auch noch, die romantischen und eher ruhigeren Ecken: in den Innenhöfen der venezianischen Stadthäuser, in denen kleine Restaurants zum Candle-Light-Dinner einladen.

Novigrad ist ein schmuckes kleines Fischerstädtchen, Lokale mit Meerblick laden zum Verweilen und Abendessen.

● BAREDINE-GROTTE

Die Tropfsteinhöhle liegt in der Nähe von Poreč. Sie zählt zu den typischen Phänomenen dieser Karstlandschaft, bei der an der Erdoberfläche wenig darauf hinweist, dass sich im Untergrund große Hohlräume und von der Kraft des Wassers mit faszinierenden Skulpturen geschmückte Höhlensysteme verbergen. Ein Einsturztrichter, auch dies ein typisches Karstphänomen, führt hinunter in das Reich der Stalaktiten und Stalagmiten. Auf einer Wendeltreppe steigt man in dem Erdspalt hinunter und wird im Inneren überwältigt von der Vielfalt und Schönheit der Tropfsteine.

● ROVINJ

Vom Boot aus betrachtet, scheint Rovinj mitten im Meer zu stehen und seine Häuser geradewegs daraus aufzuragen. Von drei Seiten umgibt Wasser die Stadt, ihre Gebäude sind fast überall direkt ans Meer gebaut. Einige Bars stellen Sofas mit bunten Kissen auf die umspülten Felsen. Wer hier sitzt, kann bei einem Gläschen fast mit den Füßen in den Wellen planschen, und am Abend einen perfekten Sonnenuntergang genießen.

Die Hafenstadt Rovinj mit ihrem markanten Campanile zählt zweifellos zu den romantischen Perlen Istriens.

ACHTSAME PAUSE

FISCHERIDYLL // Am frühen Morgen beginnt im Hafen für die Besucher eine Art Zeitreise: Denn Rovinj besitzt einen der ältesten Fischereihäfen des gesamten Mittelmeerraums. Hier machen Fischer bei Tagesanbruch mit ihrem Fang fest, Möwen begleiten kreischend ihre Boote. Mittags dann kann man ihnen beim Reparieren der Netze zuschauen – und wer dem einen oder anderen in der Basilika Sv. Eufemija begegnet, sieht, dass sie für einen guten Fang beten.

NOCH MEHR SPÜREN!

MALTA
⬡ BODYGUARDS FÜR VÖGEL AUF MALTA

Mit 316 Quadratkilometern nicht mal halb so groß wie das Land Berlin, ist Malta ein wichtiger Zwischenstopp für Zugvögel. Die Jagd auf sie gehört seit Jahrhunderten zum Volkssport. Die Vogelschutzorganisation BirdLife Malta will das ändern. Dabei ist auch jede helfende Hand willkommen.

Alle Jahre wieder das gleiche Schauspiel: Alljährlich ab Februar ist Stopover-Time der Zugvögel. Zuerst verlassen die Mehlschwalben ihre afrikanischen Winterquartiere und legen in Malta einen Zwischenstopp ein. Dann folgen Spießenten und Sepiasturmtaucher, die mit einer Spannweite von bis zu einem Meter wahre Langstreckenflieger sind. Im März ist dann der hübsche Wiedehopf im Anflug, ebenso Steinschmätzer und Kurzzehenlerchen. Zu den wärmeliebenden Nachzüglern im Mai zählen die hübschen bräunlichen Gartengras- und Dorngrasmücken sowie die kleinen, zitronenfarbenen Gelbspötter.

GRIECHENLAND
⬡ MEERESSCHILDKRÖTEN RETTEN

An vielen Sandstränden Griechenlands legen Meeresschildkröten ihre Eier ab. Doch häufig werden sie durch Urlauber gestört. Auch Fischernetze und Schiffsverkehr machen den ur-

tümlichen Unterwasserwesen zu schaffen. Eine Umweltorganisation kümmert sich um ihre Not. Und da ist jede helfende Hand gefragt.

»Meeresschildkröten verheddern sich gelegentlich in Fischereigerätschaften, was oft zu Verletzungen oder gar zum Ertrinken führt. Häufig werden sie auch Opfer von Zusammenstößen mit Schnellbooten, insbesondere in der Nähe von Niststränden«, klagt die renommierte Schutzorganisation. Dank eines Netzwerkes von Fischereiverbänden, Umweltgruppen und Strandgemeinden werden verletzte Tiere schnell aufgegriffen und in die Auffangstation gebracht. Doch das ist nur ein Teil der Arbeit von ARCHELON.

ZYPERN
⬡ ALAGADI-SCHILDKRÖTEN-PROJEKT AUF ZYPERN

Es ist schon ein spektakuläres Ereignis, wenn die Karettschildkröten-Mütter behäbig an Land kriechen, um ihre Eier am Alagadi-Strand abzulegen. Doch richtig berührend ist es, wenn dann 50–60 Tage später die jungen Schildkröten schlüpfen, um sich auf den gefährlichen Weg ins Meer zu machen. Interessierte können sich anmelden und mithelfen oder einfach nur zuschauen.

Oben: Der Wiedehopf kommt im März zur Brut nach Malta und zieht zum Überwintern in die Savannen südlich der Sahara.

Unten: Zielgerichtet macht sich diese frisch geschlüpfte Unechte Karettschildkröte auf den Weg, doch es lauern viele Gefahren auf der Reise.

Ernährung sichern. Doch es gab Widerstand: Gesunde Kinder sollten nicht mit behinderten Kindern spielen, meinten die einen, auf pflanzliche Ernährung zu setzen kritisierten andere. Doch die Pionierin setzte sich durch.

Heute leben 100 Menschen in Sólheimar, die von Bioanbau, Tourismus und verschiedenem Handwerk leben. Es gibt eine Kräuterseifen-Manufaktur, eine Kerzenwerkstätte, eine Weberei und ein Kunstatelier.

ITALIEN
○ WALE UND DELFINE IN ITALIEN SCHÜTZEN

Wegen seiner großen Bedeutung für Meeressäuger erstreckt sich im Ligurischen Meer das riesige Pelagos-Schutzgebiet für Wale und Delfine. Deren Lebensraum erforscht seit vielen Jahren das Tethys Research Institute. Dabei spielen auch Freiwillige eine entscheidende Rolle. Dafür kommen alle in Frage, die über eine gewisse Seetauglichkeit und gute Augen verfügen, denn sie werden zusammen mit den Meeresexperten fast eine Woche auf der »Pelagos« verbringen, einem motorisierten Zweimaster mit Platz für 16 Personen. Davon sind bis zu elf Volontäre, die die vier Forscher im Schichtbetrieb bei der Arbeit unterstützen, indem sie Fotos der gesichteten Meeressäuger dank digitalem Profiling identifizieren und katalogisieren.

ISLAND
○ IM ÖKODORF AUF ISLAND MITARBEITEN

Im Süden von Island liegt das älteste Ökodorf der Welt. Was 1930 als Heim für behinderte und nicht-behinderte Kinder begann, entwickelte sich zum Vorreiter in Sachen Inklusion und Nachhaltigkeit. Freiwillige aus aller Welt leisten ihren Beitrag.

Der Beginn war schwierig für Sesselja H. Sigmundsdóttir (1902–1974). Inspiriert von Rudolf Steiners anthroposophischen Ideen, gründete die damals 28-jährige Pädagogin am 5. Juli 1930 in der Landgemeinde Grímsnes og Grafningur ein Heim für behinderte und nicht-behinderte Kinder, und nannte es »Sólheimar« (Welten der Sonne). Ein eigener Biohof sollte die

Oben: »Sonnenwelten« bedeutet der Name auf Deutsch und bezieht sich damit auf die Lehren Rudolf Steiners.

Unten: Nicht nur das Tethys Research Institute, sondern auch der WWF beteiligt sich an der Katalogisierung von Finnwalen und Co. im nördlichen Mittelmeer.

PORTUGAL

BUMMELN MIT HISTORISCHEN ZÜGEN

Portugals Hauptstadt Lissabon breitet sich auf sieben Hügeln über dem Tejo aus. Sie ist umspielt von einem ganz besonderen Licht und umschwirrt von exotischen Aromen aus Portugals Kolonialvergangenheit. »Visità panorámica« mit der Tram auf einer ganz normalen Stadtfahrt, das ist Lissabons nostalgisch-charmante Antwort auf die sonst üblichen Doppeldecker-Sightseeingbusse.

● **REISE-INFOS**
Wo? Hauptstadt von Portugal
Wie? Flug nach Lissabon
Info: www.carris.pt

Oben: Auch wenn die Schienen den Weg vorgeben, die Fahrer der historischen Straßenbahn brauchen starke Nerven.

Links: Wohin nur ausweichen, wenn einem in den schmalen Gassen der Altstadt eine Tram begegnet? An manchen Straßenecken wirkt es so, als ob die Stadt um die Tram gebaut wurde und nicht anders herum.

MIT DER TRAM QUIETSCHEND DURCH LISSABON

Ächzend, quietschend und lautstark ratternd müht sich die historische Tram um die Kurve und scheint fast aus den Schienen springen zu wollen. Mit der Hand könnten wir die Mauern der Häuser berühren. Ein Mütterchen mit schweren Einkaufstaschen macht der Tram unbeeindruckt Platz, die Katze auf dem Fensterbrett beäugt uns uninteressiert. Und dann steht da mitten auf den Schienen plötzlich ein Auto – Warnblinker eingeschaltet. Afonso, der Fahrer der Linie 12E, mit dem wir uns beim Einsteigen an der Praça da Figueira kurz unterhalten durften, regt sich über so was schon lange nicht mehr auf: Tagesgeschäft. Er zückt sein Handy, macht ein Foto, schreibt das

Kennzeichen auf und klingelt ein paar Mal, bis die junge Fahrerin aufgeregt angelaufen kommt, einsteigt und entnervt das Weite sucht. 50 € wird sie das Knöllchen kosten, sagt Afonso. Entspannt geht es für ihn und uns weiter auf dem Rundkurs durch die engen Gassen des berühmtesten Viertels Lissabons, durch die maurische Alfama hoch zur Kathedrale und zur Festung Castelo de São Jorge mit dem fantastischen Blick auf Lissabons Viertel. Die 12E ist die klassische Linie durch die Altstadt, die auch viele Lissabonner gerne benutzen. Im Sommer am besten früh einsteigen, dann ist es noch nicht so voll.

● **ALFAMA**
Ein Labyrinth enger Straßen und Gassen zieht sich vom Ufer des Tejo hinauf zum Castelo de São Jorge. In der Alfama wohnten früher die Armen, heute ist der älteste Stadtteil Lissabons ein trendiges Viertel, das sich trotzdem seine Ursprünglichkeit erhalten hat.

● CASTELO DE SÃO JORGE

Die Festung aus dem 12. Jahrhundert wurde vor einigen Jahren renoviert und gehört zu den schönsten Aussichtspunkten der Stadt. Wer die Mühe des Aufstiegs auf sich nimmt, wird mit einem fantastischen Blick auf Lissabon belohnt.

● PRAÇA DO COMÉRCIO

Den beeindruckenden Platz des Handels betritt man durch einen Triumphbogen. Eine monumentale Reiterstatue von José I., König Portugals von 1750 bis 1777, prägt den im Sonnenlicht gleißend hellen Platz, der sich zur Tejo-Bucht hin öffnet. Abgesehen von seiner geometrisch gegliederten Weite, die viel Raum für Cafés und Restaurants lässt, ist es seine Geschichte, die den Platz zu einem besonderen Ort macht. Man bezeichnet ihn gern auch als »Empfangsplatz« von Lissabon.

● ROSSIO

Dieser zentrale Platz ist einer der größten und wichtigsten Lissabons und dient als Treffpunkt für Einheimische wie Touristen. Das extravagante Wellenmuster auf dem Boden soll an das Meer erinnern. Der Rossio (offiziell: Praça de Dom Pedro IV.) wurde bereits im 16. Jahrhundert als Handelsplatz eingerichtet. Hier sollten die über den Atlantik verschifften und über den Tejo an der Praça do Comércio angelandeten Waren zum Verkauf angeboten werden.

● MUSEO NACIONAL DO AZULEJO

Im ehemaligen Kloster Madre de Deus widmet sich ein komplettes Museum einem außergewöhnlichen Ausstellungstück: den typisch portugiesischen Keramikfliesen, den Azulejos.

● CONVENTO DE CARMO

Das Erdbeben von 1755 zerstörte auch das Karmeliterkloster. Noch heute erinnert die steil aufragende Ruine an die Katastrophe. Stimmungsvoll ist eine Besichtigung in den Abendstunden, wenn man vom dachlosen Kirchenschiff in den Sternenhimmel blickt.

● ELEVADOR DE SANTA JUSTA

Dieser architektonisch beeindruckende Fahrstuhl, der die Ober- und Unterstadt seit über 100 Jahren miteinander verbindet, ist auch ein grandioser Aussichtspunkt über die Stadt.

● TORRE DE BELÉM

Geschichten von der Seefahrt scheint er zu erzählen, vom einstigen Ruhm und Reichtum der Entdeckernation Portugal. Verziert mit Ornamenten, die sich wie Taue um die Türmchen schlingen, mit Ankern und Muscheln setzt der Turm eindeutig der Seefahrt ein Denkmal. Er stammt aus der Mitte des 16. Jahrhunderts, einer Zeit, als sich Portugal in voller Blüte seiner Seefahrer- und Handelsqualitäten befand. Der 1521 erbaute Leuchtturm an der Tejomündung fungierte zwischenzeitlich als Gefängnis und als Zollstation. Mittlerweile ist er als Weltkulturerbe ausgezeichnet.

Oben: Der Elevador de Santa Justa. 24 Personen können in der mit Holz und Glas verzierten Kabine fahren. Oben befindet sich ein Café mit herrlicher Aussicht.

Links: Im 15. Jahrhundert wurde die Klosterkirche Madre de Deus errichtet, die heute einen prächtigen Rahmen für das Azulejos-Museum bildet.

● PADRÃO DOS DESCOBRIMENTOS
Seefahrer und Entdecker prägten die Geschichte Portugals. Das 1960 erbaute Denkmal am Ufer des Tejo setzt Magellan und Co. ein Andenken.

● PONTE 25 DE ABRIL
Die beeindruckende Hängebrücke mit den zwei Stockwerken verbindet die Stadtteile Almada und Alcântara miteinander und ist mehr als drei Kilometer lang.

● OCEANÁRIO DE LISBOA
Eines der größten Meeresaquarien der Welt befindet sich auf dem ehemaligen EXPO-Gelände am Tejo. Das Kernstück bildet ein Aquarium, das sich über zwei Stockwerke erstreckt und die Besucher durch riesige Fenster in die Meereswelt mit Fischen, Meeressäugern, Vögeln, Pflanzen und Algen eintauchen lässt.

● JARDIM BOTÂNICO
Ein Garten Eden mitten in der Stadt: der Botanische Garten. Inmitten von alten, tropischen Bäumen und malerischen Teichen kann man den Trubel der Großstadt völlig ausblenden.

Das monumentale Entdeckerdenkmal Torre de Belém erinnert an die stolze Geschichte der portugiesischen Seefahrt.

● MUSEU DE FADO
Der melancholische Musikstil des Fado gehört seit 2011 zum immateriellen Weltkulturerbe.

Wer die Geschichte dieser traditionellen Musik Portugals näher kennenlernen möchte, sollte das Museum besuchen. Man taucht ein in die Seele des gefühlvollen Gesanges.

Die Ponte 25 de Abril überspannt auf malerische Weise den Fluss Tejo. Sechs Autofahrbahnen und eine Eisenbahnstrecke dienen der Überquerung, zu Fuß ist sie nur beim jährlichen Marathon begehbar.

NOCH MEHR SPÜREN!

RUMÄNIEN
○ WASSERTALBAHN IN DEN KARPATEN

Von Vişeu de Sus fährt seit 1932 die Wassertalbahn, eine Waldbahn, in die Karpaten. Sie ist die letzte ihrer Art in Rumänien und wurde ursprünglich für den Holztransport des Wassertals erbaut. Mittlerweile fährt an Wochenenden auch ein Zug für den Personenverkehr durch die unbeschreibliche Landschaft des Tals bis nach Paltin, in die Schlucht der Vaser. Eigens für die Besucher wurden hier auch Picknick- und Grillplätze eingerichtet.

ENGLAND
○ NORTH YORKSHIRE MOORS RAILWAY

Von den pittoresken Ortschaften Pickering und Grosmot bis nach Whitby verkehrt diese historische Dampfeisenbahn. Gemächlich-gemütlich tuckern Passagiere durch den wunderschönen Landstrich der North Yorkshire Moors. Mittagessen und Afternoon Tea können im Zug eingenommen werden.

DEUTSCHLAND
○ SCHMALSPURBAHN ERZGEBIRGE

Dampf und Ruß ausstoßend und vernehmlich keuchend windet sich die Fichtelbergbahn über geschickt geführte Kurven immer höher an den Hängen des Erzgebirges hinauf. Die heute Fichtelbergbahn genannte Erzgebirgslinie in den Kurort Oberwiesenthal ist fast 125 Jahre alt; Loks und Garnituren hingegen sind jüngeren Datums.

Ihre Anfänge in den 1890er-Jahren sahen die Fichtelbergbahn in zweifacher Funktion: für den Kohletransport und die Beförderung von Ausflüglern. Am 19. Juli 1897 feierte man die Eröffnung. Nach zwischenzeitlichen Betriebseinstellungen, übernahm Ende der 1990er-Jahre, die sächsische Dampfeisenbahngesellschaft (SDG) die Strecke von der Deutschen Bahn, eine Hin- und Rückfahrt dauert 2,5 Stunden.

○ RÜGENS RASENDER ROLAND

Reichsgraf Wilhelm Carl Gustav Malte ließ als erste Teilstrecke der Rügenbahn die Verbindung von Binz zu seinem (1962 von den DDR-Behörden gesprengten) Schloss in Putbus bauen – und er gönnte sich einen eigenen Salonwagen. Um die Lage »seiner« Inselbauern zu verbessern, finanzierte er bis 1899 die Erweiterung des Netzes und wurde Hauptaktionär der entstandenen Rügenschen Kleinbahn (RüKB). Ihren ironischen Namen »Der Rasende Roland« erhielt sie in den 1950er-Jahren, als das Material des Schienennetzes immer maroder wurde und die Verlässlichkeit entsprechend abnahm.

Dennoch ist es eine schöne Leistung, dass die Schmalspurbahn – wenn auch von fast 100 Kilometer auf 24 zurückgeschnitten – überlebt hat und der Regelverkehr auch heute noch unter Dampf fährt. Alle zwei Stunden gehen die Züge tagsüber in beide Richtungen ab, im Hochsommer sogar in stündlicher Frequenz, durch die schönen Wälder und vorbei an Gehöften und Ferienhäusern.

Die historische Dampfeisenbahn passt in die verträumte Moorlandschaft im englischen North Yorkshire, die gemächliche Fahrt ist wie eine Reise in die Vergangenheit.

Rechts: Im Sommer fahren auf Sardiniens Schmalspurbahnen nostalgische Züge aus den 1950er- und 1960er-Jahren.

Unten: Der nostalgische Bahnhof für den Tren de Sóller entstand durch den Umbau des Gutshofs Can Maiol im Jahr 1906. In zwei Ausstellungsräumen werden darin Arbeiten von Picasso und Miró gezeigt.

ITALIEN
○ FERROVIA CIRCUMETNEA RUND UM DEN ÄTNA

Morgens, wenn die Pendler aus den sizilianischen Dörfern nach Catania fahren, und in der abendlichen Stoßzeit kann es eng werden. Doch tagsüber herrscht im Zug auf seinem Rundkurs um den Ätna angenehme Ruhe.
Im Hochsommer bietet die Betreibergesellschaft auch spezielle Touristenfahrten mit unterschiedlichen Themen an, darunter die Tour »Il Treno dei Castelli« zu den normannischen Bauwerken rund um den Vulkan und als kombinierte Zug-/Busfahrt »Il Treno dei Vini dell'Etna« zu mehreren Weingütern, die Verkostungen anbieten.

○ TRENINO VERDE AUF SARDINIEN

Im Sommer windet sich der Trenino Verde mehrmals die Woche auf seiner schmalen Trasse vom Strandleben in Palau weg und tuckert durch die trockene, kakteenbestückte Landschaft der sardischen Bergwelt. Die Eisenbahnstrecken der Insel wurden nach und nach für den Regelverkehr geschlossen – die Sarden bevorzugen Auto und Bus –, aber für Urlauber auf Entdeckungstour der Langsamkeit wird sie in der Hochsaison noch aufrechterhalten.

SPANIEN
○ TREN DE SÓLLER AUF MALLORCA

Die legendäre Aufforderung, beim Zugfahren keine Blumen zu pflücken – sie könnte bei einer Fahrt mit dem Ferrocarril zwischen Palma und Sóller zum ersten Mal ergangen sein. Die Schmalspurbahn verkehrt seit 1912 und schlängelt sich auf 27 Kilometer Länge durch das Tramuntanagebirge. Die Einwohner Sóllers hatten sich damals zusammengetan, um

die Zugverbindung zu finanzieren. Der Weg in die Hauptstadt war zu Fuß viel zu lang, um dort die landwirtschaftlichen Produkte – Orangen und Oliven – zu verkaufen. Die Eisenbahn fährt über Son Sardina, Santa María, Caubet und Bunyola durch 13 Tunnel, und nach einer Stunde erreicht sie ihre Endstation Sóller. Die Langsamkeit der Fahrt ist ideal zum Entschleunigen und Ruhefindung.

SLOWENIEN
○ WOCHEINERBAHN

Im Jahr 1906 eröffnete Erzherzog Franz Ferdinand den Bohinj-Tunnel für die Wocheinerbahn – damit war ein weiterer Teil der Zugverbindung von Prag nach Triest fertig. Über 100 Jahre später staunt man noch immer über die bauliche Meisterleistung der Tunnel, Brücken und Schienenstrecken. Authentisch ist eine Fahrt mit dem dampfbetriebenen Museumszug.

REGISTER

BILDNACHWEIS

IMPRESSUM

© 2024 Kunth Verlag, München –
MAIRDUMONT GmbH & Co. KG,
Ostfildern
Kistlerhofstr. 111
81379 München
Tel. +49.89.45 80 20-0
www.kunth-verlag.de
info@kunth-verlag.de

ISBN 978-3-96965-182-7
1. Auflage
Printed in Italy

Verlagsleitung: Grit Müller
Projektmanagement: Nora Köpp
Redaktion und Lektorat: Isabel Rößler, München
Grafik: Ute Weber, Geretsried
Texte: Gerhard Bruschke, Friederike von Bülow, Ralf Bürglin, Anna Eckerl, Attila Elitez,
Linda Freutel, Melanie Goldmann, Christiane Gsänger, Mathias Hejny, Laura Joppien,
Katinka Holupirek, Rudolf Ites, Gerhard von Kapff, Dr. Sebastian Kinder, Angelika
Kunth-Jakobs, Karolin Küntzel, Andrea Lammert, Carlo Lauer, Jana Lösch, Dr. Dieter
Maier, Raphaela Moczynski, Iris Ottinger, Dr. Thomas Pago, Christa Pöppelmann,
Isabel Rößler, Clemens Scheel, Anja Stephan, Dirk Thomsen, Dr. Heinz Vestner, Roland
A. Wildberg

Karten: © MAIRDUMONT GmbH & Co. KG, Marco-Polo-Straße 1,
D-73751 Ostfildern